방구석
단기왕
공부법

단기왕 지음

| 들어가며 |

합격을 향한 이야기의 시작

공무원 시험을 준비하고 계시는 어떤 분이 저에게 이런 말씀을 하셨습니다.

"공무원 시험은 언젠가는 합격하는 시험인 거 같아요."

이 말은 맞는 말일 수 있습니다. 공무원 시험은 공부의 양이 많아질수록 합격할 수 있는 확률이 높아질 수 있기 때문입니다. 그래서 '언젠가는' 결국, 합격할 수 있는 시험이 공무원 시험이기 때문입니다.

하지만, 저는 그분에게 이렇게 말씀드렸습니다.

"네, 저는 그 말에 동의합니다. 맞는 말씀입니다. 공무원 시험은 **언젠가는** 합격하는 시험인 건 맞는 거 같습니다. 하지만 그 기약 없는 그날이 막연하게 올 것을 기다리면서 공부하면 안 된다고 생각합니다. 공무원 시험은 가능하면 최대한 빨리 합격해야 하는 시험인 거 같습니다. 왜냐하면 젊음과 청춘이 공무원 수험에 낭비되는 것만큼 무의미한 것이 없기 때문입니다."

제가 6개월이 안 되는 기간 동안 공무원 시험을 준비하면서 느낀 점이 있습니다. 그건 이 공무원 시험은 합격을 향한 끝없는 열망을 가지고 최선의 노력을 한다면 충분히 합격할 수 있는 시험이라는 것이었습니다. 그리고 이와 함께 최대한 시행착오를 겪지 않고 공부한다면 단기간 준비하고도 충분히 합격할 수 있는 시험이 이 공무원 시험이라는 것을 느꼈었습니다.

이 『방구석 단기왕 공부법』이 시행착오를 최대한 줄여 여러분들의 합격을 하루라도 빠르게 당기는 데 도움이 되는 책이길 바랍니다.

단기왕

단기왕 소개

안녕하세요. 여러분들의 빠른 합격을 돕기 원하는 단기왕입니다.

저는 6개월 남짓의 기간 동안 공무원 시험을 준비하여 합격한 단기합격자입니다.

단기합격 전략에 관하여 말씀드리기에 앞서 저를 소개합니다.

저는 단기합격자입니다.

큰 시행착오 없이 고효율의 공부 방법으로 합격했습니다.

저의 수험 기간은 약 6개월 정도 됩니다. 운 좋게도 비교적 짧은 시간의 수험 기간을 보내게 되었습니다. 저의 수험 기간이 짧았던 이유는 시행착오를 적게 겪었기 때문이고 효율적으로 공부했기 때문이라고 생각합니다.

저는 집에서 혼자 인터넷 강의로 공부했습니다.

노량진에서 공부하지 않아도 충분히 합격할 수 있습니다.

공무원 시험을 공부하시는 많은 분들은 노량진이라는 공무원 공부의 성지에서 공부를 하지 못하고 집이나 독서실에서 인터넷 강의를 들으면서 공부를 하십니다. 저 역시 그렇게 공부를 하였습니다. 그리고 단기합격을 이뤘습니다. 그러니 주눅들 필요 전혀 없습니다.

저는 30대 합격자입니다.

나이가 많아도 합격 할 수 있습니다.

나이 때문에 공무원 준비를 고민하시는 분들에게 충분히 할 수 있다고 말씀드리고 싶습니다. 저는 수능을 본지도 오래되었고 기억력과 집중력도 20대 때와는 다른 상황에서 공부를 하였습니다. 하지만 충분히 이해할 수 있었고 충분히 암기하여 빠른 속도와 높은 정확도로 공무원 시험 문제를 풀 수 있었습니다.

저는 도움을 받을 수 있는 사람이 한 명도 없이 공부했습니다.

혼자 공부해도 합격할 수 있습니다.

제 주변에는 공무원이거나 공무원을 준비하는 분들이 단 한 명도 없었습니다. 처음부터 혼자 스스로 준비를 시작해야 했습니다. 어차피 공무원 시험에 관한 정보는 모두에게 공유되어 있습니다. 그리고 공부는 혼자 하는 것이기 때문에 고립되어 있는 상황을 자신에게 더 유리하게 만들 필요가 있습니다. 여러분에게는 공무원 시험공부의 괜찮은 전략서가 앞에 놓여 있으니 적어도 저보다 더 나은 상황에서 시작하신 것입니다. 그러니 홀로 이 시간을 보내는 것에 대해 너무 걱정하지 마시기 바랍니다.

저는 아주 평범한 사람입니다.

지방대 출신에 대기업 준비 경험자도 아닙니다. 지방직 점수도 고득점이라고 말할 수 없습니다(국어 80점, 영어 85점, 한국사 95점, 행정학 90점, 사회 85점). 정말 평범한 사람이기 때문에 어쩌면 더 도움이 되지 않을까 싶습니다.

저의 합격 전략에 관한 글을 읽어보시면 아시겠지만 말도 안 되는 전략과 공부법을 제시하고 있지 않습니다. 저의 전략은 특별하지 않고 지극히 안정적이고 평범합니다. 그렇기 때문에 본질적이라 말씀드릴 수 있습니다. 즉, 누구나 따라 할 수 있는 방법들입니다. 평범한 저도 단기합격을 이뤘으니 여러분들도 충분히 가능하다고 생각합니다.

저는 줄곧 집에서 혼자 공부했지만 딱 한 번 모의고사에 응시하기 위해 노량진에 있는 학원에 간적이 있었습니다. 그때 혼자 공부할 때는 몰랐던 저와 같은 목표를 가지고 계신 수험생들을 처음 만나게 되었었습니다. 저보다 상대적으로 젊으신 분들이 많이 있었고 그분들의 모습은 지침과 긴장감으로 힘든 모습이었습니다.

저는 운 좋게 빨리 합격할 수 있었습니다. 하지만 합격한 이후에도 그때 처음 본 열심히 공부하는 수험생들이 많이 생각이 났습니다. 그래서 제가 공무원 시험을 먼저 합격한 입장에서 도움이 될 수 있는 공부법이나 계획 을 공유하면 좋겠다라는 생각이 있어서 유튜브 채널(채널명:단기왕)을 개설하게 되었고 이렇게 책까지 만들게 되었습니다.

이 책을 보시는 분들이 공무원 시험에 합격하시되 단기로, 최대한 1년 안으로 합격하시게 되길 바랍니다. 단기 합격을 위한 이야기를 이제부터 시작합니다.

앞으로 제가 나눌 이야기들은 지방직 시험이 6개월 남은 상황에서 제가 할 수 있는 공부 방법을 최대한 찾아서 공부한 내용들입니다. 즉, **시간이 많이 부족한 상황**에서 **고효율의 공부법**을 찾으며 공부한 방법들이기 때문에 이점을 생각하고 들어주셨으면 좋겠습니다.

이 『방구석 단기왕 공부법』이 여러분의 시행착오를 줄여 최대한 빠른 합격을 도와 여러분들의 아까운 청춘을 낭비하지 않도록 도울 수 있기를 바랍니다.

차 례

Chapter 2

공무원 시험 준비

공무원 시험 준비를 위한 준비

PART 01

준비 시작

- 공무원 시험의 10가지 특징
- 현장 강의와 인터넷 강의의 장·단점

공무원 시험에 대한 본격적인 전략에 대해 생각하기 전에 먼저 공무원 시험 공부를 준비하는 단계로 공무원 시험의 특징과 공부 방법에 대한 간단한 이해로 단기합격 전략서를 시작합니다.

1

준비 시작

공무원 시험의 10가지 특징

우리는 우리가 공부하는 시험의 특징을 알아야 효과적으로 공부를 할 수 있습니다. 그래서 먼저 공무원 시험의 특징에 대해 알아보겠습니다.

첫째, 공무원 시험은 객관식 시험이다.

공무원 시험은 모든 것을 암기하여 답을 적어 내려가는 주관식 시험이 아닙니다. 주관식 시험이라면 문제에 대한 정확한 이해와 정리가 되어 있어야 좋은 점수를 받을 수 있겠지만 공무원 시험은 객관식입니다. 우리에게 4개 혹은 5개의 보기가 주어지고 그 보기 안에서 정답을 고르면 되는 것입니다.

물론 그 보기 안에는 정답도 있고 쉽게 제거할 수 있는 오답도 있고 정답과 헷갈리는 매력적인 오답도 있습니다. 사실 우리는 **이 매력적인**

오답과 정답을 가려내기만 하면 됩니다. 정답을 고른 이유를 말할 필요도 없습니다. 따라서 주관식에 비해 객관식은 준비하는 사람에게는 상대적으로 쉬운 시험일 수 있습니다. 한국사를 100점 맞았다고 한국사에 대해 모든 것을 알고 있다고 말할 수 없는 시험이 객관식 시험인 것입니다.

따라서 공부를 할 때 공무원 시험이 주관식 시험이 아닌 객관식 시험임을 기억하며 공부를 할 필요가 있습니다.

둘째, 공무원 시험은 기출이 중심인 시험이다.

공무원 시험공부를 할 때에 가장 강조되는 것은 기출문제입니다. 공무원 시험뿐만 아니라 자격증 시험을 포함하여 국가기관에서 주관하는 많은 시험들에서 기출은 중요하게 여겨집니다. 왜 그럴까 가만히 생각해봤었는데 아무래도 난이도를 조절하기 위해 기출문제를 출제하는 것이 아닐까 싶습니다. 보통 기출로 출제되었던 문제들은 정답률이 높은 편이고 새롭게 출제되는 문제들에서 변별력이 드러나기 마련입니다.

따라서 기출 문제는 꼭 완벽하게 대비해야 하는 시험이 공무원 시험입니다. 기출 문제를 틀리게 되면 타격이 정말 큽니다.

셋째, 공무원 시험은 언어과목이 중요한 시험이다.

2021년까지 공무원 시험(9급 행정직렬기준)은 공통과목 3과목과 선택과목 2과목으로 이루어져 있었습니다. 선택과목은 100점을 맞더라도 조정점수로 환산되어 70점 내외의 점수를 얻게 되기 때문에 원 점수 100점 그대로 반영되는 공통과목이 많이 중요했던 시험이었고 공통과목에서 좋은 점수를 얻어야 합격할 수 있는 시험이었습니다.

하지만, 이제 고교 과목 선택과목이 사라졌고 5과목이 필수과목으로 모두 중요하게 여겨지게 됩니다. 그렇기 때문에 과거와 비교하여 공통

3과목(국영한)의 비중이 달라지긴 하겠지만 저는 지금도 국어와 영어의 중요성은 줄어들지 않을 것으로 생각합니다. 왜냐하면 특별히 국어와 영어와 같은 언어 과목은 점수를 올리기가 어렵기 때문입니다. 점수를 유지하기도 어렵습니다. 그래서 우리는 이 과목에 특별히 더 신경을 써야 합니다.

넷째, 공무원 시험은 지엽적인 것을 맞히는 사람이 합격하기보다 중요한 것을 맞히는 사람이 합격하는 시험이다.

공무원 시험에서 중요한 건 지엽적인 문제보다 꼭 **맞아야 하는 문제를 맞히는 것**입니다. 즉, 다른 사람이 맞히는 문제는 꼭 맞아야 한다는 마음으로 공부를 해야 하는 것입니다. 지엽적인 부분을 틀려서 떨어지기보다는 중요한 내용을 틀려 떨어지는 경우가 대다수입니다.

따라서, 우리는 공부할 때에 **지엽적인 내용보다 핵심 내용을 중점적으로** 공부해야 합니다. 지엽적인 내용 때문에 어려워하고 많은 에너지와 시간을 소비하는 학습방향이 아니라 **기출 중심(중요한 내용)**의 학습이 되어야 합니다.

다섯째, 공무원 시험은 100문제를 100분 안에 풀어야 하는 시험이다.

공무원 시험을 준비하면서 가장 놀랐던 점은 문제를 풀어야 하는 시간이 매우 짧다는 것이었습니다. 100문제를 100분에 풀어야 한다고 생각하면 산술적으로 1문제를 1분 안에 풀면 됩니다. 하지만 현실적으로는 그렇지가 않습니다. 실제로 1문제당 1분도 주어지지 않습니다. 왜냐하면 이 100분이라는 시간 안에 검토 및 마킹 시간이 포함되어 있기 때문입니다. 게다가 국어와 영어 독해 문제는 1분 안에 풀기 어렵습니다. 적어도 2분의 시간이 필요하다고 생각하면 암기 과목의 문제들은 30초 안에 풀어야 하는 경우도 있습니다. 따라서 문제를 읽고 문제를 생각하며 푼다기보다 문제를 보고 기계적으로 답을 골라내는 시험이 공무원 시험입니다.

즉, **개념의 이해**도 당연히 중요하지만 그것보다 가장 빠르고 **효율적으로 암기**하고 문제를 푸는 연습을 통해 실전에서 답을 빠르고 정확하게 골라내는 것이 중요한 시험이 우리가 준비하고 있는 공무원 시험입니다.

여섯째, 공무원 시험은 모든 과목의 시험지를 동시에 받아서 보는 시험이다.

공무원 시험을 준비할 때 100분에 100문제를 푸는 것도 놀라웠는데 모든 과목을 한 번에 본다는 것에도 놀라웠습니다. 한 교시에 한 과목씩 푸는 것이 아니라 모든 과목을 정해진 시간 안에 풀어야 합니다. 그래서 자신의 과목별 실력에 맞춰서 자신에게 가장 유리한 순서로 전략적으로 풀어야 합니다. 그리고 이런 공무원 시험의 특징 때문에 저는 하루에 다양한 과목을 동시에 공부를 하였습니다. 그렇게 공부를 하니 각각 다른 과목으로 넘어가는 연습을 자연스럽게 하게 되었고 시험을 보는 데에 도움이 되었었습니다.

일곱째, 공무원 시험은 결코 어렵지 않은 시험이다.

공무원 시험의 문제들은 창의력과 논리력(독해 제외)을 요하기보다 **기계적인 기억력**을 요하는 문제들입니다. 한 문제 한 문제를 따로 보면 어려운 문제는 그렇게 많지 않습니다. 심지어 공부를 하지 않고 풀어도 풀리는 문제들도 있을 겁니다. 하지만, 시간의 압박감과 시험의 긴장감 아래에서 풀어야 하기 때문에 어렵게 느껴지는 것입니다. 따라서 너무 두려워하지 마시고 공부를 할 필요가 있습니다.

여덟째, 공무원 시험은 다양한 사람들이 응시하는 시험이다(환경과 n수생).

수능과 달리(수능도 다양하긴 하지만) 공무원 시험을 보는 사람들은 다양합니다. 시험 준비를 시작하는 시점도 다 다르고, 베이스와 나이도 다릅니다. 심지어 하루에 공부를 할 수 있는 시간도 다릅니다. 어떤 분들은 하루 종일 공부를 할 수 있지만, 어떤 분들은 일을 하면서 해야 하고, 또 어떤 분들은 아이를 키우면서 공부를 해야 합니다. 따라서 우리는 공부계획을 세울 때, **다른 사람들의 계획에 따라가기보다 나에게 맞는 계획을 세워 그 계획대로** 공부해야 합니다.

아홉째, 공무원 시험은 베이스가 많이 중요하지 않는 시험이다.

처음 공무원 시험을 준비하시는 분들이 합격자에게 가장 궁금해하는 부분이 '베이스가 어느 정도였나?'입니다. 궁금해하는 이유를 어느 정도 이해하고 베이스가 있으신 분들에게 유리한 건 사실입니다. 하지만 생각하는 것만큼 공무원 시험에 필요한 베이스를 가지고 계신 분들은 많지 않습니다. 그리고 공부를 하다 보면 이 베이스라는 것이 크게 중요하지 않다는 걸 느끼게 될 것입니다.

영어로 예를 들면 토익이나 토플 점수가 높은 사람들도 결국엔 **공무원 영어**라는 새로운 영어 분야를 공부해야 합니다. 물론, 기본은 통하겠지만 그 기본으로는 합격하지 못합니다. 공무원 어휘, 공무원 문법, 공무원 독해를 공부해야 하고 거기에 다시 적응해야 좋은 점수를 얻을 수 있습니다.

당연히 아무것도 모르는 것보다는 토익과 토플을 공부해 본 분들이 조금은 유리할 수 있습니다. 하지만 절대적으로 유리한 것은 절대 아닙니다. 베이스가 없다는 이유로 너무 걱정하지 마시기 바랍니다. **공무원**

시험은 합격하고자 하는 열망으로 베이스를 충분히 커버할 수 있는 시험 있습니다.

열째, 공무원 시험은 All or Nothing인 시험이다.

공무원 시험은 '합격'과 '불합격'으로 정확히 결과가 나오는 시험입니다. 합격을 한다면 목적을 이루고 공무원으로 안정된 삶을 살아갈 수 있게 됩니다. 하지만 불합격을 한다면 새롭게 다시 공부를 해야 합니다. 물론 처음 시험 볼 때보다 더 나은 조건이지만 불합격을 한 뒤 얻게 되는 것은 없습니다.

또 다시 시험을 봐서 합격을 한다면 정말 다행이지만 또 떨어지게 된다면, 그래서 공무원 시험을 포기한다면 정말 남는 것이 아무것도 없게 됩니다. 자격증이나 경력도 남지 않습니다. 그렇기 때문에 공무원 시험은 정말 열심히 해서 반드시 합격해야 하는 시험인 것 같습니다.

부디 이 위험한 공무원 시험을 꼭 합격하셔서 모든 것을 얻게 되었으면 좋겠습니다. 이 '방구석 단기왕 공부법'이 합격을 돕는 책이 되면 좋겠습니다.

'현장 강의' vs '인터넷 강의'

공무원 시험에 대해 아무런 정보가 없었던 제가 가장 먼저 고민했던 것은 '현장 강의를 들어야 할 것인가?', '인터넷 강의를 들어야 할 것인가?'였습니다. 독학에 대한 생각은 전혀 하지 않았습니다. 독학하시는 분들이 간혹 있지만 독학은 수험기간을 줄일 수 없습니다. 왜냐하면 공무원 시험은 모든 부분을 공부할 수 있는 시험이 아니기 때문입니다. 공무원 학원 선생님들은 전반적인 내용을 가르쳐주지만 그중 중요한 내용이 무엇인지 알려준다는 점에서 큰 역할을 하고 있습니다. 따라서 단기 합격을 위해서는 독학은 절대 안 됩니다. 독학은 너무 오래 걸립니다. 그래서 저는 독학은 선택지에 없었고 '현장 강의'와 '인터넷 강의' 중 하나를 선택해야 했습니다.

인터넷 강의의 장점

첫째, 나의 시간 스케줄에 따라 강의를 들을 수 있다.

인터넷 강의와 현장 강의의 가장 큰 차이점입니다. 현장 강의는 정해진 학원의 스케줄에 따라 공부를 해야 합니다. 나의 공부 스케줄을 학원에 맞춰서 계획해야 합니다. 하지만, 인터넷 강의는 내가 학습 목표를 세우고 그 목표에 따라 주도적으로 공부할 수 있습니다. 나의 부족한 부분에 대한 전략적 학습이 가능합니다.

둘째, 빠른 배속으로 수업을 들을 수 있어서 시간적으로 경제적이다.

인터넷 강의를 듣는다면 **빠른 배속 듣기**라는 기능을 사용할 수 있습니다. 강의를 듣다보면 말씀이 느린 선생님들을 만날 수가 있습니다. 그런 분들은 빠른 배속으로 들어도 충분히 내용을 이해할 수 있습니다. 그때 이 기능을 사용하면 많은 시간을 절약하게 됩니다.

그리고 **스킵**도 할 수 있습니다. 때로 선생님들께서 수업과 직접적으로 관련 없는 이야기들(분위기 전환용 에피소드, 공부 자극 이야기 등)을 해주는 데 그럴 때 **스킵**하여 시간을 절약할 수 있습니다. 그리고 강의를 듣다가 이해가 되지 않는 부분을 바로 **다시 듣기**도 할 수 있습니다. 제가 수강했던 학원은 특강을 라이브로 해주는데 저는 일부로 라이브로 듣지 않고 나중에 업로드되는 영상을 빠른 배속으로 들었습니다. 이 부분은 정말 중요한 부분입니다.

셋째, 가장 앞자리에서 듣는 효과를 얻을 수 있다.

안정적인 공부환경을 조성하는 것은 장기간 공부를 해야 하는 공무원 시험공부에서 매우 중요한 부분입니다. 저는 현장 강의를 듣지는 못했지만 전해 들은 이야기로는 좋은 자리를 앉기 위한 스트레스가 있다고 합니다. 좋은 자리를 맡기 위해 일찍부터 준비해야 하고(시간이 부족한 공시생들은 이런 시간도 매우 아까운 시간입니다) 맨 앞자리는 앉기가 힘들다고 합니다. 그리고 항상 자리를 바꿔가며 수업을 들어야 하는 점도 많이 불편합니다. 하지만 인터넷 강의는 별다른 노력 없이 항상 가장 앞에 앉아 선생님과 1 대 1로 공부하는 느낌으로 공부할 수 있습니다.

넷째, 경제적이다(프리패스).

인터넷 강의를 듣는 가장 큰 이유 중 하나는 경제적이라는 점입니다. 각 학원마다 프리패스라는 상품을 내놓고 있고 단과 수업을 듣는 것보다 아주 많이 경제적으로 강의를 들을 수 있습니다. 학원마다 가격 차이가 있지만 거의 모든 학원이 환급 제도를 시행하기 때문에 합격하면 일정

금액을 환급받을 수 있어 더욱더 경제적일 수 있습니다. 저 역시 현재 환급을 신청하여 받았습니다. 꼭 모두 합격하여 환급을 받으셨으면 좋겠습니다.

인터넷 강의의 단점

첫째, 현장감이 없기 때문에 집중력이 떨어질 수 있다.

강의를 듣다가 졸거나 딴짓을 해도 아무도 뭐라고 하지 않습니다. 언제든지 멈출 수 있고 Alt+Tap(화면 전환)만 눌러도 놀라운 세계가 펼쳐질 수 있음을 우리는 잘 알고 있습니다. 나를 감시하는 감시자가 없기 때문에 집중력이 떨어질 수 있습니다.

둘째, 혼자 공부하는 고독감을 이겨내야 한다.

하루 종일 컴퓨터 모니터 앞에서 강의를 듣는다는 것은 쉬운 일이 아닙니다. 현장 강의는 함께 하는 동료들이라도 있지만 인터넷 강의를 듣는다면 정말 혼자 공부하게 되는 것입니다. 그래서 수험 기간이 매우 고독할 수 있고 이 고독감을 잘 이용하지 못한다면 수험생활이 매우 힘들 수 있습니다.

셋째, 공부환경을 조성하기가 어렵다.

현장 강의를 들으면 모두가 딱 각 잡고 공부하기 때문에 자연스럽게 공부환경이 조성되어 어쩔 수 없이 공부를 하게 됩니다. 하지만 인터넷 강의를 들으면 그렇지 못합니다. 공부환경을 내가 스스로 조성해야 합니다. 그리고 여기에 소모되는 에너지는 생각보다 큽니다.

넷째, 나를 통제해야 한다.

마지막으로 인터넷 강의의 단점은 나를 통제해야 한다는 것입니다. 사실 이 단점은 앞에서 말씀드린 단점들을 포괄하는 단점입니다. 아무도 나를 통제하지 않고 감시하지 않는 상황에서 정말 하기 싫은 공부를 하루 종일, 일주일 내 내, 한 달 내 내, 일 년 내 내 한다는 것은 정말 어려운 일입니다. 그 어려운 일을 나 홀로 해야 한다는 것이 인터넷 강의 학습의 근본적인 어려움이 될 것입니다.

현장 강의의 장점

첫째, 많은 정보와 빠른 정보를 얻을 수 있다.

사람들이 모이는 곳에는 정보가 있습니다. 공무원 시험에 관한 가장 많은 정보가 가장 빨리 모이는 곳은 노량진이 아닐까 싶습니다. 노량진에서는 가장 최신의 정보를 얻을 수 있습니다. 학원에서의 정보뿐만 아니라 함께 공부하는 공시생들을 통해서도 좋은 강의와 교재에 관한 정보를 얻을 수 있는 장점이 있습니다.

둘째, 강사의 생생한 강의를 직접 들을 수 있다.

좋은 선생님을 만나는 것은 매우 중요합니다. 그리고 그 선생님과 1년 정도의 커리큘럼을 같은 호흡으로 잘만 따라간다면 좋은 결과는 분명히 있을 것입니다. 이런 점에서 현장 강의는 선생님과 호흡을 맞추는 데 도움이 될 것 같습니다. 물론 인터넷 강의도 현장 강의를 녹화하여 다음 날에 바로 업로드가 가능하지만 현장감이 떨어지기 때문에 몰입도 부분에서 약간의 차이가 있습니다.

셋째, 심리적 안정감을 느낄 수 있다.

이 부분이 가장 중요하다고 생각합니다. 혼자 공부할 때 바른 방향으로 가고 있다면 큰 문제가 되지 않겠지만 내가 공부하는 방향이 잘못되고 있다면 그것을 알아채기가 쉽지 않습니다. 하지만 옆에 있는 동료들과 함께 공부하게 되면 이러한 부분을 예방할 수 있습니다. 그리고 거기에서 심리적 안정감도 느낄 수 있습니다(물론, 함께 이상한 방향으로 가게 될 수도 있긴 합니다). 그리고 함께 공부한다면 공부 역시 더욱더 열심히 하게 되는 것은 당연한 일인 거 같습니다.

넷째, 나를 통제해준다.

현장 강의는 강의 스케줄에 나를 맞추는 상황에서 공부를 하게 됩니다. 따라서 비싼 강의료를 지불한 이상 우리의 몸은 그 스케줄에 따라 움직이게 됩니다. 함께 공부하는 공시생들을 보고 자극을 받아 공부를 할 수 있고 학원 곳곳마다 붙여져 있는 학습 자료나 공부 분위기로 인해 공부할 수 있게 됩니다. 자습실도 잘 조성이 되어서 언제든지 공부할 수 있습니다. 그래서 자기주도학습이 어려운 분들은 현장 강의를 들음으로써 학습 효과를 높일 수 있습니다.

현장 강의의 단점

현장 강의의 단점은 현장강의 장점을 반대로 생각하면 알 수 있습니다.

첫째, 너무 많은 정보들로 집중력이 흩어질 수 있다.

정보가 너무 많으면 진짜 맞는 정보가 무엇인지 판단하기 어렵습니다. 그리고 정말 유용한 정보가 없을 수도 있습니다. 홍수에 마실 물이 없는 것과 마찬가지입니다. 그 많은 정보 중에서 유용한 정보를 찾아 판단할 때 사용해야 하는 에너지가 아깝기도 합니다. 따라서 현장에서 공부를 하다 보면 많은 정보와 이야기들로 집중력이 떨어질 수 있습니다.

둘째, 강의 시간에 맞춰서 나의 시간 스케줄을 짜야 한다.

강의 시간에 맞춰서 공부하는 것이 공부를 처음 시작할 때는 좋을 수 있지만 어느 정도 공무원 공부에 대한 이해와 습관이 형성된 상황에서는 학원 스케줄에 나의 공부 스케줄을 맞춰야 할 때 어려움이 있을 수 있습니다. 특정 부분을 집중해서 공부해야 할 때에 학원 강의를 들어야 할 수도 있기 때문입니다.

셋째, 친구들이 많아지면 인간관계에 에너지를 사용해야 할 수 있다.

노량진에서 공부를 하다 보면 동지들을 만나게 됩니다. 함께 강의를 듣고 스터디를 하면서 점점 인간관계가 넓어집니다. 처음에는 좋은 만남으로 시작되지만 그 관계를 유지하기 위해서는 많은 에너지가 소모되기 마련입니다. 특별히 이성 친구를 사귀게 되거나 사귀지 않아도 신경이 쓰이기 마련일 것입니다. 그리고 동성 친구들도 마찬가지입니다. 오로지 공부에 집중하여 시간을 보내도 합격하기 쉽지 않은 시험을 준비할 때에 이런 불필요한 에너지와 감정소비는 없는 것이 백배 낫습니다.

넷째, 비용이 너무 많이 든다.

현장강의를 듣는다면 비용이 너무 많이 듭니다. 저는 처음 공무원 시험을 준비하면서 프리패스 비용을 보고 정말 놀랐었는데 오프라인 강의비를 보고서는 더 놀랐었습니다. 정말 비쌌습니다. 하지만 현장강의를 듣기 위해서 강의비뿐만 아니라 식사비, 심지어 노량진 근처에 방을 얻게 되면 집세까지 들게 됩니다. 그렇게 정말 셀 수 없이 많은 비용을 사용하게 됩니다.

모든 것에는 장점과 단점이 있습니다. 하지만 그 장점을 어떻게 살리고 단점을 어떻게 보완할지에 따라 나에게 오는 결과는 달라질 것입니다. 현장 강의보다 인터넷 강의를 듣는 수험생들이 비율적으로 압도적이게 많을 것입니다. 현장 강의를 듣는다고 무조건 합격하는 것은 더더욱 아닙니다. 이런 내용들을 생각하고 좋은 결정을 하셨으면 좋겠습니다.

단기왕의 선택은 인터넷 강의

저는 인터넷 강의를 선택했습니다. 인터넷 강의를 선택한 가장 큰 이유는 현장 강의보다 효율적으로 사용할 수 있는 시간과 준비 비용의 경제성 때문이었습니다. 또한 계획적인 공부 습관이 있었고 자기 통제력도 어느 정도 있다고 판단했기에 인터넷 강의를 선택하였고 그 결과는 아주 만족스러웠습니다. 스스로 계획을 세우고 공부할 수 있는 분들, 경제적으로 여유롭지 않은 상황에 계시는 분들에게는 인터넷 강의를 추천해드립니다.

다시 말씀드리지만, 배속으로 강의를 들으면 시간을 단축시킬 수 있어 공부에 유용한 기술이 될 수 있습니다. 나의 경쟁자가 1배속으로 느릿느릿 들을 때에 나는 1.2배속이나 1.5배속으로 집중하여 듣는다면 20%에서 50% 정도의 시간을 단축할 수 있게 됩니다. 이점을 십분 활용하면서 강의를 들으면 효과적인 공부 방법이 될 것입니다.

합격을 위한 첫 번째 마음

'노량진이 아니어도 괜찮다.'

혹시 노량진에서 공부하지 못해서 불안하신 분들이 계실까요?
노량진에 가서 1타 강사님들의 강의를 바로 앞에서 듣지 못해서
합격하지 못할 거 같은 분들이 계실까요?
아님, 적어도 노량진에서 공부하는 공시생들보다
불리하게 공부한다고 생각하시나요?

걱정하지 않으셔도 됩니다.
노량진에서 공부하고 합격하는 사람들보다
인터넷 강의로 공부하고 합격하는 사람들의 수가
훨씬 더 많을 테니까요.

하지만, 동시에 그만큼 보이지 않는 곳에서
나의 경쟁자가 공부하고 있다는 것 또한 기억해주세요.

이것만 기억하신다면
지금 공부하는 그곳에서
분명, 합격하실 수 있으실 거예요.

PART 02

큰 그림 그리기

- 공무원 공부의 큰 방향
- 큰 그림 그리기1 - 월별 학습 스케줄
- 큰 그림 그리기2 - 과목별 커리큘럼
- 목적이 이끄는 공부
- 합격을 위한 공부량

공무원 시험 공부를 시작할 때에 무작정 시작하기보다는 효율적인 공부 방향을 설정하고 공부해야 합니다. 이번 챕터에서는 공부의 큰 그림을 그리는 챕터로 월별 공부 계획, 과목별 커리큘럼, 그리고 앞으로 내가 할 공부의 목적이 무엇인지 먼저 생각해봅니다.

2

큰 그림 그리기

공무원 공부의 큰 방향

공무원 시험공부를 처음 시작하면서 놀랐던 점은 시험을 준비하기 위해 해야 하는 공부량이었습니다. 사실, 아무것도 모르고 공무원 시험을 봐야겠다고 생각했을 때에는 약간 만만하게 본 부분도 있었습니다.

과목도 국어, 영어, 한국사와 같이 익숙했던 과목들이었고 '열심히 하면 되겠지'라는 마음이 있었습니다. 그런데 서점에 가서 국어기본서의 두께에 한 번 놀랐고 책을 펼쳤을 때 그 방대한 양을 보고 한 번 더 놀랐었습니다. 그때, '이 시험 만만하지 않겠는데?'라고 생각하였습니다.

저만 이런 마음을 느끼는 게 아닐 것입니다.

각 과목의 기본서를 보면 모두가 압도될 것입니다. 많게는 100강이 넘는 기본 강의 수도 '이거 언제 다보지?', '이거 다 봐도 기억에 남기는 하나?'라는 마음이 들게 됩니다. 저도 그랬습니다.

그렇기 때문에 **선택과 집중**이 필요합니다.

수험기간 내내 머릿속에 있었던 한 가지 문장은 '**모두가 맞는 문제는 틀리지 말자**'였습니다. 즉, 모두가 중요하게 여기는 부분을 중점적으로 공부했습니다. 저는 우선순위를 정하고 공부했습니다.

공무원 시험은 그 시험의 특성상 모든 것을 대비하고 모든 것을 공부하고 모든 것을 암기할 수 없습니다. 그래서 전략적인 공부 방법이 필요했습니다.

모든 것을 다 가져가며 공부한다는 건 욕심일 수 있습니다. 특히, 단기간으로 합격이라는 결과를 얻기 위해서는 더욱더 지혜롭게 학습할 필요가 있습니다.

당시 저에게 주어진 시간이 6개월이 안 되었고 그렇기에 가장 빠르고 정확한 방향으로 공부할 필요가 있었습니다.

공무원 전체 공부량

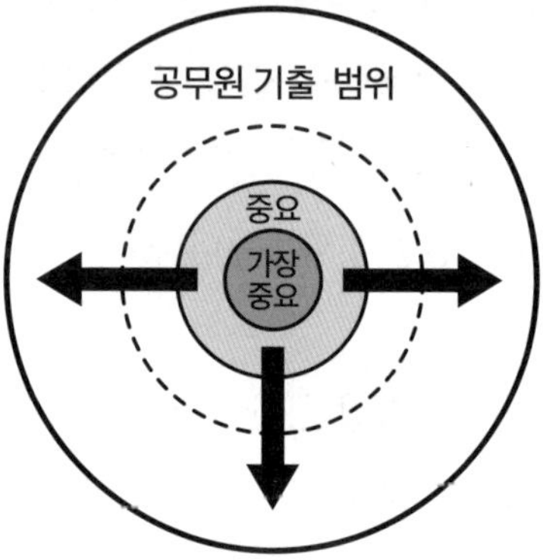

가장 큰 원이 공무원 시험을 준비하면서 공부해야하는 전체 내용이라고 생각했을 때, 그 원의 모든 부분을 빠짐없이 다 채울 수는 없습니다. 우리가 해야 하는 것은 원의 중심 부분부터 원의 가장자리까지 최대한 채우기 위해 노력할 뿐입니다. 중요한 건, 원의 중앙부터 채우는 것입니다. 왜냐하면 그곳에서 문제가 많이 출제하기 때문입니다. 그렇다면 그 가운데 부분은 어떻게 알 수 있을까요?

첫 번째로, 선생님들의 강의를 통해서 알 수 있습니다.

우리에게 강의하시는 선생님들은 이 분야의 전문가들입니다. 그래서 그들은 가운데 원에 어떤 문제들이 있는지 알 수 있습니다.

제가 들었던 국어 선생님은 특별히 일회성으로 나온 문제나 중요하지 않은 문제를 표시해 주셨습니다. 그런 문제들은 원의 가장자리에 위치해 있는 문제들입니다. 그리고 행정학 선생님도 중요도 순서로 abcd 급으로 나눠서 원의 중앙에 있는 내용들을 먼저 학습할 수 있었습니다. 그래서 저는 독학을 추천하지 않습니다. 독학을 해도 합격할 수 있겠지만 더 오래 걸릴 가능성이 큽니다. 전문가의 도움을 받으면 공부에 더 집중할 수 있습니다.

두 번째로, 기출문제를 통해서 알 수 있습니다.

다음에 기출에 대한 이야기도 하겠지만 기출로 빨리 넘어가야 하는 이유는 기출문제를 통해 원 중심에 있는 내용들을 파악할 수 있기 때문입니다.

기본 강의를 들을 때는 모든 내용이 중요해 보입니다. 하지만 기출 문제를 풀면 감이 옵니다. 어떤 부분이 중요하고 어떤 부분을 중심으로 공부해야 하는지 알게 됩니다.

공부량이 많은 공무원 시험은 너무도 당연하게 중요한 부분부터 학습해야 합니다. 경쟁률이 엄청나게 높은 지역이 아니고서는 몇 문제 정도 틀려도 괜찮습니다. 제가 이 말씀을 드리는 이유는 모든 문제를 맞출 생각이 없는 이상 공부량에 압도될 필요는 없기 때문입니다.

먼저 원의 중심 내용부터 완벽하게 공부하고 암기해야 합니다. 그리고 그 내용을 점차 넓혀야 합니다. 물론 시험을 앞두고는 다시 그 양을 좁혀야 합니다. 왜냐하면 그 중심에서 문제가 많이 출제되기 때문입니다.

'어차피 모든 내용을 다 아는 것은 불가능하다', '다른 사람들이 아는 건만큼은 나도 알자', '한두 문제 정도는 틀려도 괜찮다'라는 마음을 가지고 정말 중요한 부분부터 공부하는 것이 공무원 시험을 옳은 방향으로 준비하는 것입니다.

월별 학습 스케줄

이번 챕터의 내용은 어쩌면 이 책을 보시는 분들께서 가장 궁금해하는 부분일 것 같습니다. '단기 합격자의 커리큘럼은 어떨까?', '어떤 커리큘럼으로 단기 합격을 했을까?'하는 궁금증이 있을 것입니다.

결론부터 말씀드리면 그렇게 특별하지 않다는 것입니다. 처음 공무원 시험을 시작해 어떻게 계획을 세워야 할지 막막한 분들에게 도움을 드리기 위해 저의 월별 학습 스케줄을 그대로 소개해 드리겠습니다. 저는 이 스케줄대로 공부하여 단기합격을 이뤘습니다.

저는 6개월 동안 수험생활을 했습니다. 다른 분들이 1년 정도의 커리큘럼으로 공부하는 내용을 반으로 압축하였다고 생각하면 됩니다. 다만 시간이 부족한 만큼 꼭 해야 하는, 우선순위가 먼저인 것을 잘 선택하여 공부했던 것이 합격할 수 있었던 이유였습니다.

각 과목별 커리큘럼을 말씀드리기에 앞서 전체적인 6개월 동안의 계획을 말씀드리겠습니다.

공무원 공부의 흐름(보통의 공무원 학원 커리큘럼)

7~8월	기본강의
9~10월	핵심요약강의
11~12월	기출강의
1~2월	문제풀이(단원별 모의고사)
3~4월	실전 동형 모의고사

각각의 단계는 끊어지는 것이 아니라 더해지는 것입니다. 그리고 이 과정에서 가장 중요한 것은 당연히 기출입니다. 기출은 계속 보고 또 봐야 하는 문제들입니다. 그 어떤 선생님들이 만든 문제보다 더 완성도 있고 좋은 양질의 문제가 기출문제입니다. 시간이 없어서 모의고사를 풀지 못하더라도 기출은 꼭 반복해서 봐야 합니다.

저도 위와 같은 순서로 공부를 하였습니다. 대신 조금 압축된 계획으로 변경하여 공부하였습니다.

단기왕 공부의 흐름

1~2월(중순)	기본강의
2말~4월	핵심요약강의&기출
5~6월	실전 동형 모의고사

각 과목별로 따로 따로 공부하지 않고 하루에 여러 과목을 동시적으로 공부했습니다. 왜냐하면 100분 동안 5과목의 문제를 집중적으로 빠르게 봐야 하는 시험이었기 때문에 저의 뇌가 이 5과목에 적응할 수 있도록 하였습니다.

전체적인 수험 기간을 돌아볼 때에 말씀드리고 싶은 것이 있습니다. 공무원 강의는 각 과목마다 방대한 양을 다루는 기본서 강의와 핵심적인 내용을 다루는 핵심요약강의로 나눌 수 있습니다.

이 중 핵심요약강의는 방대한 내용 중에서 중요한 부분을 모두 다룹니다. 그래서 시간이 없으신 분들은 강좌수가 많은 기본 강의보다 핵심요약강의를 추천해드립니다. 단, 핵심요약강의 러닝타임이 기본강의의 약 70% 정도는 되는 것을 들어야 한다고 생각합니다.

너무 많이 압축된 강의는 개념 정리하기가 어려울 수 있기 때문입니다.

영어 문법 기본 강의를 수강하고 나서 나중에야 실제 시험에서 잘 나오는 문법 부분이 있다는 것을 알게 되었습니다. 영어 문법의 모든 부분을 공부하려고 한 저의 시간들이 아까웠습니다.

행정학 같은 경우에도 베이스가 없어도 핵심요약강의를 통해 내용을 충분히 파악할 수 있습니다. 여기에서 말하는 핵심요약강의는 시험 마무리 단계에서 진행되는 강의가 아니라 기본강의보다는 적은 러닝타임이지만 거의 모든 부분을 다루고 있는 강의입니다.

대략 기본강의의 총 러닝타임이 100이라 했을 때 70 정도의 강의 시간으로 진행하는 강의가 있다면 그 강의로도 충분하다고 생각합니다. 물론 당연히 시간의 여유가 있으신 분들은 기본부터 들어도 되겠지만 저와 같이 시간이 부족한 분들은 핵심요약강의부터 시작하시고 그 안에 있는 내용들을 익히고 기출로 넘어가도 큰 문제가 되지 않을 것 같습니다.

그럼 구체적인 월별 공부 스케줄에 대해 설명하겠습니다.

시간은 한 칸 당 45분입니다. 제가 시험 준비를 했을 당시에는 선택과목이 있어 사회과목을 공부한 점을 참고해주시기를 바라겠습니다.

단기왕 1월 학습 계획

	월	화	수	목	금	토	일
오전 1	영어 기본강의	영어 기본강의	영어 기본강의	영어 기본강의	영어 기본강의	영어 기본강의	영어 기본강의
오전 2	영어 기본강의	영어 기본강의	영어 기본강의	영어 기본강의	영어 기본강의	영어 기본강의	영어 기본강의
	영어 기본강의	영어 기본강의	영어 기본강의	영어 기본강의	영어 기본강의	영어 기본강의	자유공부
오전 3	영어 기본강의	영어 기본강의	영어 기본강의	영어 기본강의	영어 기본강의	영어 기본강의	자유공부
	영어 기본강의	영어 기본강의	영어 기본강의	영어 기본강의	영어 기본강의	영어 기본강의	자유공부
오후 1	한국사 기본강의	한국사 기본강의	한국사 기본강의	한국사 기본강의	한국사 기본강의	한국사 기본강의	한국사 기본강의
	한국사 기본강의	한국사 기본강의	한국사 기본강의	한국사 기본강의	한국사 기본강의	한국사 기본강의	한국사 기본강의
오후 2	한국사 기본강의	한국사 기본강의	한국사 기본강의	한국사 기본강의	한국사 기본강의	한국사 기본강의	한국사 기본강의
	한국사 기본강의	한국사 기본강의	한국사 기본강의	한국사 기본강의	한국사 기본강의	한국사 기본강의	한국사 기본강의
오후 3	국어 기본강의	국어 기본강의	국어 기본강의	국어 기본강의	국어 기본강의	국어 기본강의	영어 기본강의
	국어 기본강의	국어 기본강의	국어 기본강의	국어 기본강의	국어 기본강의	국어 기본강의	영어 기본강의
저녁 1	국어 기본강의	국어 기본강의	국어 기본강의	국어 기본강의	국어 기본강의	국어 기본강의	영어 기본강의
	국어 기본강의	국어 기본강의	국어 기본강의	국어 기본강의	국어 기본강의	국어 기본강의	영어 기본강의
저녁 2	행정학 기본강의	사회 기본강의	행정학 기본강의	사회 기본강의	행정학 기본강의	사회 기본강의	자유공부
	행정학 기본강의	사회 기본강의	행정학 기본강의	사회 기본강의	행정학 기본강의	사회 기본강의	자유공부
저녁 3	행정학 기본강의	사회 기본강의	행정학 기본강의	사회 기본강의	행정학 기본강의	사회 기본강의	자유공부
	행정학 기본강의	사회 기본강의	행정학 기본강의	사회 기본강의	행정학 기본강의	사회 기본강의	자유공부

첫 한 달 동안 모든 과목의 **기본 강의**를 들었습니다. 그래서 1월의 목표는 특별한 계획 없이 가능하면 빨리 기본강의를 듣는 것이었습니다.

계획표도 따로 없었습니다. 하루에 4과목(공통3과목과 선택1과목)을 모두 2~3시간씩 계속 듣고 또 들었습니다. 그 결과 한국사를 제외한 모든 강의는 한 달 안에 기본 강의 수강을 완료하였습니다.

나중에 과목별로 말씀드리겠지만 모든 기본 강의의 내용을 빠짐없이 들은 것은 아니었습니다. 전부 듣기에 시간이 너무 없었습니다. 그리고 강의를 한 번 듣고 나서 수업 내용이 모두 기억에 남지 않았습니다. 제가 느끼기에는 기억에 남는 것이 하나도 없었습니다. 행정학은 a, b급(중요한 부분)만 강의를 들었습니다. 일요일에는 주중에 부족한 부분을 자유 공부 시간에 채우는 방식으로 공부하였습니다.

처음 한 달 동안은 공무원 시험공부가 어떤 공부인지를 깨닫고 공부하는 습관을 만드는 시간이었습니다. 그리고 삶의 패턴을 단순화하여 하루하루 공부하는 루틴을 만드는 시간이었습니다.

단기왕 2월 학습 계획

	월	화	수	목	금	토	일
오전 1	영어 단어	영어 단어	영어 단어	영어 단어	영어 단어	영어 단어	영어 단어
오전 2	국어 기출 문법&규범	영어 문법	국어 기출 문법&규범	영어 문법	국어 기출 문법&규범	영어 하프	영어 단어
	국어 기출 문법&규범	영어 문법	국어 기출 문법&규범	영어 문법	국어 기출 문법&규범	영어 하프	자유공부
오전 3	국어 기출 문법&규범	영어 문법	국어 기출 문법&규범	영어 문법	국어 기출 문법&규범	영어 기출 독해	자유공부
	국어 기출 비문학	영어 기출 독해	국어 기출 비문학	영어 기출 문법	국어 기출 비문학	영어 기출 독해	자유공부
오후 1	한국사 요약 강의	한국사 요약 강의	한국사 요약 강의	한국사 요약 강의	한국사 요약 강의	한국사 요약 강의	한국사 요약 강의
	한국사 요약 강의	한국사 요약 강의	한국사 요약 강의	한국사 요약 강의	한국사 요약 강의	한국사 요약 강의	한국사 요약 강의
오후 2	한국사 기출	한국사 기출	한국사 기출	한국사 기출	한국사 기출	한국사 기출	한국사 기출
	한국사 기출	한국사 기출	한국사 기출	한국사 기출	한국사 기출	한국사 기출	한국사 기출
오후 3	국어 기출 비문학	국어 기출 문학	국어 기출 문학	국어 기출 비문학	국어 기출 문학	국어 기출 문학	국어 기출 문학
	영어독해 기본	영어독해 기본	영어독해 기본	영어독해 기본	영어독해 기본	영어독해 기본	영어독해 기본
저녁 1	행정학 기출	사회 기출	행정학 기출	사회 기출	행정학 기출	사회 기출	자유공부
	행정학 기출	사회 기출	행정학 기출	사회 기출	행정학 기출	사회 기출	자유공부
저녁 2	행정학 기출	사회 기출	행정학 기출	사회 기출	행정학 기출	사회 기출	자유공부
	행정학 기출	사회 기출	행정학 기출	사회 기출	행정학 기출	사회 기출	자유공부
저녁 3	영어 구문	영어 구문	영어 구문	영어 구문	영어 구문	영어 구문	자유공부
	영어 구문	영어 구문	영어 구문	영어 구문	영어 구문	영어 구문	자유공부

2월부터는 한국사를 제외하고 본격적으로 기출로 들어갔습니다. 초반에 약간 힘든 시간을 보냈습니다. 기출문제를 풀면 다 틀려서 마음이 아팠습니다. 그리고 몇 번의 시행착오가 있었던 시간이었습니다. 예를 들면 행정학 기출 문제집도 바꾸고 영어 단어집도 바꾸면서 저에게 맞는 공부법을 찾아가는 시간이었습니다.

구체적인 내용들은 과목별 커리큘럼에서 안내해 드릴 때 말씀드리겠지만 제가 영어가 전체적으로 많이 부족함을 느껴 문법과 독해 보완을 위해 문법 강의와 독해 강의와 구문 강의를 듣기 시작했습니다.

2월 중순부터는 한국사도 기출 공부를 시작하였습니다. 한국사 기출과 함께 요약강의를 동시에 들었습니다. 그리고 매일 국어 비문학 독해 문제를 꾸준히 풀었습니다.

2월은 저의 약점을 발견하고 앞으로 공부 방향을 다시 설정한 시간들이었습니다. 자신의 부족한 부분을 먼저 파악하고 계획표에 따로 넣어서 공부하는 것도 도움이 되었습니다.

단기왕 3월 학습 계획

	월	화	수	목	금	토	일
오전 1	영어 단어	영어 단어	영어 단어	영어 단어	영어 단어	영어 단어	영어 단어
오전 2	문법 900제	사회 기출	문법 900제	사회 기출	문법 900제	사회 기출	영어 단어
	문법 900제	사회 기출	문법 900제	사회 기출	문법 900제	사회 기출	자유공부
오전 3	영어 독해	사회 기출	영어 독해	사회 기출	영어 독해	사회 기출	자유공부
	영어 독해	사회 기출	영어 독해	사회 기출	영어 독해	사회 기출	자유공부
오후 1	영어 하프	영어 하프	영어 하프	영어 하프	영어 하프	영어 하프	영어 하프
	한국사 기출	한국사 기출	한국사 기출	한국사 기출	한국사 기출	한국사 기출	한국사 기출
오후 2	한국사 기출	한국사 기출	한국사 기출	한국사 기출	한국사 기출	한국사 기출	한국사 기출
	한국사 기출	한국사 기출	한국사 기출	한국사 기출	한국사 기출	한국사 기출	한국사 기출
오후 3	국어 기출	국어 기출	국어 기출	국어 기출	국어 기출	국어 기출	국어 기출
	국어 기출	국어 기출	국어 기출	국어 기출	국어 기출	국어 기출	국어 기출
저녁 1	행정학 강의	행정학 기출	행정학 강의	행정학 기출	행정학 강의	행정학 기출	행정학 기출
	행정학 강의	행정학 기출	행정학 강의	행정학 기출	행정학 강의	행정학 기출	행정학 기출
저녁 2	행정학 강의	행정학 강의	행정학 강의	행정학 강의	행정학 강의	행정학 강의	행정학 강의
	영어 구문	영어 구문	영어 구문	영어 구문	영어 구문	영어 구문	영어 구문
저녁 3	영어 구문	영어 구문	영어 구문	영어 구문	영어 구문	영어 구문	영어 구문
	암기	암기	암기	암기	암기	암기	암기

3월부터는 본격적으로 전 과목 기출에 들어갔습니다. 그리고 영어의 부족한 부분을 채우기 위해 문법과 독해 문제집을 선택하여 꾸준히 공부하였습니다. 그중 영어 하프 모의고사를 풀면서 영어 문제에 대한 두려움을 극복하기 위해 노력했습니다.

처음에 10문제를 풀기가 굉장히 부담이 되었지만 매일 문제를 풀다보니 익숙해졌습니다. 하프 모의고사는 실전모의고사 20문제를 반으로 줄여 실전 감각 유지용으로 많은 수험생들도 푸는 학습방법 중 하나입니다.

그리고 1월 행정학 기본 강의*를 들을 때 a, b급만 강의(중요한 부분)를 들었는데 3월에는 행정학 기출을 공부하면서 동시에 c, d급도 강의(덜 중요한 부분)를 들었습니다. 물론, a, b급을 공부할 때보다는 여유를 가지고 공부를 하였습니다. 그리고 자기 직전에 암기 시간을 확보하여 꼭 외워야 하는 내용들을 암기하였습니다.

---

* 제가 들었던 행정학 강의는 중요한 부분과 덜 중요한 부분의 강의를 따로 하는 식이었습니다.

단기왕 4월 학습 계획

	월	화	수	목	금	토	일
오전 1	영어 단어	영어 단어	영어 단어	영어 단어	영어 단어	영어 단어	영어 단어
오전 2	영어 단어	영어 단어	영어 단어	영어 단어	영어 단어	영어 단어	영어 단어
	영어 단어	영어 단어	영어 단어	영어 단어	영어 단어	영어 단어	자유공부
오전 3	영어 문법	사회 기출	영어 문법	사회 기출	영어 문법	사회 기출	자유공부
	영어 문법	사회 기출	영어 문법	사회 기출	영어 문법	사회 기출	자유공부
오후 1	사회 요약서	사회 요약서	사회 요약서	사회 요약서	사회 요약서	사회 요약서	사회 요약서
	한국사 기출	한국사 기출	한국사 기출	한국사 기출	한국사 기출	한국사 기출	한국사 기출
오후 2	한국사 기출	한국사 기출	한국사 기출	한국사 기출	한국사 기출	한국사 기출	한국사 기출
	한국사 필노	한국사 필노	한국사 필노	한국사 필노	한국사 필노	한국사 필노	한국사 필노
오후 3	국어 기출	국어 기출	국어 기출	국어 기출	국어 기출	국어 기출	국어 기출
	국어 기출	국어 기출	국어 기출	국어 기출	국어 기출	국어 기출	국어 기출
저녁 1	행정학 기출	행정학 기출	행정학 기출	행정학 기출	행정학 기출	행정학 기출	행정학 기출
	행정학 기출	행정학 기출	행정학 기출	행정학 기출	행정학 기출	행정학 기출	행정학 기출
저녁 2	영어 실전 독해	영어 실전 독해	영어 실전 독해	영어 실전 독해	영어 실전 독해	영어 실전 독해	영어 실전 독해
	영어 실전 독해	영어 실전 독해	영어 실전 독해	영어 실전 독해	영어 실전 독해	영어 실전 독해	영어 실전 독해
저녁 3	연도별 기출	모의고사	연도별 기출	모의고사	연도별 기출	모의고사	연도별 기출
	연도별 기출	모의고사	연도별 기출	모의고사	연도별 기출	모의고사	연도별 기출

4월에도 기출+요약서 회독을 반복하였습니다. 그리고 각 과목별로 최대한 밸런스를 맞춰 공부하기 위해 노력했고 영어 단어 암기 시간을 늘렸습니다. 영어 하프 모의고사를 보면 나의 약점을 발견할 수 있는데 어휘문제를 많이 틀리는 것을 보고 이래서는 안 되겠다 하고 늘리기 시작했습니다. 공부를 하면서 나의 약점을 파악하는 것은 매우 중요합니다. 그리고 그 약점을 방치하지 않고 꼭 보완하기 위한 시간을 확보하고 공부해야 합니다. 저는 그 약점을 영어에서 발견하여 영어에 집중하여 계획을 세웠습니다.

영어 구문 강의를 듣고 본격적인 독해 문제 풀이 강의를 들었습니다. 본격적으로 연도별(시행처별) 기출 문제를 풀기 시작했고 각 과목 모의고사도 4월 말부터는 풀기 시작했습니다.

단기왕 5월 학습 계획

	월	화	수	목	금	토	일
오전 1	영어 단어	영어 단어	영어 단어	영어 단어	영어 단어	영어 단어	영어 단어
오전 2	영어 단어	영어 단어	영어 단어	영어 단어	영어 단어	영어 단어	영어 단어
	영어 모의고사	영어 모의고사	영어 모의고사	영어 모의고사	영어 모의고사	영어 모의고사	자유공부
오전 3	영어 모의고사	영어 모의고사	영어 모의고사	영어 모의고사	영어 모의고사	영어 모의고사	자유공부
	영어 모의고사	영어 모의고사	영어 모의고사	영어 모의고사	영어 모의고사	영어 모의고사	자유공부
오후 1	사회 핵심요약	사회 핵심요약	사회 핵심요약	사회 핵심요약	사회 핵심요약	사회 핵심요약	사회 핵심요약
	한국사 기출	한국사 기출	한국사 기출	한국사 기출	한국사 기출	한국사 기출	한국사 기출
오후 2	한국사 기출	한국사 기출	한국사 기출	한국사 기출	한국사 기출	한국사 기출	한국사 기출
	한국사 기출	한국사 기출	한국사 기출	한국사 기출	한국사 기출	한국사 기출	한국사 기출
오후 3	국어 기출&모고	국어 기출&모고	국어 기출&모고	국어 기출&모고	국어 기출&모고	국어 기출&모고	국어 기출&모고
	국어 기출&모고	국어 기출&모고	국어 기출&모고	국어 기출&모고	국어 기출&모고	국어 기출&모고	국어 기출&모고
저녁 1	행정학 기출&모고	행정학 기출&모고	행정학 기출&모고	행정학 기출&모고	행정학 기출&모고	행정학 기출&모고	행정학 기출&모고
	행정학 기출&모고	행정학 기출&모고	행정학 기출&모고	행정학 기출&모고	행정학 기출&모고	행정학 기출&모고	행정학 기출&모고
저녁 2	영어 실전 독해	영어 실전 독해	영어 실전 독해	영어 실전 독해	영어 실전 독해	영어 실전 독해	영어 실전 독해
	영어 실전 독해	영어 실전 독해	영어 실전 독해	영어 실전 독해	영어 실전 독해	영어 실전 독해	영어 실전 독해
저녁 3	모의고사	모의고사	모의고사	모의고사	모의고사	모의고사	모의고사
	모의고사	모의고사	모의고사	모의고사	모의고사	모의고사	모의고사

5월에는 문제풀이의 시간으로 보냈습니다. 각 과목의 기출 회독과 요약서 회독은 계속하였고 각 과목의 모의고사를 풀기 시작했습니다. 특별히 영어 모의고사는 하루에 1회, 많을 때는 2회를 풀었습니다. 그리고 해설 강의까지 들었습니다. 모의고사와 관련된 내용들은 뒤에 정리가 되어 있습니다.

5월과 6월은 공부를 마무리하는 단계의 시간입니다.
그리고 가장 열심히 해야 하는 시기입니다. 저는 이 시간 동안 역시 기출을 반복해서 공부했습니다. 특별히 시간을 배분하는 훈련과 연습을 했고 모의고사와 기출문제를 통해서 실전감각을 최대한 끌어올렸습니다. 시험 마무리 단계의 학습 계획에 관한 구체적인 내용은 챕터3 공무원 시험 보기를 참고해주기를 바랍니다.

저는 위와 같은 월별 학습 계획표에 맞춰 그대로 공부하였습니다. 계획을 세우고 계획대로 공부하는 것은 매우 중요합니다. 계획대로 공부를 하면 성취감을 느끼고 예측 가능한 공부를 할 수 있기 때문입니다.

계획표를 짤 때에 가장 중요하게 여긴 부분은 각 과목별 밸런스였습니다. 공무원 시험은 모든 과목을 잘 봐야 합격이 가능하기에 한 과목이라도 구멍이 나면 그 구멍을 메꾸기가 어렵습니다. 그래서 하루 공부량을 색으로 표시하여 각 과목당 공부량을 최대한 일정하게 하기 위해 노력했습니다.

다시 한 번 정리하면 기본 강의 → 핵심 강의 → 기출 순서로 공부를 점차 쌓아가며 우선순위를 정해서 공부 하는 것이 중요합니다. 우선순위라

함은 공통과목 먼저, 그리고 내가 부족한 부분을 빨리 찾아 그 부분부터 보완해야 합니다. 저는 그 부족한 부분이 영어 단어와 독해였고 그 부분을 공부 스케줄에 반영하여 준비했습니다. 위의 스케줄을 참고하여 앞으로 말씀드리는 내용들을 읽으시면 분명 도움이 될 것입니다.

과목별 커리큘럼

저는 인터넷 강의로 공무원 시험을 준비했습니다. 제가 들었던 학원 강의를 듣지 않으시는 분들도 계시겠지만 거의 모든 학원이 비슷한 커리큘럼으로 진행되기 때문에 수강하는 학원의 강의들을 참고하여 커리큘럼을 봐주시면 감사하겠습니다.

단기왕 커리큘럼 표 보는 법

그림	내용
	강의 들었던 교재
	여러 번 회독한 교재
	틀린 부분만 회독한 교재
⊖ 함께 무한 회독	기출 + 요약집 함께 무한 회독
초반/중반/후반	• 초반(1~2개월) - 기본 개념 정리의 시간 • 중반(3~4개월) - 기출&회독의 시간 • 후반(5~6개월) - 마무리&문풀의 시간

먼저 **커리큘럼표**를 보는 방법부터 간단히 말씀드리겠습니다. **커리큘럼표**는 크게 저의 수험생활을 3시기로 나누어져 있습니다. 이 시기는 뒤에 다시 한번 설명될 **공시생의 삼시공부**의 시기와 일치합니다. 초반은 최초 1~2개월을 나타내는 시기로 개념 정리의 시간으로 보냈습니다. 그리고 중반은 개념 정리의 시간을 마치고 기출과 요약서 회독의 시간으로 보낸 3~4개월 차입니다. 그리고 후반은 문제풀이의 시간으로 보낸 마지막 2개월을 나타냅니다. 기계적으로 정확히 딱 맞지 않는 부분도 있지만 크게는 이렇게 보냈습니다.

국어

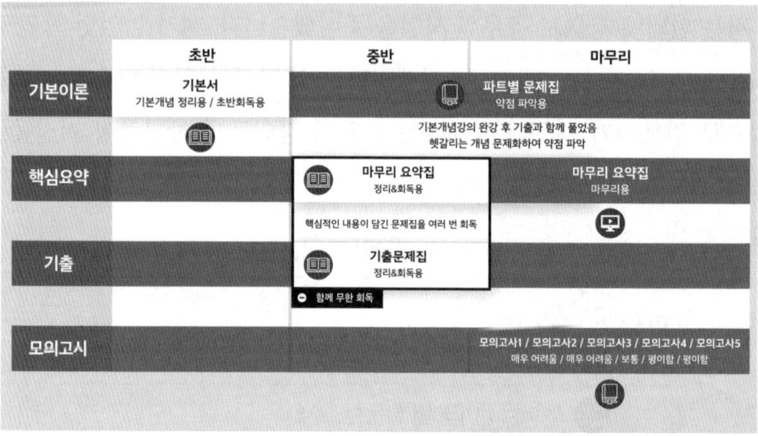

기본 강의로 시작을 하였고 기본 강의를 들을 때 모든 강의를 듣지는 않았습니다. 제가 들은 부분은 문법, 규범, 비문학과 문학의 이론, 그리고 문학의 작품 해설 부분만 들었습니다. 이렇게 기본 강의 1회독을 하고 기출로 들어가고 싶었지만 문법과 규범 부분에서 부족함을 느껴 이 부분만 다시 강의를 듣고 기출로 들어갔습니다. 그리고 기출에 들어가면서 단원별 약점 체크 문제집을 구매하여 저의 약점을 파악하고 보완하기 위해 노력했습니다. 초반과 중반까지는 기출 문제집과 함께 기본서로 회독을 하다가 좀 더 압축되어 있는 마무리 교재로 회독하였습니다. 시험을 한 달 남겨 놓은 시점에는 모의고사를 통해 실전 감각을 익혔습니다.

영어

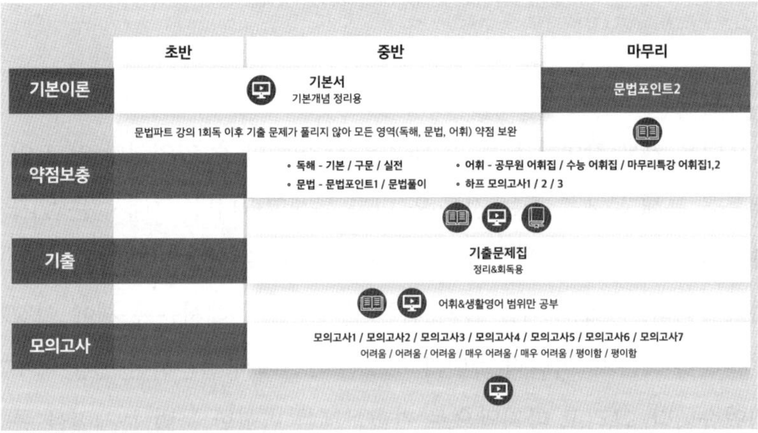

영어는 프리패스라는 제도를 가장 잘 이용한 과목이었습니다. 각 선생님들의 강점을 최대한 이용하여 학습하였습니다. 각 파트별로 강세인 선생님들의 강의를 전략적으로 들었습니다. 위의 흐름도를 보면 아시겠지만 저는 각 파트별로 독립적이면서도 체계적인 공부 계획을 세워가며 공부를 하였습니다. 그리고 많은 모의고사 문제집을 통해 문제 푸는 연습을 하였고 약점을 보완하면서 공부했습니다.

어휘파트

초반에 어휘 부분을 가장 많이 걱정하였습니다. 시간이 많이 부족하여 두꺼운 어휘집을 여러 번 회독할 수가 없었습니다. 그래서 처음에는 공시생이 많이 보는 두꺼운 어휘집으로 공부를 하다가 공부 방향을 바꿔 기출 어휘 부분부터 보기 시작했습니다. 기출(어휘) 강의를 들으니 중요한 어휘가 반복된다는 것을 알게 되었고 반복되는 단어들은 쉽게 외울 수 있었습니다. 마무리 단어 특강과 하프 모의고사를 통해 어휘 부분을 준비하였습니다. 공무원 어휘 문제를 위한 어휘 공부와 함께 독해 단어를 위한 수능 단어 공부도 함께 병행하였습니다.

문법파트

문법은 기본 강의를 통해 그 내용은 잘 이해할 수 있었지만 알고 있는 내용을 통해 문제를 푸는 것은 또 다른 문제였습니다. 그래서 문법 자체에 대한 문제집과 함께 문법 문제를 풀기 위한 문제집을 함께 풀고 공부하였습니다. 문법 문제를 풀기 위한 문제집을 통해서는 문제에 어떻게 접근해야 하는지, 어휘적 측면과 시스템 측면에서 접근하는 법을 배우게 되었습니다. 그리고 마지막으로 기출문제를 변형한 문법 문제집을 통해 최근 기출의 경향과 문법의 중요 포인트를 다시 확인하였습니다.

독해파트

독해는 영어에서 가장 많은 비중을 차지하고 있습니다. 시간을 가장 많이 사용해야 하고 시험 보기 전에는 가장 걱정되는 부분이었습니다. 그래서 늦게나마 구문 공부를 시작하였고 독해 문제집도 매일 꾸준히 풀었습니다. 독해파트는 정말 공부하기 어려운 파트였습니다. 시간이 없는 와중에도 해설 강의를 들으면서 선생님들의 독해 스킬을 배우고자 노력하면서 공부하였습니다.

실전파트

저는 영어 모의고사 문제집을 정말 많이 풀었습니다. 문제를 푸는 데에 그치는 것이 아니라 해설 강의도 모두 들었습니다. 영어가 부족했던 만큼 선생님들께 조금이라도 도움을 받고자 최선을 다했습니다. 시험 한 달 전에는 1일 1모의고사를, 한 주 정도는 1일 2모의고사를 풀었습니다.

한국사

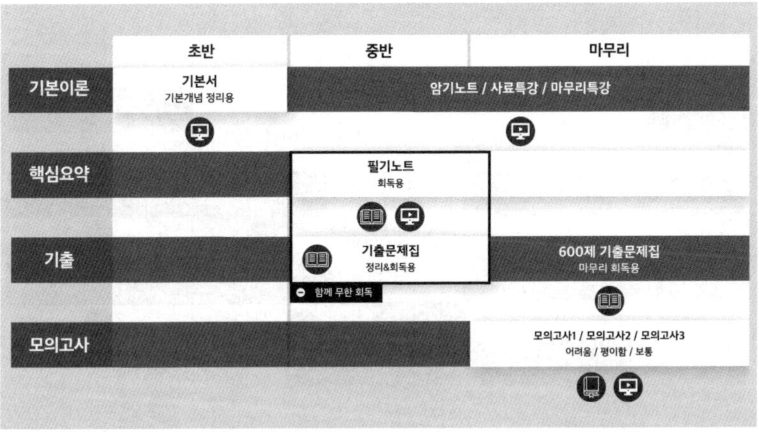

먼저 한국사를 공부하기 전에 부끄러울 정도로 아는 것이 없었습니다. 그래서 정말 초보를 위한 강의부터 시작하여 차근차근 커리큘럼을 따라갔습니다. 초보를 위한 강의를 완강하고 올인원 강의를 듣기 시작했습니다. 그리고 기출로 들어갔습니다. 처음 기출문제를 푸는데 처음에는 거의 다 틀렸습니다. 하지만, 하지만 필기노트를 계속 회독하고 기출 문제를 계속 반복하여 풀다 보니 내용들이 하나씩 하나씩 외워지기 시작했습니다.

특히 기출 문제집을 꼼꼼히 보면서 공부했습니다. 해설이 자세히 되어 있는 문제집이어서 해설 부분만 읽어도 기본서를 반복하여 회독하는 효과가 있었습니다. 필기노트는 한국사를 공부할 때에 처음부터 시험 보기 직전까지 계속 놓지 않았던 문제집이었습니다. 사료 강의도 시험 보기 2주 전에 단시간 동안 배속으로 들었습니다. 그리고 한국사 역시 모의고사 문제집을 풀어 실전 감각을 익히기 위해 노력했습니다.

행정학

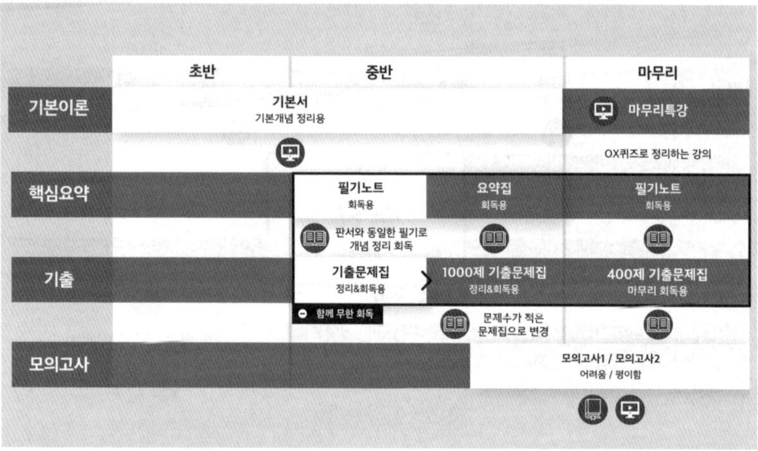

행정학 공부도 기본적인 커리큘럼을 따랐습니다. 먼저 기본강의를 듣고 필기노트와 기출문제집을 가지고 회독을 하였습니다. 행정학 공부를 할 때 가장 중요하게 여겼던 건 '중요한 부분부터 하자'였습니다. 제가 본 문제집에는 각 파트별로 중요도가 표시가 되어 있었는데 중요한 파트만 먼저 강의를 듣고 회독을 하였습니다.

기본강의를 듣고 두꺼운 기출 문제집으로 회독을 하기 시작했지만 시간이 부족함을 느끼고 조금 콤팩트한 문제집으로 바꿔서 기출공부를 하기 시작했습니다. 기출 문제집과 필기노트로 계속 회독을 한 이후에 마지막에 좀 더 콤팩트한 기출 문제집으로 마무리하였습니다.

저는 행정학 공부를 할 때 모의고사 문제집을 풀고 해설 강의까지 다 들었습니다. 시간이 없는 가운데 해설 강의를 들었던 이유는 마지막까지 정리가 안 된 개념들은 모의고사 해설 강의를 통해 정리를 하기 위함이었습니다.

목적이 이끄는 공부
공부법 영상을 볼 때 조심해야 하는 점

우리는 공무원 공부를 시작할 때 많은 곳에서 정보를 얻고 공부법을 배웁니다. 저 역시 많은 합격수기를 읽고 공부법을 알려주는 영상을 통해 공부의 큰 방향을 잡을 수 있었습니다. 그리고 이와 관련하여 먼저 시험을 준비한 입장에서 여러분들에게 몇 가지 공부법을 전하고 있습니다.

하지만 저의 영상을 포함하여 공부법 영상을 볼 때 절대로 결과만 따라 해서는 안 됩니다. 그건 정말 위험합니다. 그 공부법의 결과가 아니라 그 공부법의 목적이 무엇인지 생각하면서 공부해야 정말 그 방법대로 하는 것입니다.

방법에 집중하는 것이 아니라 목적에 집중해야 합니다. 방법은 다양할 수 있기 때문입니다. 중요한 건 그 다양한 방법을 통해 얻어야 하는 목적입니다. 공무원 시험을 준비하는 각각의 과정에는 목적이 있습니다. 개념의 시간(기본강의를 통해 개념을 확인하는 시간)에 꼭 달성해야 하는 것, 기출의 시간(기출 공부를 하는 시간)에 꼭 달성해야 하는 것, 문풀의 시간(실전문제를 통해 실전 감각을 기르는 시간)에 꼭 달성해야 하는 것이 있습니다.*

지금 내가 풀고 있는 문제집에도 목적이 있습니다. 단원별 기출 문제집, 연도별 기출 문제집, 기출 변형 문제집, 모의고사 문제집 등 각각의 문제집을 푸는 목적이 있습니다. 우리는 이런 문제집을 풀 때 목적을 생각하

---

* 이 3가지의 시간에 관해서는 '챕터2 - 파트1 공시생의 삼시공부'에서 다뤄집니다.

며 그 목적에 맞는 공부를 해야 합니다. 무조건 문제를 푼다고 제대로 된 공부를 하고 있는 것은 아닐 겁니다.

그리고 여러 공부법은 그 목적을 위해 사용되는 것입니다. 그 목적에 맞는 공부를 해야 효과적이고, 제대로 된 공부를 했다고 생각할 수 있습니다. 어떤 문제집을 풀었는지가 중요한 것이 아니고 그 문제집의 집필 목적에 맞게 공부를 했는지가 중요합니다.

그렇기 때문에 우리는 **목적이 이끄는 공부**를 해야 합니다.

더 구체적인 예를 들면, 같은 영어 문법 문제집이라고 하더라도 문법 자체를 설명하기 위한 문법 문제집이 있고, 문법 포인트를 정리하고 암기하기 위한 문제집이 있습니다. 문법을 정리하기 위해서는 문법 기본서를 봐야 하고 그 이후에 빈출되는 문법 포인트를 집중적으로 공부하기 위해서는 문법 포인트가 정리되어 있는 문제집을 봐야 합니다.

이건 문제집을 풀 때뿐만 아니라 공부의 큰 틀 안에서도 해당이 됩니다. 즉, 독해 공부를 하다가 단어 공부를 하면 안 된다는 것입니다. 독해 공부 시간에는 독해 공부를 해야 합니다. 문제의 지문을 독해하는 연습을 해야 한다는 것입니다. 유형별로 접근하는 방법을 연습하고, 시간 안에 문제를 풀도록 연습합니다. 모르는 단어가 많이 나왔다고 그 단어를 외우는 시간으로 독해 공부를 하는 시간을 보낸다면 그 시간은 더 이상 독해 공부 시간이 될 수 없습니다. 독해 공부가 목적인 시간에는 독해 공부를 단어 공부가 목적인 시간에는 단어 공부를 해야 합니다.

저의 유튜브 채널에서 가장 많은 조회 수를 기록하고 있는 영상이 있습니다. 그 영상은 국어 기출 공부법과 관련한 영상으로 국어 문법 부분을 공부할 때 답을 적어 놓고 공부했다는 내용이었습니다.

이 영상을 보고 저는 두 가지의 생각을 하실 수 있다고 생각합니다.

첫 번째 생각

'아 답을 적고 공부를 하면 되는구나. 저게 효과적인 공부 방법이구나' 라고 생각하여 무작정 문제집에 답을 적고 공부하자는 생각.

두 번째 생각

'답을 적고 공부하면 어떤 점이 도움이 될까? 나의 공부 목적에 맞는 방법인가?'라고 생각하여 답을 적는 것보다 기출 문제집을 기본서처럼 회독하는 것이 더 중요하다는 분들도 계셨을 겁니다.

저는 두 번째 생각을 하신 분들의 공부의 효율이 더 높을 것이라고 생각합니다. 우리는 공부법의 결과(방법)에 집중하기보다 그 공부법의 목적에 집중해야 합니다.

답을 적고 기출 문제집을 푸는 것의 목적은 **기본서 회독의 효과(입력)**와 **기출 회독의 효과(중요한 부분 파악)**와 **문제집 푸는 것의 효과(출력)**를 동시에 얻는 것입니다. 답을 적고 기출문제를 공부해도 위의 목적을 알지 못하고 공부를 하면 단순히 답만 외우게 될 수 있습니다.

유튜브에 많은 공부법들이 있습니다. 그리고 그런 영상들은 분명 도움이 될 겁니다. 그리고 저의 채널 안에 있는 영상들도 조금이라도 도움이 될 수 있습니다. 하지만 이런 영상을 볼 때 공부법의 결론, 공부법의 방법에만 집중하지 않고 그 공부법에 이유와 목적에 더 집중을 하신다면 큰 도움을 받으실 수 있다고 생각합니다.

저의 공부법에 관한 글과 영상의 특정 부분만 보고 질문을 해주는 분들이 간혹 있는데 영상의 내용을 전체적으로 보신다면 헷갈리지 않고 도움이 되시리라 생각합니다. 저의 영상뿐만 아니라 다른 분들의 영상들도 결과에만 집중하여 보시는 것이 아니라 그 결과가 나오기까지의 과정과 목적에 집중하여 보신다면 더 좋을 것 같습니다.

공무원 합격을 위한 단기합격자의 공부량

이번 글은 '어느 정도로 공부를 해야 공무원 시험에 합격할 수 있는 지'에 관한 글입니다. 제가 경험한 6개월을 기준으로 이 계획은 어느 정도 조정이 가능하다고 생각합니다.

저는 기본적으로 공부만 할 수 있는 환경이었습니다. 직장을 다니면서 공부를 한 것도 아니었고 아이를 키우면서 공부를 한 것도 아니었기 때문에 하루 종일 공부만 할 수 있었습니다. 분명, 이런 상황이었기 때문에 단기합격이 가능했었다고 생각합니다. 왜냐하면, 절대적인 시간도 확보가 된 점도 물론 중요한 부분이었지만 공무원 공부에 '집중'할 수 있었다는 것이 합격에 아주 크게 작용했습니다.

저는 하루 종일 집에서 공부를 했습니다. 물론 하루가 24시간이고 7~8시간 정도는 잠을 자는 시간이었습니다. 저는 잠을 충분히 자려고 했습니다. 그래서인지 공부를 할 때에는 거의 졸았던 적이 없었습니다. 그럼 16시간이 남게 되고 그중 점심과 저녁식사 한 시간씩을 제외하면 14시간 정도가 됩니다. 그 시간에서 이런 저런 빠지는 시간을 제외하면 12~13시간 정도가 남게 되는데 이 시간이 제가 공부한 순공 시간이었습니다.

하루 공부 시간표

오전공부	3.5시간
점심	1시간
오후공부	5시간
저녁	1시간
저녁공부	6시간
취침시간	7.5시간

일주일 동안 쉬지 않고 공부하였습니다. 하루 정도 쉴 수 있었지만, 공무원 공부를 시작한 시기가 12월로 다른 분들과 비교하여 많이 늦었기 때문에 그럴 여유가 있지 않았었습니다. 그리고 지인이 아무도 없는 지역으로 이사를 했고 갑자기 공무원 시험을 준비하게 된 상황이라 쉬면서도 딱히 만날 사람도, 할 일도 없었기 때문에 계속 공부만 했던 것 같습니다.

그리고 6개월간 공부를 했습니다. 사실 엄밀히 계산하면 6개월이 안 되는 시기이긴 합니다. 프리패스 결제는 12월에 했지만 본격적인 공부는 1월부터 시작했기 때문입니다. 어쨌든 대략 6개월 정도의 기간 동안 공부한 흐름을 간략하게 말씀드리면 다음과 같은데 이 부분에 대해서는 공시생의 삼시공부에서 더 구체적으로 안내해드리겠습니다.

1~2개월 기본 개념 정리 → 3~4개월 기출 공부 → 1개월 마무리 공부

저는 이렇게 하루 종일, 일주일 내내, 그리고 6개월 내내 공부를 했습니다. 6개월 동안 딱 2일만 쉬고 공부를 했습니다. 그 2일은 어머니 생신날로 고향에 다녀오기 위함이었습니다. 정말 쉼 없이 공부했습니다. 그리고 단기 합격을 했습니다.

물론, 저는 공무원 합격을 하기 위한 절대적인 공부량이 있다고 생각합니다. 아무리 아이큐가 높고 명문대학교를 나왔다 하더라도 기본적으로 공무원 공부는 일정 기간 동안 공부를 해야 합격한다고 생각합니다. 그리고 공부량이 많을수록 나쁠 건 없다고 생각합니다.

하지만 제가 오늘 말씀드리고 싶은 건, 저는 공부량보다 더 중요한 게

있다는 것입니다. 그건 **합격을 향한 열망**입니다. 꼭 합격을 해야겠다는 마음이 있어야 합니다.

제가 6개월 동안 2일만 쉬고 나머지 기간 동안 공부를 죽어라 했기 때문에 합격했다고 말씀드리고 싶지 않습니다. 그것보다 2일만 쉬고 공부를 했던 합격을 향한 열망을 말씀드리고 싶습니다. 왜 2일만 쉬었는지, 어떤 마음으로 공부를 하면 6개월 동안 2일만 쉴 수 있었는지가 중요하다고 생각합니다.

합격하고 싶었기 때문에 할 수 있는 최선을 다했습니다. 공부가 너무 안 되고 감정적으로나 정신적으로나 육체적으로 힘들 때도 있었지만 그 순간에도 책상 의자에 앉아 있었습니다. 합격하고 싶었기 때문입니다.

힘들어도 무조건 참고 공부하라고 말씀드리는 건 절대 아닙니다. 쉬지 말고 공부하라고 말씀드리는 것도 더더욱 아닙니다. 충분한 휴식은 더 좋은 결과를 가져올 수 있습니다.

제가 말씀드리는 건 합격을 향한 열망이 충만해야 한다는 것이고 그 열망이 공부를 하는 순간에 발현되어야 한다는 것입니다. 합격하고 싶은 마음만 있고 아무런 행동을 하지 않는다면 아무런 결과를 얻어내지 못합니다.

이번 챕터의 글은 '어느 정도 공부를 해야 합격할 수 있는가?'라는 질문에서 시작했지만 저는 '어느 정도보다 어떤 마음으로 공부를 하는가?'가 더 중요하다고 말씀드리고 싶습니다.

여러분들에게 공무원 합격을 향한 간절한 열망과 소망이 있다면 마음에만 두지 마시고 공부를 할 때 그 열망이 드러나게 공부하시기 바랍니다. 그렇게 된다면, 더 집중하여 공부할 수 있고 더 오랫동안 의자에 앉아서 공부할 수 있을 것입니다. 그리고 결국 그 열망이 합격이라는 결과를 가져다줄 거라고 저는 생각합니다.

저는 공무원 시험의 합격은 지능 순도 아니고 베이스 순도 아니고 준비한 기간 순도 아니고 꼭 합격해야 한다는 열망의 크기순이라고 생각합니다. 이 합격을 향한 열망으로 공부하기를 바랍니다.

합격을 위한 두 번째 마음

의미 있는 하루를 보내자!

제가 운영하는 유튜브 채널에 오시는 분들에게
자주 하는 말이 있습니다.

"오늘 하루의 시간을 의미있는 시간으로 보내면 좋겠습니다."

그냥 책상에 앉아있음으로
시간을 보내고 오늘을 보내는 것이 아니라.
하루를 마무리하면서
'오늘은 이 부분은 내가 잘 정리했다.',
'이 정도는 내가 했다'와 같이 말할 거리가 있는
시간들로 보내는 것이 필요합니다.

하루를 의미 있고 보람되게 보내는 것은
단순히 하루 공부량을 채웠다는 의미를 넘어서
내가 나의 계획대로 생각대로
수험 생활을 하고 있다는 것을
스스로 증명하고 있는 것이기에 의미가 있습니다.

그리고 이런 날들이 계속 안정적으로 이어진다면
나의 마음과 정신도 안정적으로 유지될 수 있을 것입니다.

하지만 반대로 계획대로 살지 못하고
내가 생각하기에도 헛시간들로 하루를 보내면
마음도 불안해지고 자신에 대한 확신과 자신감도 떨어져
심리적으로 불안정한 마음으로 공부할 수밖에 없습니다.

그런 의미에서 의미 없이 오랜 시간을 보내서
불안한 수험생활을 보내기보다
하루하루 밀도 있는 시간을 보내서
하루를 마무리 할 때
불안감보다는 보람으로 마무리하는 것은 매우 중요합니다.

오늘 하루의 시간을 의미있는 시간으로 보내면 좋겠습니다.

공무원 시험 준비

PART 01

공시생의 삼시공부

- 첫 번째 시간 - 개념정리의 시간
- 두 번째 시간 - 기출의 시간
- 세 번째 시간 - 문제풀이의 시간

공무원 시험 공부는 크게 3단계의 시기로 구분하여 공부할 수 있습니다. 그 시기는 개념정리의 시간, 기출의 시간, 문제풀이의 시간인데 각각의 시기에는 꼭 해야 하는 일들이 있습니다. 그리고 각각의 시기를 성실히 보낼 때 효과적인 공부를 할 수 있습니다. 이 시기들을 어떻게 잘 보낼 수 있는 생각해 봅니다.

1

공시생의 삼시 공부

삼시공부 첫 번째 개념정리의 시간

매년 11월, 12월은 공시생들에게 매우 중요한 달입니다. 왜냐하면 본격적으로 기출로 들어가기 전 마지막으로 개념정리를 할 수 있는 시기이기 때문입니다. 11월이 되면 내년 시험까지의 타임라인은 명확해집니다.

공무원 시험 타임라인

11월~12월	개념정리의 시간(마지막 기회)(+기출)
1월~2월	기출의 시간
3월	문제풀이의 시간(+기출)
3~4월	국가직
5월	문제풀이의 시간(+기출)
5~6월	지방직

물론 이미 시험을 한 번 보신 분들은 어느 정도 개념정리가 되었겠지만 이제 공무원 시험 공부를 시작하시는 분이나 7월 이후에 시험을 준비하신 분들은 꼭 12월까지는 각 과목별 개념정리가 완성되어야 할 것입니다. 아무리 늦어도 1월까지 정말 꼭 정리가 되어야 합니다. 그래야만 공무원 시험 준비에서 가장 중요한 **기출의 시간**으로 들어갈 수 있게 됩니다. 그 안에 기출로 들어가게 되면 더욱 좋습니다. 왜냐하면, **기출의 시간**에서는 많은 것들이 이루어지기 때문입니다. 공무원 시험 준비 과정에서 가장 중요한 시간은 **기출의 시간**입니다. 우리는 **기출의 시간** 안에서 공무원 시험공부의 진수를 맛보게 됩니다. 하지만 **기출의 시간**이 의미가 있기 위해서는 **개념정리의 시간**을 잘 보내야 합니다. 모든 내용을 다 암기하라는 말씀이 아니라 **개념정리의 시간**을 성실하게 보낼 때, **기출의 시간**을 더욱 더 값진 시간으로 보낼 수 있다는 말씀입니다.

입시 설명회에서 한 선생님께서 다음과 같이 말씀하셨습니다.

"초반 커리큘럼이 합격점수를 좌우합니다."

초반에 어떠한 방향으로 개념정리를 하는지는 매우 중요하다고 생각합니다. 모두 각각 다른 상황에서 개념정리를 할 수 있습니다. 인터넷 강의든, 현장 강의든, 수강하는 학원이 어디든 중요한 건 지금 듣고 있는 기본 개념 강의를 최선을 다해 들어야 기출로 넘어가서 큰 힘을 받을 수 있다는 것입니다. 지금 **개념정리의 시간**을 그냥 넘어가면 정말 절대로 안 됩니다.

합격 수기를 읽어보면 합격자들이 처음 기본 개념 강의를 들을 때의 마음이 많이 나와 있습니다. 그들의 공통적으로 하는 말은 "한 번에 이해가 되지 않았다.", "완벽하게 암기하고 넘어가지 않았다."라는 말들이었습니다. 이 두 가지 말은 우리가 꼭 기억할 필요가 있는 말들입니다.

이 말들에 대해 좀 더 생각해보겠습니다.

"한 번에 이해가 되지 않았다."

→ 합격자들의 대다수가 이런 말을 합니다. 그 누구도 기본 개념이 읽는 그 즉시 이해가 되고 암기가 되지는 않았다는 것입니다. 그러니 너무 걱정하지 말고 **개념정리의 시간**을 성실하게 보내시면 좋겠습니다. 내가 지금 이해가 안 되는 데, '이게 나만 안되는 게 아니다'라고 생각하면서 포기하지 않으셨으면 좋겠습니다.

"완벽하게 암기하고 넘어가지 않았다."

→ '그냥 대충대충 보고 넘어갔다'라는 말일까요? 당연히 그것이 아닙니다. 이 말의 진짜 의미는 '지엽적인 것은 일단 패스하고 중요한 부분에 집중하면서 공부했다'라는 말입니다. 기본 개념 강의를 듣고 1회독을 할 때에는 모든 것을 다 외우려고 할 필요가 없습니다. 일단 큰 뼈대를 만드는 것이 중요한 시간이 **개념정리의 시간**입니다.

그리고 또 하나가 있었습니다.

"불안한 마음으로 공부했다."

합격자들은 불안한 마음으로 계속 공부했습니다. 불안한 마음이 항상 부정적인 것은 아닙니다. 어느 정도의 불안함은 우리를 긴장하게 만들고 그 긴장 속에서 더욱 집중하게 만듭니다. 부정적 감정인 불안을 긍정적으로 이용하기 바랍니다.

이 책을 읽으시는 분들은 모두 **개념정리의 시간**을 보낼 때 합격자들이 들려준 3가지의 자세와 마음을 기억하시면 좋겠습니다.

첫째, 한 번에 이해가 되지 않았고 완벽하게 암기하고 넘어가지 않았다.
둘째, 하지만 이것이 대충대충 공부하라는 것은 아니다.
셋째, 그리고 어느 정도의 긴장감을 유지하면서 기출의 시간을 준비한다.

개념정리의 시간은 정말 중요합니다.
이 시간을 잘 보내고 **기출의 시간**으로 넘어가시길 바랍니다.

삼시공부 두 번째
기출의 시간

저는 공무원 시험 준비에서 가장 중요한 부분이 기출에 관한 공부라고 생각합니다. 기본 강의를 듣는 이유도 기출을 공부하기 위함입니다. 모의고사 역시 기출을 기반으로 한 문제들이 많이 포함된 문제를 풀어야 합니다. 따라서 **가장 효과적이고 안정적인 공무원 시험공부 방법은 기출 중심의 공부를 하는 것**이라고 생각합니다. 하지만 공무원 기출이 왜 중요한 지, 그리고 어떤 방식으로 공부를 해야 하는지 알지 못하고 무작정 공무원 기출 문제집의 답을 외우는 많은 수험생들을 봤습니다. 그러면 우리의 수험 기간만 늘어날 뿐입니다. 따라서 앞으로 몇 개의 글을 통해 공무원 기출 공부에 관한 저의 생각을 나눠보겠습니다. 정말 중요한 부분이니 집중하며 정독하시기 바랍니다.

공무원 시험에서 기출이 중요한 7가지 이유

'공시공부는 기출공부다'라고 말할 정도로 공시에서 기출의 비중은 매우 높습니다. 그렇다면 왜 기출이 중요할까요? 기출이 중요한 이유는 크게 5가지입니다.

첫 번째 이유
그대로 또 출제 가능

먼저, 기출 문제가 중요한 첫 번째 이유는 동일한 문제가 그대로 출제될 수가 있기 때문에 중요합니다. 특별히, 국어 문법·규범·어휘, 영어 어휘(단어, 숙어, 생활영어)는 많이 반복되고 한국사도 사료와 지문이 반복되어 등장하기도 합니다. 이렇게 반복되어 나오는 이유는 다른 것이 아니라 그 부분이 중요하기 때문입니다.

특별히 우리가 공부하기 난감한 영어 어휘와 같은, 국어의 한자 성어와 같은 부분도 기출 문제집을 잘 살펴보면 기출 어휘들이 반복하여 나오는 경우를 확인할 수 있습니다. 출제자들이 좋아하는 정답과 오답이 있는 것입니다. 그대로 나오지 않더라도 보기의 내용이 약간씩 변형되어 나오기 때문에 기출의 모든 보기는 분석하여 옳고 그름과 함께 어떻게 함정을 팠는지도 알 정도로 봐야 합니다.

두 번째 이유

중요한 내용 파악 가능

첫 번째 이유는 정말 너무도 당연한 하나 마나한 이야기였고 지금부터가 중요합니다. 기출 문제가 중요한 가장 큰 이유는 기출 문제가 우리에게 말하고 있는 것이 있기 때문입니다. 그것은 지금 보고 있는 문제, 지금 풀고 있는 문제가 우리가 공부하는 범위에서 가장 중요한 내용이라는 것을 말해주고 있다는 것입니다.

우리는 태어나서 처음 공무원 시험공부를 하는 사람들입니다. 그렇기 때문에 처음 공부할 때는 뭐가 중요한 지 뭐가 중요하지 않은 지 정확히 파악하기가 어렵습니다. 하지만, 우리는 기출 문제를 보면서 '이 단원에서 이 부분이 중요하구나'하고 알게 됩니다. 그리고 특별히 집중해서 문제가 많이 나오는 부분이 있다면 '아, 여기는 내가 더 집중해서 공부해야 하는 부분이구나!'라는 생각을 갖게 도와줍니다. 따라서 기출 문제는 우리에게 매우 중요합니다.

세 번째 이유

학습량 줄이기 가능

기출 문제는 우리로 하여금 방대한 공무원 시험의 공부량을 줄여주는 아주 중요한 열쇠가 됩니다. 처음에 기본서를 만났을 때 많이 놀라신 분들이 계셨을 겁니다. 저도 그랬습니다. 너무 두껍고 너무 방대했습니다. 하지만, 우리는 그 모든 것을 공부할 필요는 없습니다. 가장 먼저 우선적으로 해야 하는 건, 기출입니다. 기출 위주로 꼭 공부를 해야 합니다. 그 이후에 시간이 허락된다면 기출이 안 된 부분을 봐야 하는 것입니다. '기출 중심의 공부야말로 단기합격의 지름길이다'라는 하나 마나한 이야기를 다시 해봅니다.

네 번째 이유

문장으로 된 개념이 문제로 표현

제가 공부하면서 느꼈던 신기한 경험은 이상하게 기본서로 공부를 하면 개념정리도 잘 안되고 암기도 잘 안되었는데, 기출 문제를 풀면 개념이해와 암기가 더 잘 되는 걸 느꼈습니다.

분명, 길고 복잡하게 서술된 문장으로 어떤 내용을 이해하는 것과 컴팩트한 문장과 이것이 옳은지 그른지를 판단하는 상황에서 내용을 파악하는 건 다른 것 같습니다. 앞의 이야기가 기본서에서 이루어진다면 후자의 경우는 기출 문제를 풀 때 이루어집니다. 분명, 기본서를 통해 공부하는 것보다 기출 문제를 통해 공부하는 것이 더 효율적입니다.

무엇보다 우리가 실전에서 만나는 건 문제로 된 개념들입니다. 그렇기 때문에 기출 문제에 계속 익숙해질 필요가 있습니다.

기본강의	기출문제
개념을 설명하는 길고 복잡한 문장	중요한 키워드로 이루어진 콤팩트한 문장
시험에 나올 수 있는 모든 내용	이미 출제 된, 앞으로 출제 될 중요한 내용

다섯 번째 이유

나의 약점 파악 가능

기출 문제는 나의 약점을 파악하기에 좋습니다. 우리는 기본서를 통해서는 나의 약점을 파악하기 어렵습니다. 내가 뭘 알고 뭘 모르는지 확인하기 어렵고 알 필요가 없는 부분을 모른다고 그것이 약점이 되지는 않기 때문입니다. 하지만 기출 문제를 통해서 우리는 약점을 파악할 수 있습니다. 많이 틀리는 그곳이 나의 약점입니다. 그리고 기출 문제로 출제되는 부분을 잘 모르는 건 가볍게 넘기면 안 됩니다. 그래서 기출 공부를 통해 나의 약점을 빨리 파악하고 그 부분을 빠르게 보완하면서 공부해야 합니다.

여러 번 말씀드렸듯이 공시에서 말하는 기출을 공부한다는 것은 문제풀이를 한다는 것이 아니라 문제풀이로 가기 위한 전단계로 최종적으로 이론과 개념을 정리하는 단계임을 알아야 합니다.

기출은 기본이론과 문제풀이의 중간 단계입니다. 문제풀이연습은 동형모의고사에서 하는 것입니다. 우리는 기출문제를 잘 분석하고 기출문제에 익숙해지기 위한 공부를 해야 합니다. 기출문제는 푸는 것이 아니라 어떻게 분석하느냐가 더 중요합니다. 지금 내가 기출을 어떻게 보고 있는지, 그저 답만 외우고 있는 건 아닌지, 내가 기출 보기의 옳고 그름과 함정 포인트를 모두 알고 있는지 확인해야 합니다.

기본개념공부	→	기출공부	→	문제풀이공부
기출을 준비				기출을 확인

여섯 번째 이유

기출 문제를 통해 현재의 시험 경향 분석 가능

공무원 시험 문제는 그냥 아무렇게나 내는 문제가 아닙니다. 목적과 의도에 맞춰 문제를 출제합니다. 그래서 그 목적과 의도에 따라 문제의 경향이 달라집니다. 한때는 영어의 문법 문제가 유독 어려웠을 때가 있었지만 현재는 문법은 쉬어지고 오히려 독해가 어려워지고 있습니다. 5년 전 영어 기출 문제를 보고 최근 기출 문제를 보면 그 지문의 길이에서 엄청난 차이가 납니다. 국어의 경우에도 고유어의 비중이 많이 줄어들고 비문학 독해의 비중이 늘어나는 추세입니다. 이러한 경향을 분석할 수 있도록 도와주는 것이 기출 문제입니다. 우리는 기출 문제를 그냥 막 푸는 것이 아니라 분석하며 풀 줄 알아야 합니다.

일곱 번째 이유

기출 문제는 모두에게 공개된 자료

기출 문제가 그대로 나왔는데 틀렸다면 다른 사람들은 다 맞는 문제를 틀렸다는 것을 의미합니다. 모의고사를 안 푸시는 분들은 계시지만 기출 공부를 안 하는 분은 절대 없습니다.

기출은 기본적으로 다 외워야 합니다. 답을 외우는 것이 아니라 문제의 개념을 외우는 것입니다. 개념이 정리되지 않는다면 답이라도 외워야 합니다. 기출의 문제와 지문을 소중하게 다뤄야 합니다. 그대로 혹은 약간 변형되어 다시 나올 수 있는 내용들이기 때문입니다. 기출을 공부한다는 것은 문제가 똑같이 나왔을 때 맞춘다는 것이 아니라 변형된 문제가 나오더라도 맞힐 수 있도록 공부하는 것입니다.

시험에 가까워질수록 기출로 돌아가야 합니다. 기출은 합격이라는 집을 지을 때에 든든한 기반 역할을 합니다. 따라서 기출 문제집은 여러 번 봐야 하기 때문에 문제집에 답을 적어서는 안 됩니다. 그렇지 않으면 문제집을 또 사야 할 것입니다. 그리고 오래된 문제는 그 중요도가 조금 떨어집니다. 기출 문제를 통해 최근 문제의 출제 경향을 살펴보며 학습해야 합니다.

이번 챕터에서는 기출에 관한 이야기를 해봤습니다.
합격자들이 왜 기출, 기출 하는지 알게 되는 시간이었으면 좋겠습니다.
기출 된 문제와 개념은 절대 놓쳐서는 안 됩니다.

단기왕 기출 공부법
기본서 보듯이 기출 문제집 공부하기

이번 글은 기출에 관해서 제가 가장 중요하게 생각하고 독자들에게도 가장 많은 도움이 되는 내용일 것 같습니다. 이번 챕터에서는 제가 어떻게 기출 공부를 했는지를 말씀드리겠습니다.

저는 기본적으로 많은 시간이 없었기 때문에 기출 회독을 많이 할 수 없었습니다. 제가 각 과목별로 기출 회독을 몇 번 정도 했는지 정확하게 구체적으로 말씀드리기는 어렵겠지만(과목별로, 문제집별로 너무 제각각이고 구체적으로 기억이 나지 않는 부분이 있기 때문에) 저는 기출 문제집의 경우 5회독 이상을 한 과목은 없었습니다. 합격자들이 10회독을 했다 15회독을 했다 그렇게 말씀을 하는 분들이 계시지만 저는 그렇게 하지 못했습니다. 대신 저는 밀도 있는 회독을 했습니다. 밀도 있는 회독법에 관해서는 이와 관련하여 정리한 다른 챕터(합격으로 이끄는 회독법)를 참고해주시길 바랍니다.

회독에 관한 챕터는 아니기 때문에 길게 이야기하기는 어렵겠지만 회독에서 중요한 건 횟수 이전에 질이라고 생각합니다. 효과적이고 질 좋은 회독법으로 여러 번 회독하는 방향으로 가야지 그렇지 않게 되면 시간 낭비만 할 뿐입니다. 기출 회독도 마찬가지입니다.

먼저 다시 한번 기출 공부를 하는 목적에 대해 말씀드리겠습니다. 왜냐하면 제가 여러 번 말씀드렸듯이 목적이 이끄는 공부를 해야 하기 때문입니다.

기출이 중요한 이유는 첫째, 광범위한 공무원 공부의 분량을 정해주는 가이드라인이기 때문에(공부의 양을 줄여줌) 우리가 무엇을 공부해야 하는지 알려주는 부분이 기출이기 때문입니다. 그리고 둘째, 그 중요한 부분을 문제의 형태로 만날 수 있게 해주기 때문입니다. 우리는 공무원 시험을 볼 때 객관식 문제를 풀어야 합니다. 그리고 기출 문제가 바로 그 문제입니다. 우리는 길게 문장 형식으로 공부를 하는 거보다 문제 형식으로 공부를 할 때 필요한 부분이 제외된 중요한 단어와 표현만을 간결하게 공부하고 외울 수 있게 됩니다. 이 두 가지를 생각하시면서 앞으로 제가 말씀드릴 저의 기출 공부법을 읽어주시기 바랍니다. 그리고 이 기출 공부법은 저의 유튜브 채널에서 실제 문제로 예를 들어 설명한 영상이 업로드되어 있으니 참고하시길 바랍니다.

첫 번째 단계
기출 문제집 구매하기

기출 문제집에는 두 가지 종류가 있습니다. **단원별 기출 문제집**과 **연도별 기출 문제집**이 그 두 가지이고 이 문제집의 역할을 다릅니다. 우리가 들은 기본 강의의 단원 순서대로 되어 있는 단원별 기출 문제집이 있고 그리고 연도별로 모여 있는 기출 문제집이 있습니다. 그리고 결론적으로 우리는 먼저 단원별 기출 문제집으로 공부해야 합니다. 단원별 기출 문제집으로 공부해야 기출 공부의 목적을 달성할 수 있기 때문입니다.

단원별 기출 문제집	연도별 기출 문제집
기본 강의를 들었던 순서로 문제 구성	실전 문제로 순서와 상관없이 랜덤 구성
기본 개념을 문제로 다시 정리하는 역할	기출 공부를 제대로 했는지 확인하는 역할

두 번째 단계

각 단원별로 중요한 파트가 어딘지 확인하기(문제수로)

단원별 기출 문제집 보면 어떤 단원에서는 문제가 많이 나오지 않고 어떤 단원에서는 문제가 많이 나오는 걸 확인할 수 있습니다. 이것을 통해 내가 집중해야 하는 부분을 알 수 있습니다. 이 문제 수를 통해 지금 하고 있는 기출 공부뿐만 아니라 필기노트류를 회독할 때도 어떤 부분에 더욱 집중해야 하는지를 알 수 있게 됩니다. 따라서 문제집을 공부하기 전에 각 단원별로 먼저 전체적으로 살펴볼 필요가 있습니다. 쭉 보면서 이 단원에서는 어느 부분이 중요한지 확인을 먼저 하고 문제를 풀기 시작해야 합니다.

또한 문제들을 훑어볼 때 단순히 문제의 수만 파악하지 말고 문제의 형식을 파악할 필요가 있습니다. 한국사로 예를 들면 이 부분이 전체적인 흐름을 중요하게 여겨 순서 배치의 문제가 많은지, 단순 암기의 문제가 많은지, 비교 문제(인물비교, 개혁비교, 나라비교 등)가 많은지를 미리 살펴봐야 합니다.

세 번째 단계

기본강의를 생각하면서 문제 풀기(답에 체크하지 않기)

이 단계는 문제를 푸는 단계입니다. 거의 풀리지 않을 가능성이 높습니다. 물론 정말 쉬운 부분은 문제가 잘 풀릴 수 있습니다. 저 같은 경우에는 이 단계에서는 채점을 하지 않았습니다. 채점을 해봤자 틀림 표시만 하게 되고 그렇게 될 경우에는 정말 공부를 하기 싫을 것 같았기 때문에 채점을 하지 않았습니다.

제 문제집을 보시면(유튜브 영상 참고) 채점이 안 되어 있는 부분들이 많고 채점이 되어 있는 부분이라고 할지라도 그 부분은 처음부터 채점한 것이 아니라 어느 정도 내용에 익숙해진 다음에 채점을 한 것입니다.

네 번째 단계

기출 문제를 기본서 공부하듯이 공부합니다.

문제를 집중해서 읽고 문제를 풀려고 노력하고 문제가 풀리지 않으면 답을 확인하고 해설을 봅니다. 여기서 답만 확인하고 해설을 대충 보는 것이 아니라 문제와 답과 해설을 집중해서 봐야 합니다. 그리고 이때 해설 부분에 중요한 부분(키워드)을 표시하면서 공부를 합니다. 회독할 때 그 부분이 눈에 잘 들어올 수 있도록 합니다.

기출 문제의 답만 외워지는 사람은 기출을 제대로 공부하지 않은 겁니다. 왜냐하면 기출 공부의 목적은 기출 문제의 답을 외우는 것이 아니기 때문입니다. 기출 공부를 잘 한 사람의 특징은 답이 보이는 것이 아니라 보기가 보인다는 것입니다. 더 구체적으로 말씀드리면 문제와 보기의 키워드가 보여야 합니다. 기출 문제를 보는 순간 그 문제의 키워드가 보여야 하고 보기를 보는 순간 문제와 연결되어 있는 키워드가 보여야 합니다. 그래서 문제가 옳은 것을 고르는 문제라면 보기의 틀린 부분이 보여야 하고 문제가 틀린 것을 고르는 문제라면 보기의 옳은 부분이 보여야 합니다. 우리가 이런 눈을 가지게 될 때 기출 공부를 잘 했구나 생각할 수 있게 될 것입니다.

다섯 번째 단계

기출 문제 문제 풀 듯 풀기

네 번째 단계를 1~2회독을 한 이후에 보통 기출 문제를 풀 듯이 문제를 풉니다. 이때도 답을 체크를 하지는 않지만 문제에 있는 중요한 키워드를 확인하면서 풀기는 했습니다. 그리고 여러 번 풀어도 자꾸 틀리는 문제는 눈에 잘 띄게 표시를 했었습니다. 이미 여러 번 회독을 한 상황이고 눈으로 푸는 단계이기 때문에 회독 속도가 빨라질 겁니다.

여섯 번째 단계

연도별 기출 문제집 풀기

연도별 기출 문제(무작위로 풀게 되는 문제들)로 기출 공부를 제대로 했는지 확인합니다. 답이 생각나서 문제를 푸는 건 어쩔 수 없지만, 중요한 키워드들을 확인하면서 문제 푸는 연습을 합니다. 저는 기본적으로 단원별 기출 문제집을 다 회독 한 이후에 연도별 기출 문제집을 풀었기 때문에 연도별 기출 문제집은 보통 80점 정도, 그리고 한국사 같은 경우에는 90점 정도 평균적으로 점수가 나왔었습니다.

여기서 질문이 하나가 있을 텐데 그렇다면 몇 개년을 풀어야 하는가? 일 겁니다. 저는 최근 5개년 정도의 연도별 문제집만 풀어도 충분하다고 생각합니다. 왜냐하면 문제에도 경향성, 즉 트렌드가 있기 때문에 너무 오래된 문제는 크게 도움이 안 될 때가 있기 때문입니다. 그렇기 때문에 연도별 기출 문제집은 5개년 정도면 충분하다고 생각합니다.

이렇게 여섯 단계로 기출 공부를 하면 된다고 생각하고 특별히 중요한 단계는 네 번째 단계와 다섯 번째 단계, 그리고 이 중에서도 네 번째 단계가 정말 중요한 단계라고 생각합니다.

기출 공부는 다시 말씀드리지만 문제를 푸는 시간이 아닙니다. 기본 이론을 문제 형식으로 다시 공부하는 시간입니다. 문제를 풀려 하지 마시고 내용을 다시 익히려는 목적으로 기출 문제집을 봐야 합니다.

이것이 단기왕 기출 공부법의 핵심입니다.

기출 강의에 관한 고찰
기출강의를 꼭 들어야 하나?

많은 분들이 기본강의를 듣고 기출로 들어가려는 시기에 하는 고민 중 하나는 '내가 기출 강의를 들어야 하느냐?', '듣지 않아도 괜찮으냐?' 입니다. 이번 챕터에서는 이 부분에 대해서 생각해 보겠습니다.

아마 기출 강의를 듣는 분들도 계실 것이고 그렇지 않고 기출 문제집만 보시는 분들도 계실 것 같습니다. 제가 먼저 말씀드리는 건 공부 방법과 계획에는 절대적인 진리가 없다는 것입니다. 가장 중요한 건 자신의 신택과 계획을 믿고 밀어붙이는 것입니다. 따라서 지금 강의를 들으면서 열심히 공부를 하고 계시다면 계속 그렇게 하시넌 되십니다. 다만, 어떤 공부의 길을 선택을 할 때에 그 선택이 타의적인 선택이 아니라 자발적인 선택이 되어야 합니다. 기출 강의를 듣는 것이 나에게 도움이 될지 아닐지를 생각하고 내가 선택을 해야 합니다.

저의 선택은 기출 강의의 **부분적**이고 **선택적**인 수강이었습니다. 물론, 저는 프리패스라는 상품을 통해 모든 강의를 들을 수 있었습니다. 모든 강의를 상황이었지만 저는 기출 강의를 딱 두 과목을 들었습니다. 그리고 그것도 다 듣지는 않았고 특정 파트만 들었습니다. 제가 들었던 기출 강의는 영어 단어 파트, 그리고 사회 경제 파트였습니다.

이 두 가지 파트의 기출강의를 들었던 이유

이제는 역사 속으로 사라진 사회 경제 파트 기출 강의를 들었던 이유는 선생님께서 어떤 방식으로 문제를 푸는지를 배우고 싶었기 때문입니다. 어떤 개념을 익히기 위해서, 정리하기 위해서 들었다기 보다 문제를 푸는 과정과 방식을 배우기 위해서 들었습니다. 그저 아무런 생각 없이 기출 강의를 들은 것이 아니라 목적이 있었기 때문에 강의를 수강하였습니다.

그리고 제가 들었던 기출 강의는 영어 단어였습니다. 영어 단어 기출 강의를 들었던 이유는 영어 단어 시험의 특징 때문이었습니다. 공무원 영어 단어는 기본적으로 기출에서 반복되는 경향이 아주 많습니다. 기출된 단어와 비슷하거나 반대되는 단어들이 관련되어 출제되는 경향을 보였기 때문에 이를 대비하기 위해서 강의를 들었습니다.

제가 들었던 선생님께서는 기출 단어를 중시하면서 강의 때 정답 단어와 오답 단어의 동의어와 반의어를 정리해 주셨습니다. 이런 도움으로 강의를 들으면서 내가 할 수 있는 모든 것이 가능했습니다. 그리고 강의에서 특정 단어들이 계속 반복되어 어떤 단어들이 중요한 지를 자연스럽게 알게 되었습니다. 물론 단어집 혹은 기출 문제집을 통해서 이런 과정이 일어날 수도 있겠지만 기출 강의를 통해서 더 효과적으로 대비할 수 있었습니다. 그래서 저는 영어 단어 파트의 기출 강의를 들었습니다.

제가 들은 이 두 가지 파트를 제외하고서는 기출 강의를 듣지 않았습니다. 왜냐하면, 선생님들이 설명하는 내용이나 해설에 설명되어 있는 내용이나 크게 다르지 않았기 때문에, 그리고 무엇보다 그 많은 강의를 들을 시간이 부족했기 때문에 다 듣지 않았습니다.

기본적으로 단순히 기출 공부를 하기 위해서 기출 강의를 듣기를 원하시는 분이 계시다면 기출 강의보다는 기출 문제집으로 공부하는 것을 추천합니다. 앞에서 설명드린 단기왕 기출 공부법을 참고하셔서 공부하는 게 더 효과적이라고 생각합니다.

기출 강의는 특별히 들어야 하는 목적이 있을 때 들으시길 바랍니다. 제가 사회 경제파트와 영어 어휘파트의 강의를 들은 이유가 있었듯이 말입니다. 그리고 기출 강의를 들을 때에는 모든 과목을 다 듣기보다는 자신에게 필요한 과목만 선택적으로 들으시길 바랍니다. 단순히 과목만 선택하는 것이 아니라 과목 안에 있는 단원별로 좀 더 세분화하여 기출 강의를 듣는 것을 추천합니다. 기출 강의를 들을 때에도 전략적으로 영리하게 들어야 합니다.

무조건 강의를 듣는 것이 능사는 아닙니다.
자신의 상황에 맞는 공부 계획을 세워서 공부를 잘하시면 좋겠습니다.

기출은 언제 넘어가야 하는가?

기출은 최대한 빨리 넘어가는 것이 좋습니다. 왜냐하면 기출을 공부한다는 것은 단지 문제를 푸는 것이 아니라 기출을 통해 관련된 개념을 이해하는 것이 더 크기 때문입니다. 기출 문제를 풀면서 중요한 부분을 다시 확인하게 되는 것입니다.
사람의 뇌가 참 신기한 것이 기본서 강의를 들을 때는 잘 기억이 나지 않는 내용들이 문제를 풀면 기억이 납니다. 그래서 문제로 이해하고 암기하려고 노력해야 하는 것입니다. 문제를 통해 공부하는 것이 더 효율적입니다.
따라서, 개념 정리를 하고 기출 문제를 잘 풀지 못하더라도 기출 문제의 해설을 읽으면 이해가 되는 수준이라면 충분히 넘어가도 괜찮은 타이밍이라고 생각을 합니다. 저는 기출부터 진정한 의미의 공무원 공부가 시작된다고 해도 과언이 아니다 생각합니다.

삼시공부 세 번째
문제풀이의 시간

개념정리의 시간과 기출의 시간을 보내면 이제 **문제풀이의 시간**으로 들어가야 합니다. 문제풀이의 시간은 100분에 100문제를 풀어야 하는 공무원 시험에 합격하기 위해 꼭 잘 보내야 하는 시간입니다.

우리는 개념정리의 시간 때 우리가 공부해야 하는 공무원 시험의 과목의 개념을 정리하였습니다. 공무원 시험의 방대한 양 때문에 힘들었고 처음 듣는 용어와 개념 때문에 많이 힘들었습니다. 그리고 자꾸 잊어버리는 나의 기억력 때문에 포기하고 싶은 마음이 많았지만 계속 공부하였습니다.

기출의 시간 때 여러 가지 개념들을 문제로 다시 만나 문제들과 친해지는 시간을 가졌습니다. 개념정리를 잘 했음에도 불구하고 문제를 풀면 다 틀려서 힘들었고 문장이 아닌 문제로 만났을 때 나의 약점은 도드라져 힘들었지만 그 약점을 보완하기 위해 노력했습니다. 그리고 이와 함께 기본서나 요약서를 회독하며 개념정리에도 소홀하지 않았습니다. 이제 두 개의 시간을 거치고 공무원 시험의 마지막 시간까지 오게 되었습니다. 그 시간은 **문제풀이의 시간**입니다.

우리는 이 문제풀이의 시간도 잘 보내야 합니다. 이 문제풀이의 시간은 여러 의미와 목적이 있는 시간입니다. 그리고 결국 지금까지 공부한 나의 공부를 잘 마무리하고 정리하고 나의 실력 그대로가 점수로 나올 수 있도록 연습하고 훈련하는 시간이 이 **문제풀이의 시간**입니다.

문제 풀이의 시간에서 우리가 풀어야 하는 문제는 과연 무엇일까요?

우리는 이 시간을 보내면서 만나야 하는 문제의 3가지 종류가 있다는 것을 알아야 합니다.

첫 번째 문제 - 시행처별 기출문제(문제를 빠르고 정확하게 푸는 연습)
두 번째 문제 - 단원별 모의고사문제(나의 약점을 파악)
세 번째 문제 - 동형 모의고사문제(실전에서의 변수 제거)

그리고 이 3가지의 문제의 종류는 각각의 역할을 합니다. 물론 이 역할은 각 문제별로 동시에 수행하기도합니다.

문제풀이의 시간의 목적

1. 문제를 빠르고 정확하게 푸는 연습하기

기출문제에는 단원별 기출문제와 시행처별(연도별) 기출문제가 있습니다. 기출의 시간 때 보는 기출문제가 단원별 기출문제이고 문제풀이의 시간 때 보는 기출문제가 시행처별(연도별) 기출문제집입니다. 시행처별(연도별) 기출문제는 단원별 기출문제를 통해 기출 분석을 마치고 기출 문제에 대해 익숙해졌을 때 푸는 기출문제입니다. 시행처별(연도별) 기출문제는 단원별 기출문제와는 다르게 문제가 랜덤으로 구성되어 있기 때문에 이미 푼 문제들이긴 하지만 **머릿속에 있는 내용을 빠르게 밖으로 출력하는 연습**을 할 수 있습니다. 그래서 저는 기출 분석이 어느 정도 된 시기부터 매일 밤 한국사와 선택과목 2과목의 시행처별(연도별) 기출문제를 시간을 정해놓고 풀었습니다. 매일 3과목 60문제를 빠른 속도로 푸는 연습을 하니 문제에 대한 부담감이 점점 없어지고 자신감을 가질 수 있게 되었습니다.

2. 나의 약점을 최종적으로 발견하기

단원별 모의고사 문제집을 통해서는 내가 부족한 부분을 최종적으로 확인할 수 있습니다. 기본 개념정리와 기출 분석을 통해서 단단해진 나의 이해와 암기를 새롭고 낯선 문제를 통해 나의 약점을 최종적으로 확인할 수 있습니다. 그리고 그 약점은 꼭 보완해야 합니다. 그렇기 때문에 모의고사를 볼 때에 그 점수에 마음을 둘 필요가 없습니다. 문제를 틀리면 기분이 상할게 아니라 약점을 발견해서 감사해야 하는 것입니다. 이 문제풀이의 시간에 나의 약점을 최종적으로 발견하지 못한다면 그 약점이 본 시험에 나왔을 때에 대처할 방법은 없습니다.

3. 실전에서의 변수 제거하기

마지막은 동형 모의고사와 관련한 이야기입니다. 물론 동형 모의고사를 통해 역시 문제를 빠르고 정확하게 푸는 연습을 할 수 있습니다. 그리고 문제를 통해 나의 약점을 파악할 수 있습니다. 하지만 이러한 내용보다 더 중요한 건 **실전 연습**을 하는 것입니다. 마치 국가대표 축구팀이 월드컵 본선에 나가기 전에 같은 조에 편성된 다른 나라와 스타일이 비슷한 나라와 평가전을 하는 것처럼 '실전이다'라고 생각하고 연습하는 것이 동형 모의고사의 가장 큰 목적입니다.

그렇기 때문에 동형 모의고사를 풀 때에는 가능하면 실제로 진짜 시험이라고 생각하고 공부하는 환경도 실제 시험장처럼 해놓고 푸는 것이 효과적입니다. 실제 시험장처럼 이란 말의 의미는 시간을 정확히 재고 풀기, 5과목을 모두 풀기, 마킹까지 다 해보기를 포함하는 말입니다.

물론, 이런 세팅으로 매일 할 수는 없겠지만 저는 한 4주를 남겨놓고는 매주 토요일 10시부터 5과목 모의고사를 진짜 시험 세팅으로 풀었습니다. 그때마다 제가 경험했던 변수들을 체크하여 시험을 볼 때에는 그러한 변수가 상수가 되어 당황하지 않도록 문제풀이의 시간을 보냈습니다.

모의고사 사용법

모의고사1. 단기왕의 모의고사 공부의 특징 (모의고사 공부의 전체적인 방향)

저는 앞으로 몇 편의 챕터를 통해 모의고사에 관한 이야기를 할 예정입니다.

모의고사1. 단기왕의 모의고사 공부의 특징(모의고사 공부의 전체적인 방향)에 관하여
모의고사2. 첫 번째 목적(낯선 문제에 나를 노출시키기)에 대해서
모의고사3. 두 번째 목적(시험 당일의 변수를 제거하기)에 대해서
모의고사4. 마지막으로 모의고사 문제 풀 때 조심해야 하는 최악의 상황에 관하여

모의고사에 대한 저의 글을 통해 정말 중요한 시간인 모의고사 시즌을 잘 보낼 수 있게 되기를 바랍니다. 먼저 첫 번째 챕터에서는 저의 모의고사 공부의 특징을 살펴봄으로써 모의고사 공부의 전체적인 방향에 대해 생각해 보겠습니다.

첫째, 저는 모의고사를 많이 풀었습니다.

많은 모의고사 문제를 풀 때 좋았던 점이 두 가지가 있었습니다. 첫 번째로는 새로운 문제를 만나는 것에 익숙해졌습니다. 즉, 새로운 문제에 대한 두려움을 극복할 수 있었습니다. 그리고 두 번째로는 문제를 푸는 시간을 줄일 수 있었습니다.

먼저 제가 과목별로 푼 모의고사를 말씀드리면 다음과 같습니다.

국어(총 48회)	A강사님 동형 모의고사 20회, 국가직 봉투 모의고사 10회, 지방직 봉투 모의고사 10회, 최종 봉투 모의고사 8회
영어(총 61회)	A강사님 동형 모의고사 30회, B강사님 동형 모의고사 20회, B강사님 봉투형 모의고사 11회
한국사(총 42회)	A강사님 동형 모의고사 30회, B강사님 동형 모의고사 12회
행정학(총 40회)	A강사님 국가직 동형 모의고사 25회, 지방직 동형 모의고사 15회

영어는 다른 과목에 비해서도 모의고사를 많이 풀었습니다. 그 이유는 영어가 많이 부족하다고 생각했기 때문입니다. 그래서 하루에 1모의고사는 꼭 풀었고 많게는 2모의고사까지 풀었습니다.

저는 처음에는 영어 하프모의고사(10문제로 구성)를 푸는데 많은 시간이 걸렸습니다. 그 10문제를 푸는 것도 부담될 정도였습니다. 그런데 많은 모의고사를 풀면서 문제를 푸는 것에 대한 부담이 줄어들기 시작했고 속도도 빨라짐을 느꼈습니다. 그래서 문제풀이에 대한 자신감을 갖게 되었는데 이게 앞에서 언급한 두 번째 유익이었습니다.

둘째, 해설 강의를 들었습니다.

사람에 따라 다르긴 하겠지만 모의고사는 해설 강의를 많이 듣지 않는 것 같았습니다. 하지만 저는 영어와 행정학은 해설 강의까지 들었습니다. 제가 바쁜 공부 스케줄 가운데에서도 해설 강의를 들었던 이유는 다음과 같습니다.

행정학의 경우에는 이때까지도 제가 생각하기에 이론 정리가 잘 되어 있지 않았다고 생각을 했었습니다. 그렇다고 기본 강의를 다시 듣기에는 시간적인 부담이 있었습니다. 그런데 모의고사 해설 강의를 들으니 단지 문제만 풀어주는 것이 아니라 그와 관련된 핵심적인 이론이 잘 담겨있었습니다. 그래서 저는 이론을 정리할 겸 해설 강의를 들었습니다.

1회당 문제 푸는 시간 15분, 그리고 해설 듣는 시간 40분 정도로 1시간 안에 정리를 할 수 있었습니다.

영어의 경우에는 두 가지 이유에서 강의를 들었습니다.

하나는 오답 분석을 할 때 해설을 보는 것이 비효율적으로 느껴졌었습니다. 특히, 독해공부에서 해설을 바로 보게 되면 공부하는 데에 아무런 의미가 없는 것 같았습니다.

두 번째는 선생님들이 문제를 어떻게 푸시는지 보고 그것을 체득하기 위해 강의를 들었습니다. 특히, 문법 부분은 어떤 문법 포인트에 집중하면서 문제를 푸는지 알고 싶었고 독해는 어떤 방법으로 문제를 푸는지 알고 싶었습니다. 특히, 제가 들었던 강사님께서는 학생 입장에서 문제를 풀어주셨습니다. 단어를 모르고 문장을 어렴풋이 해석하고 어떻게 답에 접근할 수 있는지에 대해 말씀해 주셔서 그런 해설 강의를 듣고 많은 도움을 받았었습니다.

셋째, 모의고사 난도의 변화가 있었습니다.

처음에는 어려운 모의고사, 최종적으로는 진짜 시험과 비슷한 수준(기출 중심)의 모의고사를 풀었습니다.

어려운 문제를 많이 푸는 것은 중요합니다. 그래야 실전에서 어려운 문제가 나와도 당황하지 않고 문제를 풀 수 있습니다. 소위 1타 선생님들이 초반에 내시는 모의고사들은 난이도가 매우 어렵습니다. 정말 어려워서 풀기가 싫을 정도입니다.

그러한 선생님들이 시험 직전에 출제하는 모의고사의 난이도는 평이합니다. 어렵지가 않습니다. 그렇게 하는 이유는 실제 시험은 모의고사보다 난도가 낮기 때문입니다. 그리고 시험 마무리 단계에서는 실전에 가까운 문제를 푸는 것이 더 유익합니다. 실전에 가깝다는 의미는 기출의 비중이 높아졌다는 것을 의미합니다. 어려운 문제라고 중요한 문제는 아닙니다. 우리는 실전에 가까워질수록 기출로 다시 돌아가야 할 것입니다.

그리고 적당한 난도의 문제는 자신감을 갖게 만들고 이 자신감은 시험 점수에 긍정적인 영향을 끼칠 수 있습니다. 한두 문제 차이로 합격하고 떨어지는 공무원 시험에서 심리적인 요소는 매우 크게 작용하기 때문입니다.

그래서 저는 시험 보기 직전 모의고사는 최대한 비슷한 난도로 대비하였습니다. 모의고사를 그저 문제 푸는 시간으로만 여긴다면 소중한 시간을 잃어버리게 됩니다. 모의고사를 공부하는 시간은 실전을 앞두고 실전 감각을 기르고 유지하는 목적으로 보내야 하는 시간입니다.

저는 모의고사 문제를 풀 때에 '나는 초보 검객이고 다양한 검술은 없지만 운으로라도, 아무렇게나 휘둘러서라도 상대방을 베려면 날카로운 검이 되도록 날을 갈아야 한다'라고 생각했습니다. 그리고 모의고사를 푸는 시간이 바로 그 검을 가는 시간으로 생각하며 공부했습니다.

모의고사2. 첫 번째 목적
낯선 문제에 나를 노출시키기

모의고사 시즌에 공시생들은 좀처럼 잘 나오지 않는 모의고사 점수 때문에 힘들어합니다. 저 역시 그랬습니다. 그래서 제가 가장 많이 들었던 질문 역시, '모의고사 점수가 이 정도밖에 나오지 않은데 합격할 수 있을까요?'였습니다.

그래서 모의고사를 공부하실 여러분들에게 먼저 말씀드리는 건 모의고사는 기본적으로 어렵다는 것입니다. 거의 모든 모의고사가 어렵게 출제되고 있습니다. 어려운 문제들로 이루어져 있는 모의고사 문제집이니 당연히 점수가 좋을 리가 없습니다.

제가 생각하기에 실제 시험의 문제의 난도는 기출 문제의 비율에 따라 달라집니다. 당연히 기출 문제의 비율이 높으면 쉽게 느껴지고 기출 문제의 비율이 낮으면 어렵게 느껴진다고 생각합니다.

그렇기 때문에 모의고사의 난도는 보통 어렵습니다. 왜냐하면 새로운 문제, 즉, 기출이 아닌 문제가 많기 때문입니다. 모의고사는 지금까지 공부한 기출을 잘 외웠나? 확인하는 시간이라기보다는 새로운 문제를 만나는 시간입니다. 기출문제를 잘 공부했는지는 연도별 기출 문제집을 풀면서 확인할 수 있습니다.

모의고사를 푸는 시간은 **낯선 문제를 만나는 시간**입니다. 그리고 우리는 이런 낯선 문제를 자주 만날 필요가 있습니다. 시험은 결국 이런 낯선 문제에서 결판이 나기 때문입니다. 기본적으로 그대로 나오는 기출문제나 약간 변형돼서 나오는 기출은 다 맞춘다고 생각해야 합니다. 물론 이 수준까지 올라가는 것은 쉽지 않지만 합격권에서 좀 더 유리한 고지를 취하기 위해서는 새로운 문제를 더 많이 맞혀야 합니다.

보통의 난이도 일 때 16문제 정도가 어렵지 않은 문제, 즉 기출에 기반한 문제이고 4문제 정도가 새로운 문제, 즉, 변별력을 가지고 있는 문제라고 생각합니다(이 내용은 입시 설명회를 갔을 때 선생님들이 말씀해 주신 내용입니다).

따라서 **낯선 문제를 누가 더 낯설지 않게 볼 수 있느냐**에 시험의 성패가 달려있다고 봐야 합니다. 그리고 낯선 문제에 당황하지 않기 위해서는 낯선 문제를 계속 만나야 합니다. 내가 알고 있는 내용이 낯설게 다가올 때, 이건 새로운 내용이 아니라 내가 이미 알고 암기하고 있는 내용임을 빠르게 깨닫고 문제를 풀어야 합니다.

이런 연습을 하는 것이 모의고사 문제를 통한 문제 풀이의 시간입니다. 낯선 문제를 만났을 때 당황하느냐, 그렇지 않으냐는 합격과 불합격의 분수령이 됩니다. 이 모의고사를 푸는 시간의 목적을 잘 기억하고 이 시간을 잘 보냈으면 좋겠습니다. 낯선 문제를 두려워하지 마시고 낯선 문제를 틀리는 것을 두려워하지 마시기 바랍니다.

모의고사는 합격의 필수 과정은 아니다.

기본강의, 기출, 모의고사의 가장 기본적인 커리큘럼을 따라갈 시간이 없어 기출과 모의고사를 놓고 어떤 것에 비중을 둬야 하는지 물어보는 분들이 계십니다. 분명한 건 기출이 당연히 중요합니다. 둘 중 하나를 봐야 한다면 기출을 봐야 하는 것입니다. 모의고사를 보지 않고 합격했다는 말은 들어봤지만, 기출을 안 보고 합격했다는 이야기는 들어보지 못했습니다. 모의고사를 통해 얻을 수 있는 유익들을 다른 방향으로 얻을 수 있고 시간이 부족하다면 모의고사를 꼭 풀어볼 필요는 없다고 생각합니다. 모의고사의 무용론이 아니라 기출과 모의고사를 선택해야 한다면 당연히 기출이라는 말씀입니다.

모의고사3. 두 번째 목적
시험 당일의 변수를 제거하기

모의고사를 푸는 첫 번째 이유는 낯선 문제를 푸는 연습을 하기 위해서입니다. 그리고 낯선 문제를 대비하기 위해서뿐만 아니라 또 다른 이유에서 우리는 모의고사를 풀 필요가 있습니다.

모의고사를 푸는 두 번째 이유는 시험 당일의 변수를 제거하기 위함입니다. 이것은 모의고사만으로 대비할 수 있는 부분입니다. 즉, 시험을 볼 때 일어날 수 있는 다양한 상황들을 미리 경험하여 그러한 상황들을 나의 통제 하에 두기 위함입니다.

시험을 잘 준비했다는 가정 하에서 시험 당일 가장 중요한 점은 실력대로 시험을 보는 것입니다. 동일한 실력이라면 상황에 따라 과목당 1~2문제를 더 맞거나 덜 맞힐 수 있습니다. 이 점수는 5과목으로 계산했을 때 최대 50점까지 차이가 날 수 있는 아주 큰 차이입니다. 그리고 총점 50점 사이에는 수백 명이 위치해 있습니다. 그렇기 때문에 우리의 실력 그대로 시험을 보기만 해도 성공적인 시험이 될 수 있습니다.

이런 이유로 모의고사 문제를 풀 때에는 최대한 실전과 같이 세팅을 하고 풀어야 합니다.

실제 시험과 최대한 비슷하게 세팅하는 방법

① 시간을 정확히 재고 풀어보기

공무원 시험에서 가장 어려운 부분은 문제 푸는 시간이 부족하다는 것입니다. 그렇기 때문에 시간을 정확히 재서 푸는 연습이 모의고사를 풀 때 가장 중요합니다. 5과목 전체 시간뿐만 아니라 각 과목에 몇 분의 시간을 사용해야 하는 지도 고려하여 제한된 시간 안에 푸는 연습을 할 필요가 있습니다.

② 5과목을 모두 풀어보기

100분에 100문제를 푸는 것이 어려운 건 단순히 시간이 부족하기 때문이 아닙니다. 각기 다른 과목의 문제를 100문제를 푼다는 건 시간만큼이나 큰 부담으로 다가올 수 있습니다. 그것도 언어 영역과 암기 영역이 동시에 포함되어 있는 시험이기 때문에 그 어려움은 배가 될 수 있습니다. 100문제를 풀다 보면 집중력이 떨어지고 갑자기 사고의 정지가 올 때도 있습니다. 리듬을 타며 문제를 풀 필요가 있는데 사고의 정지가 오면 다시 시동 걸기가 쉽지가 않습니다. 따라서 이 부분도 대비할 필요가 있습니다. 항상 5과목을 모두 풀 수는 없겠지만 가능하면 여러 번 5과목 전체 모의고사를 연습할 필요가 있습니다. 저 같은 경우에는 시험 4주를 남겨놓고 매주 토요일 10시부터 5과목 모의고사를 풀었습니다. 10시부터 문제를 푼 이유는 실제시험이 10시부터이기 때문입니다.

③ 마킹까지 다 해보기

100분 동안 문제만 푸는 것은 아닙니다. 답안지에 마킹하는 시간까지 모두 포함된 시간입니다. 이 마킹 시간은 생각보다 오래 걸립니다. 그리고 긴장감이 극도로 높아진 상황에서 작은 원 안에 마킹하는 건 더 많은 시간이 걸립니다. 그러기 때문에 마킹 연습을 해봐야 합니다. 한 문제씩 마킹을 해야 하는 게 좋을지, 5문제씩 하는 게 좋을지, 모든 과목을 동시에 하는 게 좋을지, 한 과목씩 하는 게 좋을지, 마킹을 하는 타이밍은 언제가 좋을지 생각하면서 연습을 해야 합니다. 마킹을 제대로 해야 추후에 마킹병*을 예방할 수 있습니다. 그리고 저는 심지어 수정테이프를 사용하는 연습도 했었습니다.

④ 다양한 순서로 풀어보기

공무원 시험은 5과목 시험지를 동시에 나눠줍니다. 그리고 100분이라는 시간 동안 자유롭게 풀 수 있습니다. 순서대로 풀어도 되고 뒤에서부터 풀어도 괜찮습니다. 따라서 이러한 상황을 전략적으로 잘 이용할 필요가 있습니다. 자신 있는 과목을 먼저 풀어 좋은 기분으로 나머지를 풀 수 있고 언어 과목을 나중에 놓고 풀어도 괜찮습니다. 하지만 어떤 순서가 가장 좋은지는 누가 알려줄 수 있는 영역이 아닙니다. 오로지 자신의 경험으로 그것을 찾아야 하는 것입니다. 따라서 모의고사 5과목 풀기를 통해서 이것을 찾아봐야 합니다.

⑤ 마스크 착용하고 풀어보기

2020년에 공무원 시험을 본 사람들은 코로나19로 인해 특별한 경험을 했습니다. 시험일정이 연기가 되는 등 불안정한 상황에서 시험을 보게 된 것입니다. 하지만 그것보다 더욱더 직접적인 어려움은 마스크를 착용한 채 시험을 봤다는 것입니다. 마스크를 착용하고 무언가를 하는 건 쉽지 않은 일이었습니다. 아무래도 호흡도 방해받게 되고 안경을 쓰시는 분들은 시야의 방해까지 받게 될 수 있습니다. 그래서 저는 시험 보기 1주 전부터 마스크를 쓰며 공부하며 마스크에 적응하려고 노력했고 모의고사를 풀 때에도 마스크를 쓰고 풀었습니다.

* 시험을 본 뒤, 가채점을 하고 찾아오는 병으로 내가 정말 제대로 마킹을 했는지 근거 없고 막연한 두려움 때문에 시험 점수 발표 때까지 불안에 떨며 생활하게 되는 병이다. 이 병의 치료법은 점수 발표밖에 없다.

이와 같이 최대한 시험 보는 상황과 비슷하게 세팅을 하고 모의고사를 푸는 연습을 한다면 나의 실력을 최대한 발휘할 수 있게 될 것입니다. 모의고사를 푸는 두 가지 목적, **낯선 문제에 익숙해지기, 실전에서의 변수를 최대한 배제하기**. 이 둘을 기억하시며 모의고사를 푸시기 바랍니다.

모의고사4. 모의고사에 마음 쓰지 않기(멘탈관리), 오답정리 꼭 하기

모의고사 시즌이 되면 공무원 카페나 커뮤니티에 가장 많이 올라오는 글은 '제가 오늘 모의고사 ○○점 나왔는데 합격할 수 있을까요?'입니다.

모의고사를 풀고 채점을 하면 정말 힘들 때가 많습니다. 지금까지의 나의 시간과 노력이 부정되는 느낌이 들고 앞으로의 시간이 걱정되기 때문에 그렇습니다. 특별히 저는 오전에 보통 영어 모의고사를 풀었는데 점수가 잘 나오면 그날 하루가 행복했고 잘 나오지 않으면 정말 절망적이었습니다.

'역시 단기간에 합격하는 것은 어려운 일이구나…'하며 정말 힘들었습니다. 이렇게 되면 정말 공부할 힘이 나지 않습니다. '심지어 다시 한번 풀어야 하나?' 생각한 적도 많이 있었습니다. 실제로 다시 한번 바로 푼 적도 있었습니다. 그 찝찝함을 없애기 위함이었습니다.

하지만 정말 그럴 필요는 없습니다. 그리고 제가 지금부터 말하는 문장을 기억하시길 바랍니다.

모의고사는 모의고사일 뿐이다.
그리고 지금 틀리는 게 차라리 낫다.

정말 괜찮습니다. 모의고사 잘 보려고 공부하는 게 아닙니다. 실제로도 모의고사 문제가 진짜 시험 보다 난도가 훨씬 높습니다. 원래 어렵게 출제하는 겁니다. 기출의 비중이 낮고, 문제 자체도 어렵습니다. 그러니 너무 걱정하지 마시기 바랍니다. 저는 시험 보기 2주 전 영어 모의고사를 40점을 맞은 적이 있었습니다. 그것도 두 번 연속으로 말입니다.

이렇게 모의고사의 결과에 마음은 너무 연연할 필요는 없습니다. 다만 머리는 연연해야 합니다.

모의고사로 공부할 때 최악의 경우는 점수는 점수대로 안 나오고 틀린 문제를 공부하지 않는 것입니다. 정말 모의고사를 망치면 시험지를 찢어 버리고 싶습니다. 시험지를 던져 버리고 싶고 보고 싶지가 않습니다. 하지만 그러면 안 됩니다. 꼭 그 문제를 정리해야 합니다. 내가 부족한 부분을 보완해야 합니다.

하지만, 쉽지 않습니다. 기분도 상하고 모의고사를 풀기 위해 모든 힘을 다 쏟았기 때문에 오답정리를 하고 싶은 마음도 힘도 없게 됩니다. 그래서 미루게 되고 결국 안 하게 되는 경우가 많습니다. 하지만 그래서는 정말 안 됩니다. 오답 분석할 힘이 없다면 차라리 모의고사 강의라도 들어야 합니다. 저는 영어와 행정학은 모의고사 강의를 들었습니다. 사회도 경제파트는 들었습니다.

모의고사를 문제를 푸는 데에 의의를 두고 오답정리에 소홀해서는 안 됩니다. 왜냐하면 모의고사에서 틀리는 문제는 바로 나의 약점이기 때문입니다. 그 문제가 그대로 나오지는 않겠지만 같은 개념을 묻는 문제가 나올 수 있기 때문에 틀린 문제를 쉽게 생각해서는 안 됩니다.

저는 모의고사 오답정리를 할 때에 '이 문제가 만약에 그대로 나온다면 이 문제를 본 사람들은 다 맞을 것이기 때문에 나도 꼭 제대로 봐야 한다'라는 마음으로 정리하였습니다. 모든 문제를 꼼꼼하게 공부해야 합니다.

이번 챕터를 정리하면 아래 두 문장으로 요약할 수 있습니다.

모의고사의 점수에 너무 큰 실망을 하고 낙담할 필요는 없다.

하지만, 모의고사 점수를 가볍게 여겨서도 안 되고, 꼭 오답정리를 해야 한다.

이번 챕터도 도움이 되었기를 바랍니다.

합격을 위한 세 번째 마음

나를 믿고 공부하자!

공무원 공부를 하면서
우리는 수많은 결정을 하면서 공부를 하게 됩니다.
어떤 학원의 강의를 들어야 할지,
어떤 선생님을 선택해야 할지,
어떤 교재를 봐야 할지,
고민하고 결정하고 또 고민하고 결정하게 됩니다.

이런 내용들을 아마 쉽게 결정하시는 분들은 없을 것입니다.
그렇기 때문에 고민 끝에 내린 결정은
믿고 공부를 하시는 게 좋습니다.
그렇지 않으면 공부에 집중하기가 어렵습니다.

다른 사람들이 다니는 학원,
다른 사람들이 풀고 있는 교재,
다른 사람들이 듣고 있는 강의와
자신의 상황과 비교하여 걱정하지 않아야 합니다.

하지만 이것은 쉽지가 않습니다.
왜냐하면, 공시생들은 늘 불안하기 때문입니다.

그래서 나의 주변으로 시선이 향하게 되고
다른 사람들에게 시선이 향하게 됩니다.

당연한 상황입니다.
하지만 이러한 모습들 때문에
우리는 안정적인 공부를 할 수 없게 됩니다.
공무원 수험 생활에서 중요한 건 자신의 결정을 믿고
지금 자신의 공부시간의 가치를 믿고 공부하는 것입니다.

내가 선택한
공부 장소, 학원, 선생님, 계획을
신뢰하며 공부하시길 바랍니다.

그리고 무엇보다
내가 열심히 공부한 그 시간들을
믿고 공부하시길 바랍니다.

PART 02

회독법&복습법

- 합격으로 이끄는 회독법
- 회독의 원리와 효과
- 합격으로 이끄는 복습법

공무원 시험 공부를 할 때에 '회독'이라는 단어를 처음 들었습니다. 그리고 이 회독은 공무원 공부를 할 때에 정말 중요한 공부법이었습니다. 회독을 제대로 할 수 있는 방법과 회독의 원리에 대해서 생각해봅니다. 그리고 그와 함께 제가 했던 복습 방법에 대해서도 안내해드립니다.

2

회독법&복습법

합격으로 이끄는 회독법
회독할 때 꼭 생각해야 하는 3가지

'막 독해'라는 말이 있습니다. 글의 전체 흐름을 염두에 두지 않고 내가 지금 보는 문장, 단어만 집중하여 파편화된 독해를 하는 것을 '막 독해'라고 합니다. 아시다시피 우리는 이 막 독해를 하면 절대 안 됩니다. 그럼 문제를 맞힐 수가 없습니다.

막 독해를 생각하면서 한 가지 단어를 만들어봤는데 '막 회독'이라는 것입니다. 우리는 '막 독해'를 해서는 안 되듯이 '막 회독'을 해서는 안 됩니다. 특히 시간이 부족한 상황에서는 더더욱 안 됩니다. 우리는 밀도 있는 회독을 해야 합니다. 이번 시간에는 '막 회독'을 막고 밀도 있는 회독을 할 수 있는 방법을 알려드리겠습니다.

합격자들은 그들만의 회독 방법이 있을 겁니다. 사람마다 공부하는 스타일의 차이가 있기 때문입니다. 하지만 오늘 제가 말씀드릴 것은 스타일의 문제가 아니라 회독의 본질과 관련된 내용입니다. 선택이 아니라 필수적으로 기억해야 하는 내용들입니다. 정말 제대로 된 회독을 하기 원하시는 분들은 집중하시길 바랍니다.

회독은 공무원 시험공부에서 정말 중요한 요소입니다. 회독은 암기해야 하는 내용이 방대할 때에 대표적으로 사용하는 공부법입니다. 따라서 공무원 시험 준비를 하는 거의 모든 공시생이 사용하는 공부법입니다. 게다가 우리의 공부시간의 대부분을 이 회독을 하기 위해 사용합니다. 그렇기 때문에 제대로 회독해야 합니다.

잘못된 회독은 우리의 수험 기간만 늘어나게 합니다.

여러분들은 회독을 할 때 어떤 생각을 하면서 회독을 하시나요?

물론 지금 보고 있는 내용에 대한 생각을 하면서 회독을 하실 겁니다. 하지만 시각을 조금 넓히고 회독을 할 필요가 있습니다. 회독을 할 때에 아무런 생각을 하지 않고 그냥 읽는 것은 올바른 회독이 아닙니다. 우리는 **생각을 하면서** 회독해야 합니다.

1. 첫 번째 생각

회독을 하면서 해야 하는 생각 첫 번째는 **지금 내가 회독하고 있는 부분은 내가 공부하는 과목 전체에서 어디에 위치하고 있는** 지입니다. 그리고 지금 보고 있는 내용 앞에는 어떤 내용이 나오고 뒤에는 어떤 내용이 위치하고 있는지를 '생각'하면서 회독해야 합니다.

한국사로 예를 들면 지금 내가 읽고 있는 부분이 한국사의 어디쯤인지,

이 사건의 원인과 결과는 무엇인지 생각해야 합니다. 한국사는 역사이기 때문에 스토리가 있습니다. 모든 사건에는 원인과 결과가 있기 마련인데 이것을 늘 생각하면서 회독을 해야 합니다. 그렇게 회독을 하면 암기를 하는 데에도 도움이 됩니다. 행정학의 경우, 내가 지금 책임운영기관에 관한 내용을 회독하고 있다면 지금 내가 회독하고 있는 부분이 행정학 전체에 어디에 위치하고 있는지 생각하면서 회독해야 합니다. 생각하면서 회독을 해야 한다는 것이 중요합니다. 그냥 읽지 마시고 생각하면서 읽으시기 바랍니다. 바로 그것이 문제 포인트가 됩니다.

2. 두 번째 생각

두 번째로, 지금 내가 회독하고 있는 부분이 이 과목에서 차지하고 있는 비중은 어느 정도인지를 늘 생각하며 회독해야 합니다. 즉, 지금 내가 회독하고 있는 부분이 기출 이력이 많은 부분인지, 적은 부분인지를 생각하면서 회독해야 합니다. 한국사로 예를 들면 우리의 집중력을 한국사 전체의 모든 사건에 사용할 필요는 없습니다. 정말 중요한 사건이 있는가 하면 그렇지 않은 사건들도 있습니다. 꼭 기억해야 하는 인물이 있는가 하면 그렇지 않은 인물들도 있습니다. 그리고 문제는 정말 중요한 사건과 인물에서 나옵니다. 빈출되는 부분이면 더 집중해서 읽고 그렇지 않은 부분은 살짝 가볍게 회독해야 합니다. 모든 부분을 다 암기할 수는 없습니다. 우리는 이런 부분을 생각하면서 공부해야 합니다.

3. 세 번째 생각

마지막으로, 우리의 목표는 백지에 암기 내용을 그대로 적는 것이 아니라는 점을 기억해야 합니다. 물론 백지에 모든 내용을 적을 수 있다면 시험의 난이도와 상관없이 늘 100점이겠지만 그렇게 하기에는 너무 많은 시간이 필요합니다. 목표가 한국사의 대가가 되는 것이라면 그렇게 해도 되지만 우리는 다른 과목도 공부해야 합니다.

우리의 목표는 4지선다형의 보기에서 답을 골라 문제를 맞히는 겁니다. 따라서 어느 정도 지혜롭게 회독해야 합니다. 예를 들어 디테일한 사건의 순서를 외울 때나 지역을 암기할 때에 보기에서 그것을 찾을 수 있을 정도면 충분합니다. 우리가 사용하는 두문글자 암기법*이 이런 우리의 상황 때문에 유용한 것입니다.

회독할 때 위의 3가지를 꼭 기억해야 합니다. 지금 내 눈앞에 있는 문장과 단어에 집중하는 것이 아니라 그 단어와 문장이 어디에 있는 단어와 문장인지, 그리고 그곳은 중요한 부분인지를 생각하는 게 중요합니다. 꼭 생각하면서 회독해야 합니다. 이렇게 회독을 해야 밀도 있는 회독이 될 수 있고 막 회독을 하지 않을 수 있습니다.

저는 수험 기간이 길지 않았기 때문에 회독을 많이 하지 못했지만 그럼에도 불구하고 합격할 수 있는 이유는 바로 여기에 있었던 것 같습니다. 여러분들도 회독의 양보다 회독의 질을 올리는 회독이 되었으면 좋겠습니다.

---

* 단어의 앞 글자를 따서 외우는 암기법

회독의 원리와 효과

공무원 공부를 할 때에 암기과목을 포함하여 심지어 언어 과목인 국어와 영어 공부에도 회독이라는 공부법은 유용하게 사용됩니다. 하지만 역시 암기과목을 공부할 때 더욱더 유용한 건 사실입니다. 암기과목을 공부하는 방법은 어쩔 수 없이 여러 번 회독하는 수밖에 없습니다. 공무원 암기과목은 회독을 통해 내용을 기억하는 것이 중요합니다.

하지만 분명히 기억해야 하는 한 가지는 1~2회 회독하여 효과를 절대 누릴 수 없다는 것입니다. 분명히 시간을 내고 집중하여 회독한다면 회독의 수가 많으면 많을수록 효과가 있을 것입니다. 이 회독의 효과는 이미 수많은 합격생들이 증명하고 저 역시 그렇습니다.

제가 경험한 회독의 효과에 대해 그림으로 설명해보겠습니다. 이 내용은 순전히 제가 경험하고 느낀 회독의 효과라는 점을 이해해주시고 들어주시기 바랍니다.

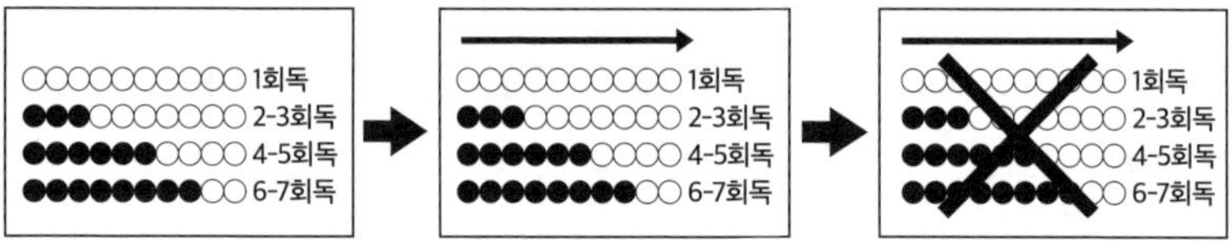

회독을 한 번하고 두 번 한다고 지금 내가 보고 있는 기본서나 기출서의 내용이 모두 다 이해되는 건 아닙니다. 그리고 이 내용들도 순차적으로 외워지지도 않았습니다. 하지만 분명히 1회독을 할 때보다는 2회독을 할 때에, 2회독을 할 때보다는 3회독을 할 때에, 더 많은 것을 알게 되는 느낌은 받을 수 있습니다. 하지만 이게 뭔가 확실하지 않고 답답할 때가 있습니다. 그 이유는 지금 내가 알고 있는 내용들이 파편화되어 기억되기 때문입니다. 하지만 그 파편화된 기억과 개념은 회독을 거듭할수록 부분 부분이 점차 메꿔지며 이해가 되고 암기가 되는 것 같습니다. 회독을 여러 번 하게 되면 그 내용에 대한 이해가 점차 넓어집니다.

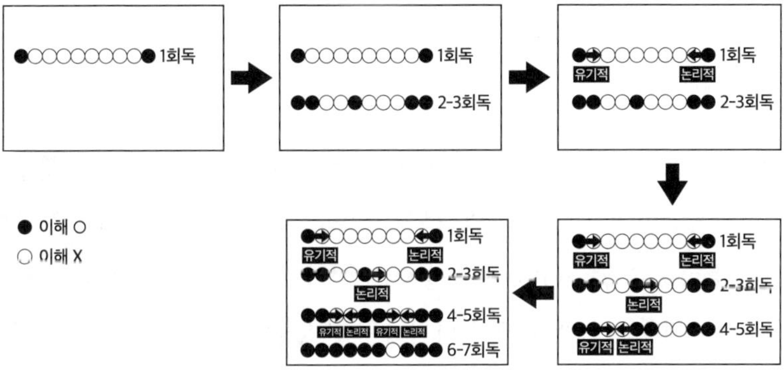

이런 식으로 암기가 되는 이유는 우리가 공부하는 모든 과목의 각각의 단원들은 각각이 유기적이고 논리적인 관계로 내용들이 연결되어 있기 때문입니다.

처음에는 아무것도 몰랐기 때문에 가장 먼저 본 내용들(보통 기본이 되는 내용들)과 가장 마지막에 본 내용만 기억이 남습니다. 아무것도 이해가 안 되는 것이 당연합니다. 하지만, 한 번 회독하고 다시 또 회독할 때, 내가 이해한 부분이 근처에 있는 다른 개념들을 이해할 수 있도록 돕습니다. 즉, 내가 1회독할 때에 이해가 되었던 부분은 다음 2회독을 할 때에 다른 부분을 이해하는 데에 도움을 주고 또 그 부분은 다른 부분을 이해하는 데 도움이 되는 식으로 점점 저의 이해 범위를 넓혀주는 것 같았습니다. 이런 식으로 회독을 하면 이해의 범위가 점점 번지게 됩니다. 그래서 전체를 이해하게 되는 것입니다.

그렇기 때문에 순차적으로 이해하고 암기가 되기보다는 부분 부분이 암기되어 그 부분이 점차 확장하여 전체가 암기되는 식으로 회독의 효과가 일어날 것입니다. 그렇기 때문에 회독을 많이 하면 할수록 더 단단히 기억될 수 있습니다.

회독의 속도

합격자들의 이야기를 듣고 있으면 회독을 많이 하고 합격하신 분들이 계십니다. 10회독 이상 회독을 하신 분들도 계십니다. 물론 회독은 제대로 많이 할수록 좋습니다. 하지만 이런 이야기들은 이제 1회독을 시작하시는 분들에게는 큰 부담으로 다가올 수가 있습니다. '지금 1회독도 이렇게 오래 걸리는데 어떻게 10회독을 하지?'라고 생각할 수 있습니다. 하지만 너무 걱정하실 필요가 없습니다. 회독의 속도는 점점 빨라지기 때문입니다.

회독의 수가 많아질수록 이미 이해가 된 부분은 회독하는 속도가 빨라지기 때문에 여러 번 회독을 하면 할수록 점점 빨라집니다. 5회독, 7회독 하시는 분들 심지어는 10회독을 하시는 분들도 계신데 이런 분들은 점점 속도가 붙으면서 회독하시는 것이기 때문에 너무 걱정하지 않으셔도 괜찮습니다. 충분히 많은 회독을 빠르게 할 수 있으십니다. 하지만 항상 기억해야 하는 건, 회독의 횟수만큼 회독의 질이 중요하다는 점입니다. 밀도 있는 회독을 여러 번 할 수 있도록 회독의 시간을 의미 있게 만드시기 바랍니다.

합격으로 이끄는 복습법

이번 챕터에서는 공무원 공부와 복습에 대해서 생각해 보겠습니다. 많은 분들이 공무원 공부를 하면서 고민하시는 부분이 복습에 관한 부분인 것 같습니다. 왜냐하면 제가 받은 질문 중 가장 많은 질문이 '복습을 어떻게 해야 하나요?'였기 때문입니다. 이 부분은 저 역시 공무원 공부를 할 때에 가장 고민되었습니다. 이에 대한 생각은 각기 다를 수 있지만 오늘은 저의 개인적인 생각을 들려드리겠습니다.

우리는 어렸을 때부터 예습과 복습을 중요하게 생각을 했습니다. 그리고 우리는 초·중·고등학생 시절 공부할 때에 실제로 예습과 복습을 열심히 했습니다.

초·중·고등학교 복습

초·중·고등학교 때 공부에서의 예습은 내가 앞으로 듣게 되는 수업을 준비하는 것입니다. 이해의 길을 미리 닦는 것입니다. 배울 내용을 미리 보면서 예측 가능한 공부를 하는 것입니다. 우리는 익숙한 단어와 익숙한 내용이 나오면 좀 더 잘 이해할 수 있습니다. 예습은 그 역할을 한다고 생각합니다. 그리고 복습은 내가 수업 때 이해하지 못한 부분을 수업의 내용을 기반하여 이해하는 것이라고 생각합니다.

아마도 초·중·고등학교 때는 다음 시간까지 내가 이해하지 못했던 부분을 계속 공부하며 이해했을 겁니다. 그렇게 하기에 충분한 분량이었고 시간도 있었습니다. 그래서 우리가 알고 있는 복습이 가능했을지도 모르겠습니다.

하지만 우리가 처한 상황은 조금 다르다고 생각합니다. 공부의 양도 다르고 무엇보다 시간이 없습니다. 그래서 그런 형식의 복습이 쉽지 않다고 생각합니다. 지금 내가 배운 내용들을 완전히 이해하고 암기하는 수준의 복습을 하면 정말 좋겠지만 공무원 공부의 양이 너무 많기 때문에 그렇게 완벽하게 복습하면서 다음 진도로 넘어갈 수가 없습니다.

공무원 공부의 복습

제가 생각하기에 공무원 공부에서 복습은 오늘 배운 내용 중에서 중요한 부분이 무엇인지를 다시 한번 생각하는 것입니다. 그 부분을 나중에 다시 만날 때 처음 만나는 것이 아닌듯 익숙해지는 것이라고 생각합니다.

그렇기 때문에 우리는 강의를 정말 열심히 들어야 하고 강의를 들을 때 선생님들이 무엇이 중요하다고 하시는 지를 집중해서 들어야 합니다. 때로는 책에 표시를 해야 합니다. 그리고 복습을 할 때 그 부분을 보는 것입니다.

가능하면 그와 관련된 기출 문제를 푸는 것도 좋은 방법입니다. 왜냐하면, 중요한 부분이 기출 문제로 출제가 되기 때문입니다. 기출 문제는 뭐가 중요한 지 알려주는 가장 정확한 지표가 됩니다. 기출 문제를 통해 오늘 배운 내용 중 가장 중요한 내용을 알게 되고 이 내용이 나중에 다시 반복할 때 익숙해져 있을 것입니다. 그리고 이런 문제들은 보통 기본서 각 단원 마지막에 수록되어 있습니다.

아마 공무원 시험공부 하는 내내 복습으로 고민하지는 않을 겁니다. 아마 이런 고민을 하는 시기는 처음 기본강의를 듣는 시기일 겁니다. 기본서 5회독을 하는 상황에서 복습에 대한 고민은 하지 않으실 겁니다. 기출 회독 3회독을 한 상황에서 복습에 대한 고민은 하지 않으실 겁니다.

강의를 처음 듣고 난 이후에 '어떻게 복습을 해야 하나?'라는 고민을 하실 겁니다. 즉, 복습은 **'내가 강의를 들은 부분을 앞으로 반복해서 회독할 텐데 그 회독을 할 때 어떤 부분을 회독해야 할지를 표시하고 인지하는 단계'**라고 생각합니다.

다시 말씀드리면 복습은 다음 회독을 위한 준비 단계입니다. 복습은 지금을 위한 공부라기보다 앞으로를 위한 공부라고 생각합니다. 복습은 완전히 이해하기 위해서 하는 것이 아닙니다. 그리고 사실, 공무원 시험공부가 복습의 공부입니다. 우리가 반복해서 회독하고 또 회독하는 것이 복습하고 또 복습하는 행위입니다. 그렇기 때문에 복습의 다른 말은 회독일 것입니다.

그렇기 때문에 처음 복습 때 모든 것을 완벽하게 이해하지 않아도 괜찮다고 생각합니다. 여러 번의 복습 즉, 여러 번의 회독을 통해 때론 한 번에, 때론 오랜 시간에 걸쳐서 이해하게 되고 암기한다고 생각합니다.

그렇다고 복습이 무의미하다고 말씀드리는 것은 아닙니다. 훌륭한 강의를 듣고 바로 내용을 정리하고 이해하려고 하는 것은 좋기 때문입니다. 따라서 저는 다음의 복습 원칙을 세우고 복습하였습니다.

공무원 공부의 복습 4가지 원칙

첫째, 복습은 공부한 당일에 하기

둘째, 복습에 너무 많은 시간 투자하지 않기(왜냐하면, 나는 시험 보기 직전까지 복습'회독'을 할 것이기 때문에)

셋째, 선생님이 중요하다가 말씀하신 부분 집중해서 읽기

넷째, 암기는 추후에 하기(암기는 1~2회독 이후에 기출을 보는 눈이 생긴 이후에 하는 것이 좋다고 생각합니다. 중요한 것을 보는 눈이 있어야 효율적인 암기가 가능해집니다.)

저는 공무원 시험의 복습에 대해 이렇게 생각합니다.

PART 03

각 과목별 학습법

- 국어
- 영어
- 한국사
- 행정학

이번 챕터는 각 과목별 공부법에 관한 내용입니다. 저에게 도움이 되었던 방법 위주로 정리를 하였습니다. 그대로 적용하기보다는 자신의 상황과 환경에 맞춰서 참고하면 더욱더 효과적인 전략서 사용이 될 것 입니다.

3

각 과목별 학습법

국어 공부법

국어는 공부할 것이 너무 많았고 그래서 어디까지 공부해야 하는지에 관한 적정선을 긋기가 어려운 과목이었습니다. 특히 독해부분은 공부를 하고 푸나 공부를 하지 않고 푸나 큰 차이가 있을까? 하는 정도였고 한자나 고유어 파트는 이걸 공부를 한다고 맞힐 수 있을까? 하는 생각이 들었습니다. 공부하는 내내 마음이 편치 않는 과목이었습니다. 모의고사 점수도 일정하지 않아 힘들었습니다. 그리고 고등학교를 다닐 때를 생각해보면, 국어 공부를 딱히 하지 않는 친구가 있었는데 언어영역은 정말 신기하게 잘 나오는 친구가 있었습니다. 신기하기도 했고 부럽기도 했었습니다.

이렇듯, 국어는 공부하기가 가장 애매한 과목인 것 같았습니다. 하지만, 우리는 어떻게 해서라도 대비를 하고 준비를 해야 합니다. 그래서 제가 공부한 국어 공부의 방향과 공부를 할 때 사용한 공부법을 나눠보겠습니다. 도움이 되길 바랍니다.

국어는 크게 문법과 규범, 어휘(한자, 한자성어, 고유어 등), 독해, 문학(현대&고전)으로 나눠서 공부할 수 있습니다. 그리고 지난 4년간 각 파트별로 출제된 문제의 수는 다음과 같습니다.

국가직 국어 2018-2021

	2018	2019	2020	2021
국어 문법&규범	5	4	5	5
고전문법	1	-	-	-
어휘·한자	한자2	한자성어1	한자2 한자성어1	한자1 한자성어1
독해	7	9	9	9
현대문학	현대시1 현대소설1	문학이론1 현대시1 현대소설1 희곡1	현대시1 현대소설1	현대시1 현대소설1
고전문학	시조1 고전소설2	가사1 고전소설1	한시1	고려가요1 시조1

지방직 국어 2018-2021

	2018	2019	2020	2021
국어 문법&규범	6	6	6	3
고전문법	훈민정음 제자원리1	-	-	-
어휘·한자	한자1 한자성어1	한자1 한자성어1	한자1 한자성어1	어휘1 관용어1 한자성어1

	2018	2019	2020	2021
독해	7	8	7	9
현대문학	현대시1 현대소설1	문학이론1 현대소설1	현대시1 현대소설1	현대시1 현대소설1 현대수필1 희곡1
고전문학	가전체1 고전 시가1	시조1 고전소설1	설화1 가전체1 민속극1	고전소설1

내용을 간단히 살펴보면 각 파트별로 전체적인 문제 수는 약간의 차이가 있지만 일정한 비율을 보이고 있습니다. 국가직의 경우에는 비문학 독해의 문제 수가 약간 많고 그에 비해 지방직의 국어 문법과 규범 문제 수는 국가직보다 약간 더 많습니다. 그리고 한자도 보통 2문제 정도 출제되고 있고 문학도 현대에서 2문제 정도, 고전에서 2문제 정도 출제되고 있습니다.

전체적인 국어의 출제 경향은 문법과 규범은 비중이 줄어들고 비문학 독해 문제가 중요해지고 있는 것이 현재 공무원 국어의 상황입니다. 그리고 2021년 지방직 시험의 경우 문학파트에서 문학의 개념과 이론을 묻는 문제가 아니라 단순 내용 파악 문제가 출제되었습니다. 이에 글의 내용 파악을 중요시한 독해의 비중이 늘어감을 알 수 있습니다. 이런 경향은 영어에서도 비슷한 모습을 보이고 있습니다. 공무원 시험의 전체적인 흐름이 단순 암기보다 글을 읽고 해석하는 능력을 더 중요하게 여기는 것 같습니다.

• 국어 커리큘럼

기본강의 → 기출 → 문제풀이 → 마무리강의 → 모의고사

제가 공부한 국어 커리큘럼을 간략하게 다시 한번 말씀드리면 크게 기본강의를 들었고 기출문제를 풀었고, 요약교재와 마무리 교재를 보았고, 모의고사를 풀었습니다.

조금 더 구체적으로 말씀드리면 기본강의의 모든 강의를 다 듣진 않았습니다. 다 듣기에는 시간이 많이 부족했고 필요하다 싶었던 부분만 들었습니다.

먼저 문법&규범 파트는 기본 강의를 2번 들었습니다. 한 번 듣고 문제를 풀려 하니 도저히 풀리지 않아서 다시 들었습니다. 물론 다시 들었어도 문제는 쉽게 풀리지 않았습니다. 비문학 파트는 듣지 않았습니다. 그리고 문학 파트 기본 강의는 처음에 들을 생각이 없었지만 나중에 문제를 풀다 보니 기본적인 문학 용어에 대한 이해가 필요하다는 생각이 들어 강의를 찾아보게 되었습니다. 문학의 개관 부분과 고전문학과 현대문학의 대표적인 작품 해설 강의는 들었습니다.

기출강의는 듣지 않았습니다. 기출 문제를 풀다가 이해가 되지 않는 부분만 찾아서 들었지만 그것도 많지는 않았습니다. 모의고사도 마찬가지였습니다. 최종 마무리용으로 문법과 규범 파트 파이널 강의를 수강하였습니다.

그럼 본격적으로 파트별로 생각해 보겠습니다.

※한자와 한자성어 파트는 포기 시리즈 '한자, 한자성어' 부분을 참고해주세요.

문법&규범 공부법

각각의 기본서 분량을 생각해 보면 공부를 해야 하는 양이 어느 정도 파악됩니다. 국어의 기본서 중에 문법&규범 파트가 가장 두껍고 내용이 많습니다. 그리고 아마도 공무원 국어 공부를 하는 많은 공시생들이 이 파트를 가장 많이 공부를 할 겁니다.

위에서 말씀드렸듯이 저는 강의를 문법과 규범파트 위주로 들었습니다. 공무원 국어 강의는 보통 문법과 규범을 중심으로 시작하고 이루어 집니다. 제 생각에 그 이유는 문법과 규범은 강의로 충분히 커버가 가능하기 때문입니다. 나올 수 있는 것을 미리 익히고 배울 수가 있습니다. 손에 잡히지 않는 국어 영역에서 그나마 손으로 잡을 수 있는 부분이 문법과 규범 파트입니다. 예전에 비해 중요도와 비중에 줄어들고 있지만 합격생들의 정답률이 높은 부분이 바로 이 부분입니다. 즉, 합격하기 위해서는 꼭 놓치지 말아야 하는 부분이 문법과 규범파트입니다.

이 파트는 우리말의 어법에 관한 파트이기 때문에 1차적으로는 영어와 같이 문법을 제대로 이해해야 합니다. 그런데 어떻게 된 것이 우리말인데도 영어보다 설명이 더 어렵게 느껴졌습니다. 너무 당연하게 여겨왔던 내용들을 이론으로 배우다 보니 이해가 잘 안되었습니다. 용어도 낯설었고 잘 쓰고 있었던 표준어들도 헷갈리기 시작했었습니다. 이 시기를 잘 넘어가야 합니다.

최대한 강의에 집중하여 문법을 이해해야 합니다. 계속 반복해서 보면 외워지지만 일단 이해가 기반이 되어야 잘 외워지고 외운 것도 잊어버리지 않게 됩니다.

우리는 공부할 때 문법과 규범의 목차를 기억하여 각각이 다름을 기억할 필요가 있습니다. 왜냐하면 이 두 영역은 분명히 다른 영역이기 때문입니다. 하지만 우리는 정확히 구분하지 않고 공부하기 때문이 비효율적인 공부를 하게 됩니다.

국어 문법	언어와 국어의 특성	언어의 특성 / 국어의 특성	
	국어 문법의 이해	음운론	소리에 대한 이론
		형태론	단어에 대한 이론
		통사론	문장에 대한 이론
		의미론	언어의 의미에 대한 이론
		단화론	문장과 장면에 대한 이론

국어 규범	표준 발음법, 한글 맞춤법, 표준어규정, 문장부호론, 로마자 표기법, 외래어 표기법

문법은 이해의 영역이고 규범은 암기의 영역입니다. 문법을 기본으로 하여 규범이 설명됩니다. 따라서 문법 공부를 할 때에 최대한 이해하려고 노력해야 합니다. 특별히 문법 앞부분에서 나오는 음운론, 형태론, 통사론은 아주 중요한 부분입니다. 그리고 가장 어려운 부분이기도 합니다. 이 부분은 독해력이 없어도 이해를 하면 다 풀 수 있는 부분이지만 동시에 공부를 하지 않으면 절대 풀 수 없는 영역들입니다. 공부를 한 사람과 하지 않은 사람들의 차이가 가장 많이 나는 영역입니다. 그리고 규범부분도 이해를 기본으로 빈출되는 내용들을 암기하여 문제에 대비해야 합니다. 각 부분들에서 빈출되는 문제들이 따로 있기 때문에 기출 문제집을 풀 때에 어느 부분에서 집중적으로 문제가 나오는지를 생각하면서 공부할 필요가 있습니다.

문법에선 품사, 음운의 변동, 문장의 짜임새(안은문장, 안긴문장), 높임 표현 등이 빈출되고 규범에서는 골고루 출제되지만 띄어쓰기는 매년 꼭 출제되는 영역이기 때문에 특별한 대비가 필요합니다. 저 같은 경우에는 마무리 시기에 띄어쓰기 특강까지 들으며 대비하였습니다.

공무원 국어에서 문학과 독해의 비중이 커지고 있고 문법은 비중이 작아지는 건 사실이지만 문법을 소홀히 해서는 안 됩니다. 왜냐하면, 앞에서도 언급했듯이, 합격선의 문법&규범의 정답률을 보면 높게 나오기 때문입니다. 공부를 하면 대비가 충분히 가능한 문법&규범은 놓쳐서는 안 되는 파트입니다.

국어 형태론 통사론 공부 방법
최후의 수단 - 기출 문제집에 답을 적고 공부하기

저는 국어 공부를 할 때 형태론과 통사론이 가장 힘들었습니다. 가장 많이 공부를 했음에도 불구하고 이 부분은 정말 힘들었습니다. 이 부분 때문에 국어 기본 강의를 다시 들을 정도였습니다. 그럼에도 불구하고 기출 문제를 풀기가 어려웠습니다. 그리고 남은 시간도 없었고 여기에만 에너지를 쏟을 수도 없었습니다. 그래서 저는 최후의 방법으로 다음과 같이 공부했습니다.

혹시 지금 형태론과 통사론의 문제를 푸는 데 아무 어려움이 없다면 제가 말씀드리는 방법은 추천하지 않습니다. 다만 너무 힘들고 도저히 문제가 풀릴 기미가 안 보이는 분들은 한 번 참고하시기 바랍니다. 그리고 이 방법은 다른 암기 과목에도 적용이 되는 방법이라 생각합니다. 지금 이 시간에는 제가 국어 형태론과 통사론의 파트를 공부한 것을 예로 들어 말씀드리겠습니다.

저는 형태론과 통사론을 공부할 때 기출문제집에 답을 먼저 다 표시하고 공부했습니다. 보통 기출 문제집은 문제를 푸는 것이라고 생각합니다. 하지만 저는 문제를 풀지 않고 답을 표시한 다음에 마치 기본서 공부하듯이 공부했습니다.

국어 형태론과 통사론 부분을 공부한 과정

〈1단계〉 강의를 듣기

이 부분은 올인원 강의로 2번 들었습니다.

▼

〈2단계〉 기출 문제를 풀기

강의를 듣고 기출 문제를 풀었지만 잘 풀리지 않았습니다.

▼

〈3단계〉 기출 문제 풀기 실패

▼

〈4단계〉 기출 문제에 답을 달고 기본서 공부하듯이 공부하기

- 해설 부분을 꼼꼼하게 읽으면서 공부하기
- 답만 외우는 건 절대 안 됩니다. 이 단계의 첫 번째 목표는 내용을 문제로 이해하는 것입니다. 그 이후에 옳은 보기를 외웁니다. 왜냐하면 반복되기 때문입니다. 따라서, 이해를 바탕으로 올바른 정답을 통째로 외우는 건 도움이 됩니다.

▼

〈5단계〉 반복되는 내용들은 문제 옆에 표시하여 외우기

- 반복되는 내용들, 중요한 내용들, 잘 외워지지 않는 내용들을 문제 근처에 정리하여 그 부분을 계속 반복하여 볼 수 있도록 했습니다.

▼

〈6단계〉 여러 번 회독
• 기출문제집을 여러 번 회독했습니다.

▼

〈7단계〉 정확히 외웠는지 확인
• 기출 변형 문제집 - 단원별로 구성된 문제집을 풀었습니다. • 연도별 기출문제집 - 국어 문법과 규범 부분만 다시 풀었습니다. • 모의고사 문제집을 풀었습니다.

이렇게 공부할 때 얻을 수 있는 효과들은 다음과 같습니다.

① 기본서 회독 효과+문제풀이 효과를 동시에 누리게 됨.

즉, 효율적입니다. 보통은 기본서를 보면서 내용을 정리하고 머릿속에 입력하는 시간을 보내고 문제집을 풀면서 입력한 내용을 출력하는 시간을 보내는데 문제집에 답을 적고 공부한다면 이 두 가지를 동시에 할 수 있습니다. 즉, 2배 효율적인 공부를 할 수 있습니다.

② 문제에 대한 두려움이 사라짐.

처음 기출문제를 풀 때 너무 힘들었습니다. 힘든 이유는 첫 번째로 너무 많이 틀려서 였고 두 번째는 문제 푸는 것이 겁이 나서 힘들었습니다.

처음부터 어차피 틀릴 문제를 풀기 위해 에너지를 쓰면 마음도 답답하고 효율도 좋지 않습니다. 하지만 답을 표시하고 문제를 읽으면 문제를 풀 때의 쓸데없는 걱정 하는 에너지를 줄일 수 있고 빨리 그 문제에 대해 이해하고 적응할 수 있습니다. 우리는 빨리 문제에 적응하면 할수록 좋습니다. 문제에 적응하면 문제를 봤을 때 두려워하지 않게 되어 공부의 효율이 증가합니다.

③ 중요한 문제를 보는 눈이 길러짐.

기출 문제집을 보면 가장 먼저 알게 되는 점은 문제와 보기의 지문이 반복되는 경향이 있다는 점입니다. 따라서 답을 달고 기출 문제집을 기본서처럼 공부하게 된다면 더욱더 핵심적인 내용을 반복하게 됩니다. 따라서 시간이 없을 때에는 최대한 기출 위주로 공부해야 합니다.

기출에 정답을 적고 공부하면 이런 효과들을 누릴 수 있습니다.

저는 이렇게 어렵고 이해가 안 되는 부분을 공부하였습니다. 그리고 이런 방법은 암기과목인 경우에 사용할 수 있다고 생각합니다. 제가 말씀드린 방법이 정석적인 방법이 아닐 수 있지만 저는 큰 효과가 있었던 방법이었습니다. 부디 도움이 되길 바랍니다.

비문학 공부법

공무원 국어 과목에서 점점 중요하게 여겨지는 부분이 바로 비문학 독해 부분입니다. 비문학 독해는 말 그대로 글을 이해하고 질문에 대한 답을 하는 파트입니다. 이 부분에는 꼭 지문을 읽고 주제를 찾거나 흐름상 어색한 곳을 찾거나 순서를 배열하는 문제뿐만 아니라 더 다양한 문제들로 구성되어 있습니다. 하지만 그런 문제들은 난도가 높은 편은 아니고 문제를 푸는 시간이 오래 걸리지 않습니다. 비문학 독해에서 가장 어려운 내용은 결국 긴 지문을 읽어야 하는 문제입니다.

하지만 다행인건, 공무원 국어의 비문학 지문은 어렵지 않다는 것입니다. 그리고 보통 하나의 지문 당 하나의 문제가 출제되기 때문에 문제를 보고 그에 맞게 지문을 읽으면서 답을 찾는 방법으로 글을 읽는다면 어렵지 않게 문제를 풀 수 있습니다. 하지만 문제는 역시 시간입니다. 지문 자체는 어렵지 않지만 시간이 주는 압박감과 시험이 주는 긴장감 때문에 글이 잘 읽히지 않은 것이 문제입니다. 따라서 이 부분은 연습밖에 없습니다.

비문학 독해는 결국 매일 꾸준히 문제를 풀어야 합니다. 매일 실전처럼 문제 푸는 연습을 하여 실전에서는 편안하고 자연스럽게 풀 수 있어야 합니다. 저 역시 매일 5문제의 비문학문제를 풀었습니다. 이 때 처음에는 기본서에 있는 문제를 풀었습니다. 그 이후에 기출문제집으로 풀었고 문제를 다 푼 이후에는 비문학 독해문제집을 풀었습니다.

비문학 문제를 풀 때에는 먼저는 정확히 푸는 연습을 해야 합니다. 문제를 맞히기 위해서 풀기보다는 글의 내용을 정확히 파악하기 위한 독해가 되어야 합니다. 글에서 주요한 내용이 무엇인지 생각하며 독해를 해야 합니다. 접속사에 집중하여 글을 읽고 글의 논리 관계를 잘 생각하면서 글을 읽어야 합니다. 그렇게 정확히 글을 읽는 훈련을 먼저하고 그리고 점점 속도를 빠르게 하는 훈련을 해야 합니다. 처음부터 너무 빠르게 감으로 문제를 해결하려고 하지 말고 정확하게 근거를 찾으면서 문제를 푸는 연습을 해야 합니다.

비문학 독해 연습을 할 때에는 다음의 내용들을 원칙적으로 기억하며 해야 합니다.

원칙 1. 글의 주제문을 찾는 연습을 해야 합니다.

긴 문단의 내용이 어떻게 간결하게 요약될 수 있는지를 생각하면서 글을 읽어야 합니다. 이 연습은 긴 지문을 읽을 때에 집중력을 유지하며 읽을 수 있도록 도와주고 내용도 잘 파악할 수 있게 합니다.

원칙 2. 글을 눈으로만 읽지 말고 글의 구조를 연필로 표시하면서 읽어야 합니다.

글의 주제를 찾으면 그 문장에 밑줄을 치고 접속사가 나오면 동그라미로 표시를 하고 과정을 나타내는 글이면 번호를 적어가며 글을 읽어야 합니다. 여러 기호들로 지문을 정리해 놓으면 글이 구조화 되어 눈에 들어오기 때문에 내가 원하는 문장을 빠르게 찾을 수 있습니다.

원칙 3. 글을 읽을 때 넓은 시야로 글을 읽어야 합니다.

지금 내가 읽고 있는 단어와 문장에 집중하여 글을 읽기보다는 전체적인 시야를 가지고 글을 읽을 필요가 있습니다. 따라서 글을 읽기 시작할 때에 너무 첫 문장으로 바로 들어가지 말고 전체적으로 한 번 훑어봄으로써 간단하게 소재를 파악함과 동시에 어떤 방식으로 글이 전개가 될지 예측하면서 독해에 들어가면 효율적인 독해를 할 수 있습니다. 우리가 영어 독해를 할 때에는 이 수준으로 독해하기 어렵지만 우리말로 된 지문은 충분히 가능합니다.

원칙 4. 문제 유형에 따라 문제를 보는 방법이 달라야 합니다.

제목이나 중심 내용을 찾는 문제는 주제문 위주로 빨리 읽어야 하고 내용 일치문제는 보기와 함께 지문을 번갈아 보면서 꼼꼼히 글을 읽어야 합니다. 순서 배열 문제는 각 번호 앞에 있는 접속사와 글의 주제를 생각하며 글을 읽어야 합니다.

원칙 5. 나의 생각대로 상상하며 독해를 하지 말아야 합니다.

글의 내용이 내가 아는 소재로 된 글이라면 더욱더 집중해서 독해를 해야 합니다. 선 이해와 지레 짐작으로 문제를 풀어서는 안됩니다. 나에게 주어진 지문을 읽고 해석하는 능력을 보는 것이 국어 비문학 독해입니다. 반대로 나에게 익숙하지 않은 소재로 된 지문을 읽을 때에도 당황하지 말고 지문 안의 내용으로 문제를 풀어야 합니다. 글의 내용을 상상하면서 풀면 절대 안 됩니다.

그리고 이런 글을 독해하는 문제 말고 개념을 알고 풀어야 하는 문제도 대비해야 합니다. 예를 들어 토의와 토론의 차이와 그 안에서 세분화되는 여러 토의의 종류들(심포지엄, 포럼, 패널토의 등등)의 개념을 알아야 하고 글의 전개 방식(설명, 논증, 묘사, 서사, 분류, 유추 등)과 추론의 오류의 종류와 정의와 그에 따른 예시들도 정리를 해야 문제를 풀 수 있습니다. 이러한 내용들은 독해력과 무관하게 공부가 되어 있어야 풀 수 있는 문제들입니다.

어렸을 때 책을 많이 읽지 않았고 고등학교 때에도 국어 공부를 많이 하지 않아서 걱정하시는 분들이 계실 것 같습니다. 하지만 걱정할 필요는 없습니다. 앞에서 말씀드린 것처럼 공무원 국어 비문학 독해 문제는 절대 어렵지 않습니다. 시간에 대한 압박감만 이겨낼 수 있으면 쉽게 풀 수 있는 문제들입니다. 그렇기 때문에 매일 꾸준히 연습하시면 충분히 대비하실 수 있다고 생각합니다. 국어 비문학은 꼭 다 맞아야 한다는 생각으로 공부를 하시면 좋겠습니다.

문학(현대, 고전 문학) 공부법

문학문제는 현대문학과 고전문학에서 각각 2문제씩 총 4문제 정도가 꾸준히 출제되고 있습니다. 문학파트야말로 대비하기가 쉽지 않은 파트였습니다. 비문학 독해는 특별한 사전 지식이 없어도 그 자리에서 글을 읽고 질문에 맞는 답을 찾으면 되는 문제였지만 문학은 글 자체에 숨겨진 의미들이 포함되어 있기 때문에 더 어렵게 느껴졌습니다.

일단 저는 기본적으로 국어의 문법&규범과 비문학에 비해서 문학공부는 많이 하지 못했었습니다. 가장 큰 이유는 시간이 없었기 때문입니다. 그래도 하긴 해야 했기에 기본서에 있는 각 파트(시, 소설, 희곡&시나리오, 수필, 각 시대의 고전문학들)의 작품해설 강의를 조금씩 들었습니다. 제가 강의를 들었던 이유는 혹시라도 유명한 작품이 출제가 되었을 시 틀리게 되면 안 된다는 생각이 있었기 때문에 가장 중요한 작품 해설이 앞부분에 되어 있어서 강의를 들었습니다. 그리고 기출 문제집도 풀긴 했지만 많이 풀지 못했습니다. 시간은 부족하고 문학 공부는 해야 했고 문제를 풀면 많이 틀려서 불편한 가운데에 공부를 했었습니다.

그래서 제가 문학 파트별로 공부 방법을 말씀드리기보다 공부를 하면서 느꼈던 공무원 문학 문제에 대해 나눠보겠습니다.

1. 빈출작품을 대비하기

우리가 가장 먼저 문학 공부를 할 수 있는 방법은 빈출작품 해설 강의를 듣는 것입니다. 물론 강의가 필수는 아니겠지만 공무원 문학 공부를 어떻게 준비해야 하는지의 길은 국어 선생님들을 통해 알 수 있습니다. 그리고 빈출되는 작품들의 문제를 분석함으로 공무원 국어 문학 문제의 출제 방향을 알 수 있습니다. 같은 작품에 같은 문제가 나오지 않을 수는 있지만 빈출 되는 작품에 관한 정리가 어느 정도 되어 있으면 어떤 문제가 나와도 어렵지 않게 접근이 가능할 수 있습니다. 그리고 문학 문제의 패턴은 다양하지 않기 때문에 빈출 작품에서 만날 수 있는 문제들을 잘 정리해 놓으면 새로운 작품을 만날 때에도 적용하면서 문제를 풀 수가 있다고 생각합니다.

그리고 기본서나 기출 문제에서 만나는 빈출 작품들의 시대적 배경, 주제, 표현 기법, 중요한 시구 등을 암기해 놓으면 문제를 풀 때에 많은 도움이 됩니다.

2. 문학 문제의 특성을 알고 공부하기

문학 문제를 풀다보면 문학 문제는 문학의 장르와 상관없이 크게 두 부류의 문제 형식이 있다는 걸 알 수 있습니다. 첫 번째 문제 형식은 문학 자체에 대해서 묻는 문제(문학 독해문제)이고 두 번째 문제 형식은 문학 이론을 가져와 묻는 문제입니다.

1) 문학 독해 문제

이 문제 유형은 문학에 대한 어떠한 이해가 없더라도 문제를 풀 수 있는 문제 유형입니다. 2020년 지방직 국어 시험이 어렵지 않았는데 그 이유는 이런 문학 문제가 전체 문학 5문제 중 3문제가 출제가 되었기 때문이었습니다. 이러한 문학 독해 문제는 2021년 시험에도 출제되었습니다.

다음 글에 대한 이해로 적절하지 않은 것은?
- 작자미상, <봉산탈춤>
① 양반들이 자신들을 조롱하는 말뚝이에게 야단쳤군.
② 샌님과 서방님이 부채와 장죽을 들고 춤을 추며 등장했군.
③ 말뚝이가 굿거리장단에 맞춰 양반을 풍자하는 사설을 늘어놓았군.
④ 도련님이 방정맞게 굴면서 샌님과 서방님의 얼굴을 부채로 때렸군.

다음 글의 공간에 대한 설명으로 적절하지 않은 것은?
- 오정희, <중국인의 거리>
① 철길 때문에 도시가 남북으로 나뉘어 있다.
② 항만 북쪽에는 제분 공장이 있고, 철도 건너에는 저탄장이 있다.
③ 선로주변에아이들이넘을수없는철조망이있다.
④ 석탄을 먹을거리와 바꿀수 있는 간이음식점이 있다.

20번의 문제도 문학에 대한 이해가 필요 없는 문제였습니다. 이런 유형의 문제는 처음 보는 문학작품이어도 마치 비문학 독해처럼 풀면 풀 수 있는 문제입니다.

2) 문학 이론 문제

반면에 문학 이론에 대해 알고 있어야 풀 수 있는 문제들도 있습니다. 2020년 지방직 B형 국어 5번이 이 유형의 문제입니다.

5. 다음 시에 대한 감상으로 적절하지 않은 것은?
- 함민복, <그 샘>
① '샘'을 매개로 공동체의 삶을 표현했다.
② 과거 시제로 회상의 분위기를 표현했다.
③ **공감각적 이미지**로 이웃 간의 배려를 표현했다.
④ 구어체로 이웃 간의 정감 어린 분위기를 표현했다.

이 문제를 풀기 위해서는 보기 3번의 '공감각적 이미지'라는 문학 용어를 알아야 합니다.

> **서술자에 대한 설명으로 가장 적절한 것은? [2016 국가직 9급]**
> ① 작품 밖의 서술자가 일어난 사건의 전말을 전달하고 있다.
> ② 작품 속에 등장하는 인물이 다른 인물을 관찰하며 평가하고 있다.
> ③ 작품 밖에 있는 서술자가 관찰자가 되어 등장인물의 행동을 묘사하고 있다.
> ④ 작품 속의 서술자가 작품 밖의 서술자와 교차하며 사건을 입체적으로 서술하고 있다.

이 문제는 서술자의 '시점에 대한 이해'가 있어야 풀 수 있는 문제입니다.

> **이 시에 대한 설명으로 가장 적절한 것은? [2017 교육행정직 9급]**
> ① 상승의 이미지를 통해 생동감이 부각된다.
> ② **설의적 표현**을 통해 체념적 정서가 드러난다.
> ③ **수미상관의 구조**를 통해 시적 안정감을 준다.
> ④ **고백적 어조**를 통해 차분한 분위기를 자아낸다.

이 문제는 '설의적 표현', '수미상관의 구조', '고백적 어조' 등의 용어를 알고 있어야 풀 수 있는 문제입니다.

이렇듯, 문학 문제를 풀 때에 아무런 사전지식이 없어도 독해력으로 풀 수 있는 문제가 있고 또한 기본적인 문학 용어를 알고 있어야 풀 수 있는 문제가 있습니다. 그래서 저는 현대 문학과 고전 문학의 이론에 관한 강의는 들었습니다. 적어도 보기에서 말하고 있는 용어들은 이해할 수 있을 정도로 대비하였습니다.

3. 나의 주관보다 보편적인 생각 따라가기

문학 문제를 풀 때에 제가 힘들었던 때는 해설이 이해가 안 될 때였습니다. 명확하게 주제가 드러나는 비문학 독해와는 다르게 문학은 그 의미가 숨겨져 있기 마련인데 그 의미를 물어보는 것이 문학 문제입니다. 특별히 산문은 그래도 의미가 상대적으로 잘 드러나는 반면, 운문은 함축적인 의미로 되어 있기 때문에 의미 파악이 쉽지가 않습니다. 그리고 내가 느낀 감정과 정답에서 말하고 있는 감정이 다를 수 있습니다. 바로 그때 저는 힘들었습니다. 내가 느끼고 이해해서 정답을 고른 건데 그것이 아니라고 하니 허탈하기도 했습니다. 하지만 우리는 그 해설에 나의 감정을 맞춰야 합니다. 해설을 잘 읽어보고 답이 답인 이유를 확인하고 동의는 안 될 수 있지만 그렇다고 생각하며 문제를 풀어야 합니다. 이해가 안 간다며 고집부리면 나만 손해입니다. 문학 문제를 풀 때에는 나의 주관적인 생각보다는 보편적인 생각, 문제가 원하는 정답을 고르는 연습을 해야 합니다.

4. 누가도 반박할 수 없는 답을 선택하기

문학은 함축의 언어로 표현되어 있습니다. 더욱이 운문은 그 함축성이 아주 강력합니다. 그게 시입니다. 그렇기 때문에 사람들마다 해석이 다를 수 있습니다. 그래서 위에서 말씀드렸듯이 나의 정답이 오답일 때가 있습니다. 그리고 또한, 답을 고르기가 굉장히 애매할 때가 있습니다. 그렇기 때문에 틀린 문제에 대한 오답정리를 명확하게 해야 합니다. 대충 얼버무려 넘어가면 또 똑같이 틀릴 수가 있습니다. 제가 문학 문제를 언제 틀렸는지 생각해 보면, 보기를 분석할 때 보기를 관대하게 해석할 때 틀렸던 거 같습니다. 문학 문제도 비문학 문제처럼 정확하게 보기를 판단해야 합니다. 문학도 독해와 마찬가지로 분명한 근거가 있습니다. 다만, 그것이 우리가 잘 못 보도록 함축된 언어로 숨어 있을 뿐입니다.

5. 보기를 보고 문제를 풀기

문학 문제를 풀 때에는 보기를 먼저 볼 필요가 있습니다. 왜냐하면 보기는 우리로 하여금 문학 지문에서 집중해야 하는 부분이 어딘지를 알려주는 가이드 역할을 하기 때문입니다. 우리는 시험에 나오는 시를 감상할 필요가 없습니다. 시의 모든 연을 분석하고 교훈을 찾을 필요가 없습니다. 우리는 단지, 보기를 보고 그 보기에 맞춰서 시를 분석하고 보기가 맞는지 틀렸는지 만 확인하면 됩니다.

영어 공부법

영어공부는 공무원 공부를 할 때 가장 쉽지 않은 부분이면서 동시에 가장 중요한 부분입니다. 그렇게 때문에 절대 포기해서는 안 되는 부분입니다. 저 역시 가장 많은 시간과 에너지를 사용한 과목이 영어 과목입니다. 그렇기에 여러분들에게 들려줄 이야기도 어쩌면 가장 많을 수 있다고 생각합니다.

제가 생각하기에, 많은 사람들이 생각하기에 공무원 시험의 관건은 '영어점수를 얼마나 얻을 수 있는가?'입니다. 분명히 영어 베이스가 있으신 분들은 공무원 시험에 빨리 합격할 수 있습니다. 왜냐하면 다른 과목은 시간이 흐르면 점수가 보장될 수 있지만 영어는 꼭 그렇지 않기 때문입니다.

작년에 시험을 봤을 경우에 작년 점수와 올해 점수 폭이 한국사와 선택과목은 차이가 많이 날 가능성이 높지만, 국어와 영어는 비슷한 경우를 많이 보았습니다. 특별히 영어는 더욱 점수를 높이기가 어렵습니다. 한 문제 두 문제 더 맞추기가 그만큼 더 어렵다는 것입니다.

영어는 출제되는 문제의 유형과 문제 수가 어느 정도 고정되어 있습니다. 물론 시험마다 약간의 차이가 있기는 하나 보통은 아래와 같은 구성으로 출제가 됩니다.

• 영어 문제의 구성

문법 4문제, 단어 4문제, 생활영어 2문제, 독해 10문제

20문제 모두를 잘 맞히면 정말 좋겠지만 전략적으로 접근하는 것도 좋은 방법이라고 생각합니다. 왜냐하면 우리는 다른 과목도 공부해야 하기 때문입니다. 보통 어휘에서 정말 어려운 문제가 나오면 한 문제 틀리고 독해에서 1~2문제 틀리면 어느 정도 괜찮게 봤다고 봅니다. 즉 고득점을 얻기 위해서는 문법과 생활영어는 다 맞는다고 생각해야 합니다. 저 역시 기본적으로 이러한 목표와 전략을 가지고 영어공부를 시작했습니다. 그렇다면 본격적으로 파트별로 제가 공부한 방법과 방향에 관하여 말씀드려보겠습니다.

영어 문법 공부법

공무원 영어문법문제는 총 4문제가 나옵니다. 그리고 우리는 이 4문제를 맞히기 위해서 엄청난 수의 기본 강의부터 특별히 문법과 관련된 심화 강의들을 들으며 공부합니다. 아마도 공무원 영어 공부를 하는 시간 중 절반 이상을 이 4문제를 맞히기 위한 시간으로 사용됩니다. 비효율적이게 보이지만 그만큼 영어문법은 영어 전체에 영향을 미치는 아주 중요한 파트입니다. 그리고 우리는 시간을 사용한 만큼 이 4문제를 다 맞아야 합니다.

제가 생각하기에, 아니 많은 사람들이 생각하기에 공무원 시험의 관건은 '영어점수를 얼마나 얻을 수 있는가?'입니다. 분명히 영어 베이스가 있으신 분들은 공무원 시험에 빨리 합격할 수 있습니다. 왜냐하면 다른 과목은 시간이 흐르면 점수가 보장될 수 있지만 영어는 꼭 그렇지 않기 때문입니다.

작년에 시험을 봤을 경우에 작년 점수와 올해 점수의 차이의 폭이 한국사와 선택과목은 차이가 많이 날 가능성이 높지만 국어와 영어는 비슷한 경우를 많이 보았습니다. 특별히 영어는 더욱 점수를 높이기가 어렵습니다. 한 문제 두 문제 더 맞추기가 그만큼 더 어렵다는 것입니다.

영어는 어휘 4문제, 문법 4문제, 생활영어 2문제, 독해 10문제로 구성되어 있습니다.

보통 어휘에서 정말 어려운 문제가 나오면 한 문제 틀리고 독해에서 1~2문제 틀리면 어느 정도 괜찮게 봤다고 봅니다. 즉 고득점을 얻기 위해서는 문법과 생활영어는 다 맞는다고 생각해야 합니다.

• 영어 문법 커리큘럼

기본서(강의+회독) → 문법정리문제집(강의+회독) → 문법풀이문제집(강의+회독)

이제 제가 들은 영어 강의와 함께 영어 문법 공부법에 대해 말씀드리겠습니다. 강의는 꼭 제가 들은 강의를 들을 필요는 없습니다. 다만 공부의 흐름만 기억해주시면 영어 문법 문제는 확실히 맞을 수 있습니다.

첫 번째 단계
기본강의 듣기

기본강의를 듣는 시간은 정말 중요한 시간입니다. 그 시간이 공무원 전체의 시간을 좌지우지하는 시간이라는 생각을 가지고 들을 필요가 있습니다. 특별히, 영어는 기본이 중요한 과목이기 때문에 기본강의부터 집중해서 들어야 합니다. 물론, 베이스가 어느 정도 있으신 분들은 요약강의부터 시작해도 괜찮다고 생각합니다.

저도 영어 문법 기본강의부터 영어 공부를 시작하였습니다. 강의 수가 꽤 많았지만 열심히 들었습니다. 기본 강의를 들으면서 공무원 영어는 어떤 영어인지 알아갈 수 있었습니다. 저 같은 경우에는 기본적으로 영어 기본강의는 문법만 들었습니다. 단어와 생활영어는 기본강의를 듣기보다 일단 기출 위주로 공부하였고 독해 역시 기본서에 있는 내용을 공부하기에 스스로가 부족함을 느꼈기 때문에 더 심도 있는 공부를 위해 기본강의를 듣지 않고 다른 방향으로 공부를 했습니다. 이 부분은 독해

파트에서 다시 생각해 보도록 하겠습니다.

이렇게 기본강의를 최선을 다해 수강했습니다. 정말 많은 강의 수를 들으면서 문법공부를 했습니다. 그리고 기본서 각 난원에 있는 예제 문제를 풀면서 자신감을 가지고 본격적으로 기출문제집으로 들어갔는데 한 가지 문제가 생겼었습니다. 기출문제가 풀리지 않는다는 아주 심각한 문제였습니다. 문제를 푸는 시간도 오래 걸리고 많이 틀렸었습니다. 강의를 듣고 바로바로 풀었던 기본서 예제 문제와는 달리 문제가 잘 풀리지 않았었습니다. 문제가 풀리더라도 많은 시간이 소요되었습니다. 그런데 신기한 건 답을 보면 다 아는 내용들이었습니다. 풀 때는 몰랐던 내용이었는데 해설을 보니 다 아는 내용이었습니다.

여기서 영어 문법 공부를 할 때에 가장 중요한 포인트를 알 수 있습니다. 그건 공무원 영어 문법 문제는 영어 문법 이론을 다 안다고 쉽게 풀 수 있는 것이 아니라는 것입니다. 문법 이론을 아는 것과 문제를 푸는 것은 엄연히 다른 문제라는 것을 알고 공부해야 합니다.

그리고 공무원 시험 문제는 맞는 답만 고르면 되는 것이 아닙니다. 답을 고르되 빠르고 정확하게 골라야 하는 시험이 공무원 시험입니다. 영어 문법 4문제를 모두 맞히기 위해서는 이 연습을 해야 합니다.

두 번째 단계

문법 포인트를 보는 눈 기르기

문법도 어휘와 마찬가지로 암기가 되어 있어야 합니다. 물론 이해가 먼저겠지만 이해했다면 암기를 해야 합니다.

예를 들어, 관계대명사가 무엇이고 어떻게 만드는지를 아는 것이 문법을 아는 것이라면 전치사+that, 콤마+that이 틀렸다는 것을 아는 것은 문법문제를 푸는 것입니다.

관계부사가 어떤 문법적인 의미가 있는 것을 아는 것은 문법을 아는 것이라면 관계부사 뒤에는 완전한 문장이 와야 하고 그렇지 않으면 틀렸다는 것을 발견하는 것은 문법문제를 푸는 것입니다.

이렇듯, 문법을 아는 것과 문법 문제를 잘 푸는 것은 다른 문제입니다.

그래서 그 암기 된 단어가 나오면 단어의 뜻이 생각나듯이 문법 문제를 딱 보면, 내가 살펴봐야 하는 단어들이 무엇인지 눈에 들어와야 하고 각각의 단어들이 가지고 있는 문법 포인트들이 바로바로 생각나야 합니다. 그래야 문제를 풀 수가 있습니다. 그것도 빠르게 풀 수 있습니다. 살펴봐야 하는 내용들이 기억나야 하는 것입니다.

문 5. 어법상 옳은 것은? [2020 국가직 9급 영어 가형 5번]

① The traffic of a big city is busier than those of a small city.
② I'll think of you when I'll be lying on the beach next week.
③ Raisins were once an expensive food, and only the wealth ate them.
④ The intensity of a color is related to how much gray the color contains.

예를 들어 2020년 국가직 9급 가형 영어 5번 문제 2번선지를 보면 'when' 용법이 잘못 사용되었습니다. 그런데 이 문제를 풀기 위해서는 'when'이라는 단어가 나오는 순간 다음의 내용이 머릿속에 떠올라야 합니다.

when
1) 시간 부사절로 쓰인 경우 현재시제인지 확인, 미래시제가 오면 틀림
2) when 으로 시작하는 의문문일시 시제 확인, 현재완료가 오면 틀림
3) 관계부사로 쓰인 경우 완전한 문장, 불완전한 문장이 오면 틀림

따라서 현재시제가 미래시제를 대신하지 않은 2번은 틀린 보기이다.

이런 일련의 과정이 각 문법 포인트마다 생각이 나야 하고 판단이 되어야 합니다. 따라서 결국, 문법도 결국엔 암기의 싸움입니다. 다 외워야 빠르게 정확히 풀 수 있습니다. 그런데 이제 처음부터는 절대 되지 않습니다. 그래서 저는 문법 포인트를 생각나게 하기 위해 다음과 같은 방법을 사용했습니다.

※ '이거냐 저거냐'를 생각해보기

문법 문제를 정확히 빨리 풀 수 있는 방법 중 하나는 막연하게 보기를 보기보다는 짝을 생각하며 보기를 보면 좋습니다. 예를 들어 이런 겁니다.

형용사냐 부사냐? much냐 many냐? 현재분사냐 과거분사냐?
동명사냐 to부정사냐? 수동이냐 능동이냐? 복수냐 단수냐?
thoes냐 that이냐?

이런 식으로 생각하면 문제 푸는 데 도움이 됩니다. 별거 아닌 것 같지만 막연하게 보기를 보는 것보다 반대의 개념을 생각하면 문제가 빠르게 풀리는 경우가 있습니다. 2020년 지방직 D형 영어 5번 문제를 한 번 보겠습니다.

문 5. 어법상 옳은 것은? [2020 지방직 9급 영어 D형 5번]

① Of the billions of stars in the galaxy, how much are able to hatch life?

② The Christmas party was really excited and I totally lost track of time.

③ I must leave right now because I am starting work at noon today.

④ They used to loving books much more when they were younger.

이 문제를 풀 때에 짝을 생각해 보면서 보기를 보면 1번은 much냐 many냐 2번은 수동이냐 능동이냐 이렇게 생각해 보는 겁니다. 아무런 생각 없이 문제를 보면 머리가 하얘질 수 있습니다. 하지만 주도적으로 내가 무언가를 생각하며 발견하며 보기를 보면 답을 찾을 수 있습니다. 참고로 4번과 같이 관용어 표현(used to~ing)이 나오면 그냥 주는 문제입니다. 물론 암기한 사람들에게 말입니다.

우리가 관용어가 보기로 나오는 것을 빨리 풀 수 있는 것처럼 문법 포인트를 암기하고 있다면 마치 관용어 문제를 풀 듯이 빠르게 문법의 문제를 모두 풀 수 있게 될 겁니다.

이렇게 핵심 포인트의 문법의 내용을 암기하지 않고 또 반대의 개념을 생각하며 문제를 풀지 않으면 문법의 모든 단어에 집중하게 되고 그렇게 되면 문제를 푸는 시간이 길어지고 정답을 맞히기도 어려워집니다. 문법 문제는 한 문제당 1분 이상이 걸리게 되면 안 됩니다. 한 보기의 모든 단어의 문법에 대해 다 물어보지 않습니다. 중요한 하나 혹은 두 개의 문법 포인트만 찾으면 보통 거기에서 해결됩니다.

세 번째 단계

좋은 문제로 문제 포인트 찾는 연습하기

문법 포인트를 알고 암기하는 시간을 가졌다면 다음 단계는 그 포인트를 빨리빨리 생각나게 하는 연습을 하는 것입니다. 이때 좋은 문제들로 할 필요가 있습니다. 여기서 말씀드리는 좋은 문제는 기출에 기반한 문제를 의미합니다. 문제를 풀면서 문법 포인트를 찾는 힘을 더 기르기 위해 노력했습니다.

이렇게 영어 문법은 ① 기본 문법에 대한 이해, ② 보기를 보는 눈(문법 포인트 찾기), ③ 문제를 빨리 정확히 풀 수 있는 숙달이 있어야 합니다.

영어 단어 공부법

영어 단어는 정말 꾸준히 외우는 방법 밖에 없는 것 같습니다. 그리고 많은 시간을 투자한 만큼 문제도 잘 풀게 되는 부분이 영어 어휘 파트인 거 같습니다.

당연히 외우면 외울수록 좋은 것이 영어 단어겠지만 올바른 방향으로 외운다면 더 효과적으로 공부할 수 있습니다. 이번 챕터에서는 도움을 드리고자 이와 관련하여 효과적인 암기 방법을 나눠보겠습니다.

1. 단어를 외울 때에 모든 것을 포괄하는 대표뜻을 먼저 외우는 것이 중요합니다.

우리말과 같이 영어도 한뜻 인에 여러 뜻을 포함하고 있는 경우가 있습니다. 하지만 단어의 여러 의미를 모두 암기할 필요는 없습니다. 그 단어가 가지고 있는 대표적인 뜻 1~2개 정도만 외우고 있으면 됩니다. 먼저 대표적인 의미를 외우고 추후에 추가적으로 외우는 식으로 단어를 암기해야지 처음부터 그 모든 뜻을 암기할 필요는 없습니다.

2. 비슷한 뜻을 가진 단어들은 미묘한 뜻의 차이를 두고 외우기보다는 넓은 의미의 하나의 뜻으로 외우는 것이 중요합니다.

완화시키다			
alleviate	완화시키다, 경감하다	quell	(반란, 소요 등을) 진압하다
appease	달래다, 요구를 들어주다	mitigate	완화시키다
assuage	(감정을) 누그러뜨리다, 진정시키다	mollify	달래다
allay	(감정을) 가라앉히다	placate	달래다
relieve	(고통을) 없애주다, 안도하게 하다	pacify	평화를 가져오다
soothe	달래다	palliate	증상만 완화시키다
defuse	(긴장·위험 등을) 진정[완화]시키다		

난공불락의	
invincible	천하무적의 아무도 꺾을 수 없는
impregnable	난공불락의 무적의 확고한
insuperable	대처할 수 없는
insurmountable	대처[극복]할 수 없는
unassailable	난공불락의
unconquerable	정복할 수 없는, 무적의

공무원 영어 시험은 한국 사람이 출제하기 때문에 정말 디테일한 뉘앙스까지 묻는 문제가 출제되지 않습니다. 큰 의미로 볼 때 통하면 되는 문제가 많이 출제되고 있습니다. 따라서 그 의미를 커다랗게 포괄하는 대표적인 뜻으로 암기하면 효과적으로 암기할 수 있습니다.

3. 단어를 그룹화 시켜서 나올 때마다 그 그룹화된 단어를 함께 외웠습니다.

어휘 문제를 풀다 보면 동일한 어휘가 자주 반복된다는 것을 알 수 있습니다. 즉, 중요한 단어는 계속 반복되는 경향이 있다는 것입니다. 그래서 2번에서 말씀드렸듯이 큰 의미에서 통하는 단어들을 함께 그룹화 시켜 놓고 그 단어가 나올 때마다 손으로 쓰기도 하고 입으로 말하면서 반복하여 외웠습니다. 그리고 생각이 나지 않으면 다시 확인하면서 단어를 외웠습니다.

이렇게 함께 외웠을 때 좋은 점은 어휘 문제가 비슷한 뜻을 가진 단어를 찾으라는 문제가 자주 출제되는데 그때 문제와 보기에 함께 나올 가능성이 있습니다. 그때 함께 외운 단어는 좀 더 쉽게 단어를 찾을 수가 있습니다.

아래 문제와 같이 의미가 가까운 단어를 고르는 문제가 많이 출제가 되는 데 alleviate와 relieve를 그룹화 시켜서 외웠으면 문제를 푸는 데 1

초도 걸리지 않습니다.

문2. 밑줄 친 부분의 의미와 가장 가까운 것을 고르시오. [2020 지방직 9급 영어 B형 2번]

> Strategies that a writer adopts during the writing process may alleviate the difficulty of attentional overload.

① complement

③ calculate

② accelerate

④ relieve

5개월 영어 어휘 학습 스케줄

영어 어휘는 그냥 단순히 암기하는 것이기 때문에 많은 시간과 노력을 기한다면 그 노력에 비례하여 결과를 얻을 수 있습니다. 그렇기 때문에 기본적으로 나오는 어휘 4문제 중 최소 3문제 이상은 맞혀야 합니다. 그리고 그 한 문제도 틀리라고 낸 문제 말고는 맞혀야 합니다. 즉, 남이 맞는 문제는 다 맞혀야 한다는 것입니다. 가능하면 다 맞힌다는 생각을 가지고 공부를 해야 합니다.

공무원 영어 어휘는 제가 볼 때 크게 두 가지로 구분할 수 있습니다.

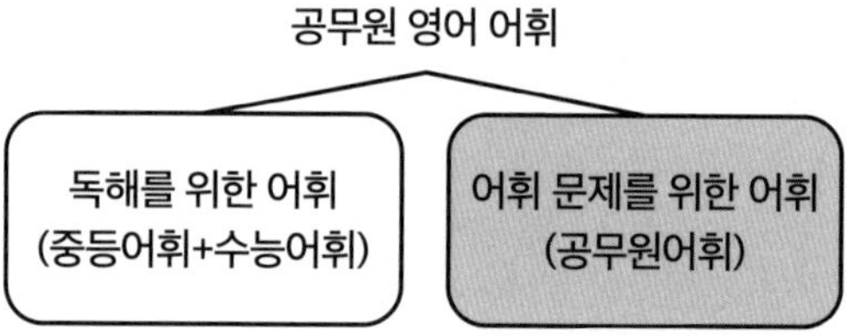

하나는 독해를 위한 단어이고 그리고 다른 하나는 어휘 문제를 위한 단어입니다. 이 두 개의 영역을 위한 단어 암기는 두 가지 방식으로 구분되어 준비해야 합니다. 결론적으로 독해 단어는 중등단어와 수능단어로 대비를 해야 하고 어휘 단어는 공무원 어휘집에 나오는 공무원 어휘를 통해 대비해야 합니다.

따라서 기본적으로 영어에 베이스가 있으신 분들은 독해와 관련된 단어는 크게 어렵지 않을 수 있습니다. 하지만 베이스가 있으신 분들도 공무원 어휘는 따로 준비해야 하는 것은 분명합니다.

저는 영어 어휘 문제 총 5문제 중 4문제를 맞혔습니다. 어휘가 어렵게 나온 편이 아니어서 하나 틀린 이유도 있긴 하겠지만 저는 최소한의 대비로 큰 성과를 얻었다고 생각합니다. 이번 시간은 제가 어휘를 암기한 스케줄에 대해 간략하게 말씀드리겠습니다. 도움이 되길 바랍니다.

공무원 영어 어휘 공부의 방향

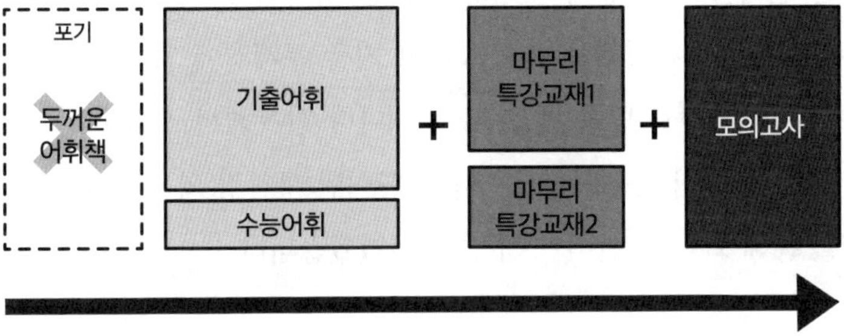

1개월 차(두꺼운 어휘책)

저는 수험생들이 가장 많이 보는 어휘책으로 어휘공부를 시작했습니다. 이 어휘책은 아주 두꺼운 책이었습니다. 하루에 3day씩(약 100개 정도) 외웠습니다. 하지만 저는 day59에서 시간 부족으로 두꺼운 어휘책을 포기했습니다. 도저히 여러 번 회독할 스케줄이 나오지 않았기 때문입니다. 그래서 저는 중요한 단어를 먼저 외우는 방향을 선택했습니다(포기시리즈 두꺼운 어휘집 참조)

2~4개월 차(기출어휘+수능어휘)

본격적으로 기출어휘를 암기하기 시작했습니다. 어휘는 반복해서 다시 출제되는 경향이 많이 있기 때문에 기출어휘를 암기하는 것은 매우 도움이 됩니다. 특별히 기출 된 단어의 동의어, 유사어, 반의어 등을 함께 외운다면 어휘 시험을 대비하실 수 있습니다. 특별히 정답뿐만 아니라 오답도 다음에는 정답으로 출제될 수 있으니 가능하면 모든 선지에 있는 단어를 외울 필요가 있습니다. 기출 어휘를 계속 공부하다 보면 공무원 시험이 좋아하는 오답과 정답이 있음을 알게 됩니다.

기출강의를 많이 듣지 않았지만 영어 어휘 기출강의는 들었습니다. 처음에는 단어는 그냥 혼자 외우면 된다는 생각이 있었는데 강의를 듣고 외우니 더 잘 외워졌었습니다. 그리고 기출 문제집에 없는 단어들도 적어주셨는데 그것을 받아 적고 나올 때마다 반복해서 정리를 하니 외워지지 않았던 단어들도 외워졌습니다. 단어만 무작정 외우는 것보다 기출 문제를 통해 외울 때 단어가 더 잘 외워졌었습니다.

이렇게 어휘 문제를 대비함과 동시에 독해 문제를 풀기 위해 수능 어휘를 함께 외웠습니다. 공무원 독해 문제를 풀기 위해서는 당연히 어휘를 많이 알아야 하는데 제 느낌상 70% 정도는 수능 어휘로 커버가 되는 거 같았습니다. 물론 그 이상으로 고난도 어휘가 나오지만 공무원 독해 문제를 풀 때에 70% 정도의 해석을 할 수 있다면 충분히 문제를 풀 수 있다고 생각합니다. 수능어휘를 외우고 독해 문제를 풀었을 때 확실히 많은 도움이 되었었습니다. 이렇게 저는 2~4개월 차에 기출어휘 암기와 함께 수능어휘를 함께 암기하였습니다.

5개월 차(마무리 특강+모의고사)

시험을 한 달 정도 남기고는 마무리 특강을 들었습니다. 교재만 사서 외운 것이 아니라 기출강의와 마찬가지로 강의를 들었습니다. 기출강의를 듣고 마무리 특강을 들었는데 다시 한번 중요한 단어들을 반복하여 암기할 수 있었습니다. 기출강의에서 나오는 단어들 중에서 더 중요한 내용을 선별한 것이 기적의 특강이었습니다.

그리고 저는 모의고사에 나오는 단어들도 빠짐없이 다 외웠습니다. 저는 영어 모의고사를 최대한 많이 풀었습니다. 60세트 정도 풀었는데 그 안에 있는 어휘문제의 단어들은 모두 암기하였습니다. 두꺼운 어휘집을 보지 못했기 때문에 이렇게 만나는 단어들이라도 외우기 위해 노력했었습니다. 선생님들도 자신의 모의고사 나온 단어가 실제 시험에 나온다면 대박이기 때문에 신중히 중요한 단어들 중심으로 문제를 출제할 거라 생각했습니다. 그래서 저는 '똑같이 나왔는데 나만 틀리면 안 된다'라는 마음으로 정말 다 외웠습니다.

이렇게 저는 5개월 동안 중요한 단어 중심으로 단어를 암기했습니다. 저는 시간이 없었기 때문에 최대한 효율적으로 공부하기 위해 노력했습니다. 중요한 단어를 먼저 외우고 어휘력을 점차 확장하는 방식으로 어휘 대비를 하였습니다.

생활영어 공부법

생활영어는 2문제가 출제 됩니다. 문제의 유형은 크게 두 가지입니다.

첫 번째 유형

박스 안에 상황에 따른 대화가 지문으로 주어지고 대화 중간에 빈칸이 들어가 있고 그에 알맞은 대사를 선택하는 문제

[2020 지방직]

문 11. 밑줄 친 부분에 들어갈 말로 가장 적절한 것은?

A: Oh, another one! So many junk emails!
B: I know. I receive more than ten junk emails a day.
A: Can we stop them from coming in?
B: I don't think it's possible to block them completely.
A: ______________________?
B: Well, you can set up a filter on the settings.
A: A filter?
B: Yeah. The filter can weed out some of the spam emails.

① Do you write emails often
② Isn't there anything we can do
③ How did you make this great filter
④ Can you help me set up an email account

[2020 국가직]

문 12. 밑줄 친 부분에 들어갈 말로 가장 적절한 것은?

A: Thank you for calling the Royal Point Hotel Reservations Department. My name is Sam. How may I help you?
B: Hello, I'd like to book a room.
A: We offer two types: the deluxe room and the luxury suite.
B: ______________________?
A: For one, the suite is very large. In addition to a bedroom, it has a kitchen, living room and dinning room.
B: It sounds expensive.
A: Well, it's $200 more per night.
B: In that case, I'll go with the deluxe room.

① Do you need anything else
② May I have the room number
③ What's the difference between them
④ Are pets allowed in the rooms

두 번째 유형

질문과 답으로 이루어진 4개의 대화 중 자연스러운 대화 혹은 어색한 대화를 선택하는 문제

[2020 지방직]

문 13. 두 사람의 대화 중 가장 자연스러운 것은?

① A: Do you know what time it is?
B: Sorry, I'm busy these days.
② A: Hey, where are you headed?
B: We are off to the grocery store.
③ A: Can you give me a hand with this?
B: OK. I'll clap for you.
④ A: Has anybody seen my purse?
B: Long time no see.

[2020 국가직]

문 11. 두 사람의 대화 중 가장 어색한 것은?

① A: When is the payment due?
B: You have to pay by next week.
② A: Should I check this baggage in?
B: No, it's small enough to take on the plane.
③ A: When and where shall we meet?
B: I'll pick you up at your office at 8:30.
④ A: I won the prize in a cooking contest.
B: I couldn't have done it without you.

생활영어 문제를 풀기 위해서는 **첫 번째 유형(박스형 문제)**인 경우에는 그 대화의 상황이 어떤 상황인지를 빨리 파악하고 빈칸의 앞뒤 대화에 집중하여 적절한 말을 고르는 것이 중요합니다. 보통 오답으로는 박스 안에 있는 단어를 사용하여 상황과 상관없는 말을 하는 대사가 오답이 됩니다. 이를 주의해서 문제를 풀어야 합니다. 그리고 **두 번째 유형(A-B형 문제)**도 질문에 포함된 단어를 이용한 매력적인 오답이 많이 등장하기 때문에 이를 조심해야 합니다. 질문의 의문사에 집중하여 명확한 답을 하고 있는지 확인해야 합니다.

공무원 생활영어 박스형 문제 <풀이 예시>

[2020 지방직]

문 11. 밑줄 친 부분에 들어갈 말로 가장 적절한 것은?

A:Oh, another one! So many junk emails!
B:I know. I receive more than ten junk emails a day.
A:Can we stop them from coming in?
B:I don't think it's possible to block them completely.
A:____________________?
B:Well, you can set up a filter on the settings.
A:A filter?
B:Yeah. The filter can weed out some of the spam emails.

① Do you write emails often
✔ Isn't there anything we can do
③ How did you make this great filter
④ Can you help me set up an email account

공무원 생활영어 박스형 문제 〈풀이 예시〉

[2020 국가직]

문 12. 밑줄 친 부분에 들어갈 말로 가장 적절한 것은?

A:Thank you for calling the Royal Point Hotel Reservations Department. My name is Sam. How may I help you? — 상황 파악하기

B:Hello, I'd like to book a room. — 보기 함정 조심하기

A:We offer two types:the deluxe room and the luxury suite.

B:____________________?

A:For one, the suite is very large. In addition to a bedroom, it has a kitchen, living room and dinning room. — 빈칸 앞뒤 대화에 집중

B:It sounds expensive.

A:Well, it's $200 more per night.

B:In that case, I'll go with the deluxe room.

① Do you need anything else

② May I have the room number

✔ What's the difference between them

④ Are pets allowed in the rooms

공무원 생활영어 A-B형 문제 〈풀이 예시〉

[2020 지방직]

문 13. 두 사람의 대화 중 가장 자연스러운 것은?

① A:Do you know what time it is?
B:Sorry, I'm busy these days.

✔ A:Hey, where are you headed?
B:We are off to the grocery store.

— 의문사 집중하기

③ A:Can you give me a hand with this? — 관용어 표현 조심하기
B:OK. I'll clap for you.

④ A:Has anybody seen my purse?
B:Long time no see.

— 보기 함정 조심하기

[2020 국가직]

문 11. 두 사람의 대화 중 가장 어색한 것은?

① A:When is the payment due?
B:You have to pay by next week.

② A:Should I check this baggage in?
B:No, it's small enough to take on the plane.

③ A:When and where shall we meet?
B:I'll pick you up at your office at 8:30.

— 의문사 집중하기

✔ A:I won the prize in a cooking contest.
B:I couldn't have done it without you.

— 상황 파악하기

박스형 문제	A-B형 문제
① 상황 파악하기 ② 빈칸 앞뒤 대화에 집중하기 ③ 보기 함정 조심하기 ④ 관용어 표현 조심하기	① 상황 파악하기 ② 의문사에 집중하기 ③ 보기 함정 조심하기 ④ 관용어 표현 조심하기

생활영어는 결국 질문을 정확하게 해석하고 그 질문에 대한 정확한 답변을 찾는 문제인데 답변이 관용어가 많이 등장합니다. 즉, 겉으로 표현된 의미가 아닌 전혀 새로운 의미를 가지고 있는 관용어를 미리 많이 외워둬야 풀 수 있습니다.

하지만 다행인 건 많은 경우에 관용어가 반복되어 출제되고 있고 생활영어 기출문제와 함께 중요한 표현들을 암기하고 문제 안에 있는 함정만 필할 수 있으면 충분히 대비가 되는 파트입니다. 물론 저도 처음에 풀 때는 많이 틀렸던 파트입니다. 하지만 그건 당연한 상황입니다. 틀리면서 하나씩 둘씩 관용어를 외우면서 공부한다면 생활영어 2문제는 꼭 맞힐 수 있고 꼭 맞혀야 하는 문제입니다.

영어 독해 공부법

영어 독해는 영어 시험에서 평균 10문제 정도 출제되고 있습니다. 지문의 길이가 길어지고 지문의 내용도 추상적인 내용이 나오면서 어려워지고 있습니다. 예전에는 영어의 변별력이 문법 문제에 있었는데 요즘은 문법은 중요한 문법 포인트 위주로 출제가 되고 독해에서 변별력을 보이고 있습니다. 그렇기 때문에 영어독해는 잘 준비하고 열심히 공부해야 하는 파트입니다.

먼저 영어 독해를 잘하기 위해서는 기본적으로 어휘와 구문 정리가 되어 있어야 합니다. 저 역시 처음 영어 기출문제를 풀어보고 많이 부족함을 느껴 다시 어휘와 구문부터 천천히 시작하였습니다. 영어 독해는 아무래도 언어이고 단순 암기로 커버할 수 없는 영역이기 때문에 학습 계획을 길게 잡아야 합니다. 단어를 알고 구문을 볼 수 있어야 해석이 가능하게 됩니다. 그리고 영어 독해 스킬은 해석이 된다는 전제하에 의미가 있습니다. 따라서 어휘와 구문 공부를 우선적으로 필수적으로 해야 합니다. 이것이 없는 독해 스킬이나 문제 풀이 연습은 무의미합니다. 아무런 준비가 되지 않은 상황에서의 많은 문제를 푸는 것은 시간 낭비가 될 가능성이 높습니다. 독해 지문이 어느 정도 해석이 된다면 독해 방법에 대한 공부와 함께 꾸준한 문제 풀이가 필요합니다. 독해 스킬을 연마할 때도 먼저는 유형별로 구성되어 있는 문제집을 공부하신 뒤 실전 문제집으로 연습을 해야 합니다.

공무원 영어 독해 공부의 방향

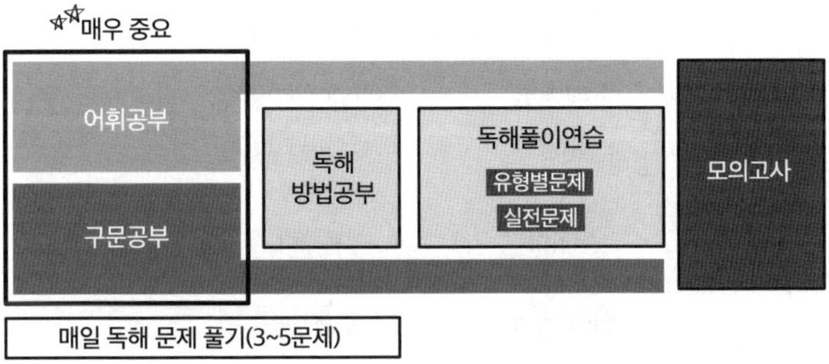

저는 독해를 위한 어휘와 구문 공부를 하면서는 매일 하루도 빠짐없이 영어 독해 문제 3문제의 문제를 풀었고 독해 강의를 들은 이후에는 더 많은 수의 문제를 꾸준히 연습하기 위해 노력하고 또 노력했습니다.

영어 독해 커리큘럼

기본강의 → 구문 강의 → 독해 강의 → 모의고사

저는 모든 커리큘럼의 강의를 다 들었습니다.

독해란 무엇인가?

우리는 영어 독해 공부를 할 때에 독해가 무엇인지를 알고 공부해야 합니다.

독해의 사전적 의미
: 글을 읽어서 뜻을 이해하는 것이다. 단어와 문장이 의미하는 것을 이해하는 것뿐만 아니라 **독해 자료의 각 부분들이 유기적인 관계 속에서 서로 결합하여 만든 의미를 이해하는 것도 포함한다.**

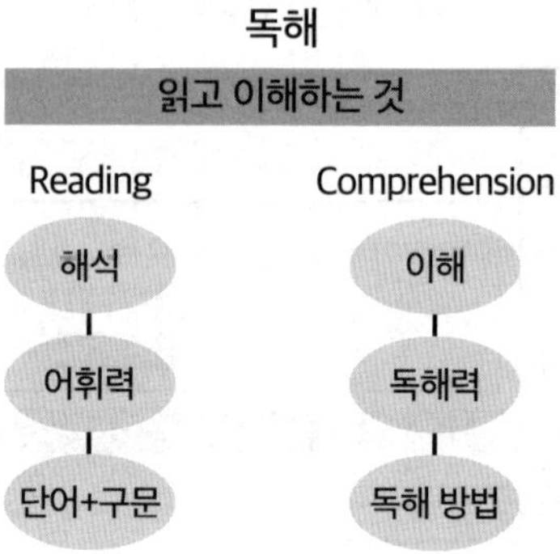

즉, 독해(reading comprehension)라는 단어는 읽고 이해한다는 것입니다. 그냥 읽는 데에서 끝나는 것이 아니라 이해까지 해야 한다는 것입니다. 따라서 영어 독해에서 필요한 능력은 해석 능력과 함께 글 자체에 관한 독해 능력이 필요합니다. 그 글의 주제나 논리 관계까지를 파악해야 독해를 했다고 하는 것입니다. 단순히 해석만 했다고 끝나는 게 아닙니다.

영어 독해 지문도 결국엔 해석을 해 놓으면 국어 비문학 독해 지문과 동일한 지문입니다. 하지만 우리는 우리말로 된 국어 비문학 독해 문제도 어려워합니다. 마찬가지로 해석을 했다고 영어 독해 문제를 다 푼 것이 아닙니다. 따라서 우리는 영어 문장을 우리말 문장으로 번역하는 데에 그치는 것이 아니라 그 번역된 한 편의 글을 독해하는 단계까지 가야 문제를 풀 수가 있습니다.

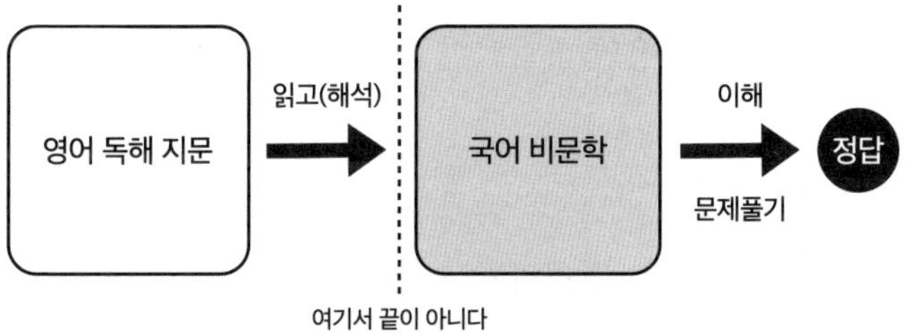

'막 독해'라는 말이 있습니다. 이 '막 독해'는 말 그대로 그냥 독해를 막 한다는 것입니다. 내가 알고 있는 단어 뜻을 가지고 내가 지금 보고 있는 단어와 문장을 보이는 대로 계속 해석만 쭉쭉 하는 것이 '막 독해'입니다. 이렇게 독해를 해서는 문제를 풀 수가 없습니다.

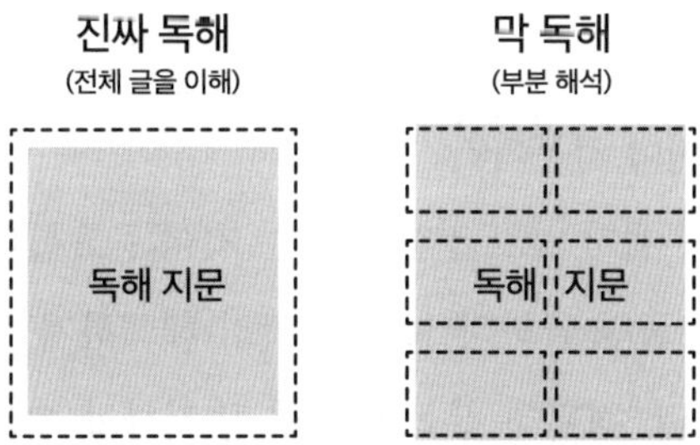

영어 독해 문제의 난도

영어 독해 문제가 어렵다는 건 두 가지의 이유 때문입니다. 하나는 해석 자체가 어려운 것이고 다른 하나는 해석은 되는 데 해석된 내용이 어려운 경우입니다. 보통 지문의 내용이 추상적인 내용일 때가 이해하기 어렵습니다. 전자를 극복하기 위해서는 어휘와 구문분석력이 있어야 하고 후자를 극복하기 위해서는 독해력이 있어야 합니다. 그리고 보통 추상적인 내용일 경우에는 일관된 내용이 패러프레이징(Paraphrasing)*되

* 다른 말로 바꾸어 표현하기

어 반복되는 경우가 있기 때문에 전체적인 내용을 모두 해석하지 못하더라도 전체적인 주요 내용만 파악하면 풀 수 있는 경우가 있습니다.

해석이 안 되는 이유

해석이 안 되는 경우는 당연하게도 단어를 모르거나 문장의 구조가 눈에 안 들어오기 때문입니다. 이럴 경우에는 어휘와 구문 공부를 먼저 하고 독해 문제를 풀 필요가 있습니다. 무작정 많은 문제를 푼다고 해석이 잘되지 않습니다. 영어도 언어이기 때문에 일정 수준의 기본 단계를 잘 거쳐야지만 제대로 된 해석을 할 수 있습니다. 그리고 이 해석이 독해의 전부가 아닙니다. 하지만, 독해를 하기 위해서는 해석부터 빨리 가능하게 만들어야 합니다.

시간을 재고 풀어야 하는가?

처음에는 시간을 재지 않고 정확히 푸는 것이 중요합니다. 부족한 실력으로 시간을 재고 풀면 급하다 보니 정확히 해석하지 못하고 결국 대충 감으로 풀게 됩니다. 정확히 푸는 연습을 먼저하고 속도를 높여야지 속도를 먼저 높이는 방향으로 공부하면 안 됩니다.

독해 공부 7가지 포인트

1. 선 이해를 내려놓고 독해하기

영어 독해 시험은 지금 내 눈 앞에 있는 영어 지문을 잘 이해하는 지를 보기 위한 시험입니다. 따라서 나의 사전 지식과 선 이해로 지문을 읽기보다는 지문 자체에 집중하며 읽어야 합니다. '앞으로 글의 전개가 이렇게 될 것이다'라고 생각하면서 읽는 것은 위험한 독해법입니다. 물론, 선 이해가 있는 소재가 나온다면 글을 해석하는 데에 유리한 건 분명합니다. 하지만 이럴수록 더욱 조심히 봐야 합니다. 나의 선 이해가 정답을 찾는데 방해가 될 수 있기 때문입니다.

2. 영어 지문에는 논리가 있음을 기억하기

영어 독해 문제의 지문은 한 편의 온전한 글을 가져와서 문제로 만든 지문입니다. 따라서 그 지문은 말하려고 하는 주제가 있고 그 주제를 주장하기 위해 여러 글의 기법들을 사용한 결과로 탄생된 지문입니다. 따라서 우리가 글을 읽을 때에 연결어에 집중하여 읽는다면 모든 문장을 해석하지 못하더라도 그 글의 내용을 이해할 수 있게 되고 그 이해를 바탕으로 문제를 풀 수 있을 겁니다. 그리고 공무원 독해문제에서 만나는 문제들은 그 논리 구조가 명확한 편입니다. 그래서 답에 대한 명확한 근거가 항상 있습니다. 그 근거가 없다면 논란이 될 수 있기 때문입니다. 그래서 누구도 부정할 수 없는 명확한 근거 문장이 있습니다. 그것을 찾는 것이 독해입니다. 그리고 찾는 문장에는 늘 밑줄을 긋고 그 문장을 중심으로 글을 읽어야 합니다. 따라서 '지금 내가 읽는 글이 완벽한 논리 구조를 가지고 있는 한 편의 글이다'라는 생각을 가지고 논리 관계(역접, 예시, 대조 등)를 찾으며 독해를 한다면 도움이 될 겁니다.

3. 첫 1~2문장에 집중하기

공무원 영어 독해에서 가장 중요한 부분은 첫 문장입니다. 우리는 첫 1~2문장에 우리의 모든 집중력을 쏟아야 하고 그 문장에서 글의 토픽(소재)과 글의 방향을 판단해야 합니다. 그리고 그 토픽(소재)을 글의 마지막 문장을 읽고 문제를 풀 때까지 계속 기억하면서 풀어야 합니다. 보통 글의 앞부분에서 소재를 잡지 못해서 글의 전제 주제와 내용을 파악하지 못하는 경우가 있습니다. 하지만, 혹시 앞의 문장이 너무 추상적이고 어려운 내용이라 해석이 잘 되지 않는 경우에는 바로 다음 문장에서 보통 예시를 들어 어렵고 추상적인 내용을 설명하는 경우도 있습니다. 중요한 건 글의 앞부분에서 토픽(소재)을 찾아 토픽(소재)중심의 독해를 해야 길을 잃지 않고 해석할 수 있습니다. 토픽(소재)에 꼭 표시를 하고 독해를 한다면 도움이 될 겁니다.

4. 글을 넓은 시야로 보기

영어 독해문제를 풀 때 우리는 문장 문장에만 집중하는 경향이 있습니다. 글을 전체적으로 볼 여유가 없기 때문입니다. 영어 독해력이 부족하고 시간도 부족하기 때문에 내가 지금 보고 있는 글을 보는 것이 아니라, 문장을 보게 되고 단어만 보게 되는 경우가 많습니다. 구문 분석력이 있어 문장을 잘 해석할 수 있어도 각 각의 문장에만 집중하게 되는 경우가 있습니다. 그렇게 된다면 파편화된 문장들은 해석을 하지만 전체적인 글을 이해하지 못할 수도 있습니다. 따라서 우리는 문장을 해석할 때에 이 문장이 글의 토픽(소재)과는 어떤 관계이고 앞문장, 뒷문장과는 어떤 관계인지를 늘 생각하면서 해석해야합니다. 이러게 해석한다면 문제의 유형이 주제 추론이든, 빈칸 추론이든, 연결사 문제이든, 문제를 어렵지 않게 풀 수 있을 겁니다.

5. 문장을 단순화시키기

토픽(소재)중심의 독해, 논리 구조를 잘 생각하며 하는 독해 등 독해를 잘 할 수 있는 방법이 많이 있겠지만, 기본적으로 가장 우선시 되어야 하는 것은 문장을 해석하는 것입니다. 독해는 문장을 해석하는 것부터 시작됩니다. 문장을 제대로 해석하지도 못한다면 독해 방법은 무의미할 것입니다.

그래서 계속 강조하지만, 어휘 공부와 구문 공부가 먼저 되어있어야 좋은 독해 점수를 기대할 수 있습니다. 우리가 독해를 잘 하지 못하는 이유는 두 가지인데, 하나는 어휘를 몰라서이고 다른 하나는 문장이 길기 때문입니다. 문장이 길면 문장 구조를 파악하기 어렵기 때문에 허둥지둥하며 독해를 하게 됩니다. 그러면 단어를 나열하는 식으로 해석하게 되어 정확한 해석을 하기가 어렵습니다. 문장이 길 때에는 다음과 같은 방법을 사용하면 독해를 하는 데에 도움이 됩니다. 바로, **문장을 단순화 시키는 것**입니다.

우리에게 가장 익숙한 문장의 형식은 3형식입니다. 3형식은 주어+동사+목적어로, 영어 독해 지문에서 가장 많이 등장하는 문장 구조입니다. 문장을 해석할 때에 3형식의 구성 성분인 주어, 동사, 목적어를 먼저 찾아야 합니다. 그 밖의 수식어구는 다 날리고 일단 이 중요한 세 성분을 찾을 필요가 있습니다. 저는 동사를 먼저 찾고 그 앞에 있는 주어, 그 뒤에 있는 목적어를 찾았습니다. 그렇게 중요한 부분만 해석을 해도 충분히 내용을 파악할 수 있습니다.

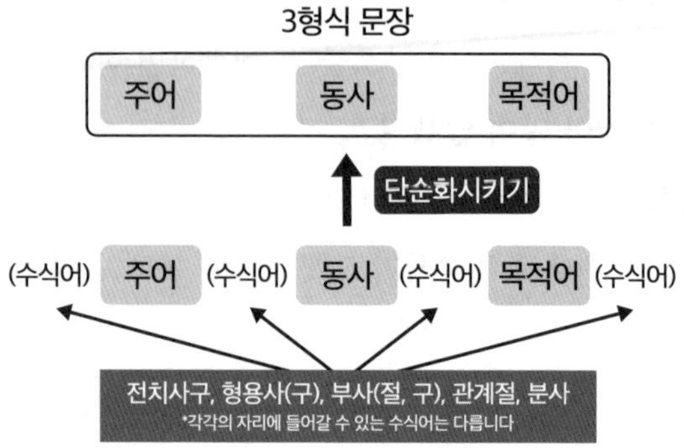

보통 이 3형식의 큰 구조 안에서 여러 수식어구들이 붙어질 때 문장이 길어집니다. 그리고 수식어들의 위치들은 주어 앞에 올 수도 있고 주어와 동사 사이에 올 수도 있고 완전한 문장 뒤에도 올 수가 있습니다. 수식어구는 전치사구, 형용사(구), 부사(절, 구), 관계절, 분사의 형태로 오게 됩니다. 이러한 수식어구를 제거하면 문장은 간단해지고 해석하는 데에도 도움이 됩니다. 결국 이러한 문장 성분들을 판단하고 제거하기 위해서는 문법 정리와 구문 정리가 필요합니다.

6. 독해 공부 시간에는 독해 공부만 해라

독해 공부를 할 때에 우리의 모습을 생각해보면 좋겠습니다.

① 일정량의 독해 문제집의 문제 풀기

② 채점을 하고 틀린 문제를 분석하기

여기서 분석이라 함은, 틀린 문제를 해석하고, 구문을 분석하고, 모르는 단어를 암기 하는 것을 의미합니다. 하지만, 독해 문제를 풀면서 공부할 때 가장 중요한 건 어려운 구문을 분석하여 해석하는 것도 아니고, 독해를 하면서 몰랐던 단어를 외우는 것도 아닙니다. 물론 이런 과정도 중요하지만, 사실 이런 공부는 이미 되어 있어야 합니다. 독해 분석을 할 때 그런 공부가 주가 되어서는 안 됩니다. 독해 문제를 풀고 틀린 문제를 공부 할 때에 가장 중요한건, 문제의 답이 왜 그 답이어야 하는 지를 생각하는 것입니다. 정확한 소재와 주제 문장을 찾는 것이 독해 공부의 핵심입니다. 답에 대한 근거를 찾는 것이 독해 공부에서 가장 중요하다고 생각합니다.

하지만 구문 문석과 어휘 암기로 많은 시간을 보내곤 합니다. 그것보다 우리는 독해력을 기를 수 있는 공부를 독해 공부시간에 해야 할 것입니다. 독해 공부 시간은 전체적인 글의 내용을 파악하는 훈련을 하는 시간입니다. 다시 한 번 강조하지만 어휘 공부와 구문 공부는 독해 공부하기 전에 마무리가 되었어야 한다.

7. 독해 지문을 완벽하게 해석할 필요는 없다. 우리의 목표는 문제를 푸는 것이다

당연히 글의 모든 부분을 완벽하게 해석한다면 문제를 푸는 데에 어려움이 없을 것입니다. 하지만 꼭 모든 부분을 다 해석하지 않아도 문제를 풀 수 있습니다. 독해를 할 때에 한 문장에 너무 많은 시간을 사용하게 되면 시간에 쫓겨 한 문제를 못 풀게 되는 일이 발생할 수 있습니다. 한 문장에 너무 큰 힘을 쓰지 말고 전체 글을 읽을 생각으로 문제를 풀어야 합니다.

독해 유형별 문제풀이 팁

공무원 영어 독해 문제를 보면 다양한 유형으로 출제되고 있는 걸 알 수 있습니다. 그리고 독해 문제집마다 유형에 따라 지문에 접근하는 방법을 잘 제시해 주고 있습니다. 그런 내용들을 참고하시면 독해를 할 때에 많은 도움을 받으실 수 있으십니다. 그중에서 제가 독해를 할 때에 도움이 되었던 내용 몇 가지를 정리했습니다. 하지만 중요한 건 이러한 방법대로 계속 생각하면서 연습을 하여 독해 문제를 풀 때에 이 방법대로 자연스럽게 접근할 수 있어야 합니다. 아래의 내용들은 절대 특별한 내용들이 아니고 거의 모든 문제집에서 만날 수 있는데 내용들인데 독해를 어렵게 생각하는 이유는 이런 내용들을 알고 있지만 정작 독해를 할 때에 아무런 생각을 하지 않고 문장 해석에만 집중하기 때문입니다. 처음에는 시간이 걸리겠지만 최대한 독해 방법을 기억하며 독해 연습을 하신다면 실력 향상을 기대할 수 있을 겁니다. 저는 영어 독해 문제를 크게 세 가지로 나눠 볼 수 있다고 생각합니다. 하나는 주제와 관련된 문제이고 다른 하나는 글의 논리와 관련된 문제입니다. 그리고 마지막은 그 밖의 문제(일치, 불일치 문제)입니다.

공무원 영어 독해 문제 유형

주제 관련 문제	글의 논리 관련 문제	그 밖의 문제
주제 찾기	문장 삽입	일치·불일치 문제
제목 찾기	어색한 문장 삭제	
주장 찾기	순서 배열	
요지 찾기	연결사 추론	

문제 확장 →

이번 챕터에서는 많은 독해 팁 중에서 몇 가지만 소개 해드릴 예정입니다. 이 보다 더 많은 내용들이 있겠지만 그 내용들은 지금 보고 계시는 책들을 확인해주시고 저는 실제로 시험을 본 입장에서 많은 도움이 되었던 내용들 위주로 안내해드리겠습니다.

1. 주제를 묻는 문제(주제·제목·주장·요지·찾기 문제)

이 문제 유형은 많은 분들께서 어렵지 않게 여기는 유형입니다. 어렵지 않은 이유는 토픽(소재)과 주제문만 찾으면 어렵지 않게 답을 고를 수 있기 때문입니다. 하지만 문제는 보기에서 질문에 대한 정확한 정답을 골라야 한다는 점입니다. 또한 어렵지 않기 때문에 빠르게 풀어 다른 유형을 푸는 시간을 벌어야 합니다.

토픽(소재)과 주제문에는 꼭 밑줄 등으로 표시를 해야 합니다. 그렇지 않으면 주제가 앞부분에 있을시 잊은 채로 독해를 할 수 있기 때문입니다.

강조표현이 있으면 주제문일 가능성이 높습니다. 따라서 명령형, 의무의 조동사(should, must 등) 중요한의 의미를 가지고 있는 형용사들(important, necessary, essential 등), 결론을 말하는 표현들(above all, thus, in conclusion 등)을 집중해서 봐야 합니다.

◎ 보기 볼 때 주의해야 할 점

첫째, 주제문은 너무 포괄적이거나 지엽적인 내용은 답이 아닐 확률이 높습니다.

너무 넓은 내용을 말하고 있다면 독해를 잘 하지 못해도 문제를 풀 수 있을 수 있고 너무 좁은 내용을 말하고 있다면 문제 지문에서 전체 글을 이해하지 못하고 부분적인 내용만 해석해도 문제를 풀 수 있게 되기 때문입니다. 따라서 출제자는 포괄적인 지문과 지엽적인 지문을 보기에 포함시켜 매력적인 오답으로 만들 수 있습니다.

둘째, 너무 보편적인 내용일 경우에도 조심해야 합니다.

그 내용에 내가 동의할지라도 지금 내가 푸는 문제는 영어 독해 문제임을 기억하고 지문에서 근거를 찾고 지문에서 주장하고 있는 내용을 파악해야 합니다. 보기의 내용이 내가 동의하는 내용이 있다고 답을 바로 체크해서는 안 됩니다.

혹시, 주제문이 한 문장으로 표현되지 않을 경우에는 전체적인 글의 흐름에서 그 주제를 찾아야 합니다. 그리고 역접의 접속사에 늘 집중하여 중간에 글의 흐름이 바뀌는 지 살펴야 합니다

이 주제를 찾는 문제는 이 문제 자체를 위해서만 중요한 문제가 아닙니다. 결국 영어 독해는 토픽(소재)과 주제문을 찾는 것이 문제인데 그것을 연습할 수 있는 문제가 주제 찾는 유형의 문제입니다. 따라서 이 주제 찾는 문제로부터 다른 유형의 문제들이 파생된다고 생각합니다. 주제를 찾는 문제는 주제만 찾으면 되기 때문에 문제를 푸는 시간이 적게 들고 다른 문제의 유형들은 주제와 함께 그 논리 구조를 생각하며 풀어야 하기 때문에 시간이 많이 필요합니다.

2. 논리(일관성)를 묻는 문제(문장 삽입, 어색한 문장 삭제, 순서배열, 연결사 추론)

영어 독해 문제 중 가장 어려운 문제 유형이 논리를 묻는 문제입니다. 왜냐하면 이런 유형의 문제들은 단순히 토픽(소재)과 중요한 문장(주제

문장)을 찾는다고 문제가 해결되는 것이 아니라 논리 관계까지 생각하며 독해를 해야 하기 때문입니다. 이런 문제를 풀 때에 가장 중요하게 생각해야 하는 것은 **글의 일관성**입니다.

문장을 삽입하는 문제와 문장을 삭제하는 문제는 같은 문제입니다. 물론 삽입하는 문제가 체감 상 더 어렵게 느껴지기는 하지만 결국엔 글을 최대한 일관적이게 만들면 되는 것입니다. 이러한 논리(일관성)를 묻는 문제를 풀 때에 가장 중요한 것은 문장을 디테일하게 읽어야 한다는 것입니다. 왜냐하면 그 디테일에 단서가 숨어있기 때문입니다. 특별히 아래의 내용들은 꼭, 집중해서 봐야 하는 내용들입니다.

글의 논리 관련 문제를 풀 때 생각하기

대명사(they, he, she, it, this, that, these, those, such 등)

대명사가 중요한 이유는 대명사는 혼자 사용할 수 없기 때문입니다. 'he'라는 대명사를 사용하기 위해서는 앞부분에 '구체적인 남자'가 등장해야합니다. 그럴 때, 대명사 'he'를 사용할 수 있습니다. 'it'이라는 대명사도 앞에 그 대명사가 지칭하고 있는 구체적인 사물이 있어야 합니다.

지시어 형용사+명사(that N, this N, these N, such N)

이 부분도 마찬가지입니다. 지시 형용사를 사용한다는 건 지시하고자 하는 사물이 있다는 것입니다. 따라서 이러한 단어가 포함되어 있는 문장은 먼저 나올 수가 없습니다.

a 명사 다음에는 the 명사

the 명사는 a 명사가 나온 다음에 사용할 수 있습니다. 지시하거나 구체적인 내용을 가리키는 단어들이 있다면 그 앞에 그것을 가리키는 단어가 있는 지를 한 번 확인하는 것도 도움이 되고 이 부분이 대표적인 그 예입니다.

1) 문장 삽입 문제를 풀 때

지문부터 보는 것을 추천해 드립니다. 보기부터 보게 되면 우리의 뇌의 언어부분은 어떻게든 그 보기를 빈칸에 넣을 수 있도록 작동하기 시작할 것이기 때문입니다. 따라서 최대한 지문에서 그 빈칸에 뭐가 들어가면 좋을지 결정을 하고 보기를 보는 것이 최선입니다. 물론, 문제가 풀리지 않을 때는 보기를 봐야 하지만 그 때에도 보기만 보는 것이 아니라 앞뒤의 문장을 보고 보기를 선택해야 합니다.

보통 글의 처음이나 마지막에 빈칸이 있을 때에는 그 빈칸은 주제문일 확률이 높긴 합니다. 출제자도 문제를 출제할 때에 아무데나 구멍을 뚫지는 않을 것이기 때문입니다. 하지만 그렇지 않을 수도 있다는 것을 염두하고 해석해야 합니다. 이런 문제는 어려운 문제입니다.

빈칸이 중간에 위치해 있고 그 빈칸 뒤에 나오는 내용이 구체적인 예가 나올 경우에는 빈칸은 그 구체적인 예를 포괄하는 더 넓은 내용일 확률이 높습니다. 따라서 빈칸 근처에 있는 문장을 집중해서 해석해야 합니다.

2) 흐름상 어색한 문장을 고르는 문제를 풀 때

비판적인 시간을 가지고 글을 읽어야 합니다. 그냥 읽게 되면 논리가 약해져서 '모든 문장이 다 맞다'라고 생각할 수 있기 때문입니다. 각 문장을 해석하면서 앞문장과 뒷문장을 유심히 봐야 합니다. 지금 내가 보는 것이 무관한 문장인지를 파악하는 가장 좋은 방법은 전체적인 흐름에서 내가 보는 문장이 크게 긍정적인 부분을 말하고 있는지, 부정적인 부분을 말하고 있는지, 찬성하는 내용인지, 반대하는 내용인지를 +, -로 표시하면서 읽으면 도움이 될 수 있습니다.

3) 순서문제를 풀 때

순서 문제는 글의 내용이 길지 않는 경우가 많습니다. 글의 토픽(소재)을 잡는 것이 매우 중요합니다. 보통 네모 박스가 주어지고 거기서부터 문제가 시작됩니다. 그렇기 때문에 그 네모 박스 안을 잘 해석하여 글의 토픽(소재)과 글의 방향을 잡아야 합니다. 그리고 위에서 말씀드린 글의 논리 관계 문제를 풀 때 생각해야 하는 그 내용들을 토대로 문제를 풀어야 합니다.

이 순서 문제는 느낌적인 느낌으로 풀면 안 되는 문제입니다. 논리적 흐름을 느슨하게 가져가고 문제를 풀면 모든 순서가 다 가능하다고 생각할 수 있습니다. 왜냐하면 지문이 길지 않고 짧기 때문에 어떻게 배열을 해도 말이 안 되는 건 아니기 때문입니다. 따라서 내가 선택한 순서가 왜 그 순서인지를 설명할 수 있을 때 그 보기를 답으로 골라야 합니다. 그리고 오답을 분석할 때도 그 이유를 명확하게 이해하고 넘어가야 합니다.

그리고 보통 A, B, C를 정렬하는 문제인데, 문제를 풀 때에 각각의 연결 부위를 잘 발견하여 만약, B와 C가 바로 연결되어 있는 거 같다면 바로 보기에서 A-B-C혹은 B-C-A가 있는 지를 확인한 후 A를 보고 정답을 찾는 방법으로 하면 문제를 더 빠르게 풀 수 있습니다.

4) 내용 일치·불일치문제 풀 때

이 문제 유형은 시간이 많이 필요한 유형입니다. 논리 관계나 주제를 찾기보다 전체적인 토픽(소재)을 발견하고 그 토픽(소재)중심의 독해를 하면서 보기와의 내용을 비교하여 일치, 불일치만 확인하면 되기 때문에 문제 자체는 어렵지가 않습니다. 그런데 시간의 압박감과 지문과 보기와의 디테일한 부분까지 비교해야 하기 때문에 급한 마음에 풀기에는 쉽지 않은 문제입니다. 다른 문제들은 해석이 안 되고 독해가 안 되서 틀리는 경우가 많지만 이 문제 유형은 작은 부분을 보지 못하거나 반대로 해석하는 등 실수가 잦은 유형입니다. 따라서 다른 것보다 집중하여 문제를 푸는 것이 중요합니다.

5) 일치·불일치문제를 풀 때 유용한 몇 가지 팁

① 보기에 숫자나 고유명사가 있으면 확인하기 쉽다.

보기를 보고 구체적인 숫자나 지명, 인물 등 고유명사가 나와 있으면 문제를 쉽게 풀 수 있습니다. 그 단어들이 단서가 되어 그 단어가 나온 부분을 중심으로 해석을 하면 되기 때문입니다. 따라서 문제를 풀 때, 보기를 한 번 보고 문제를 풀기 시작하는 걸 추천합니다.

② 극단적인 표현들이 나오는 것은 유심해야 하고 숫자 놀이를 하는 경우가 많다.

독해 문제의 지문을 볼 때에 극단적이거나 강조하는 표현은 매우 중요한 단서가 될 수 있지만 보기에서 나오는 극단적인 표현은 매우 위험한 함정이 될 수 있습니다. 따라서 일치·불일치 문제를 풀 때에는 그러한 표현이 맞는 유심히 관찰할 필요가 있습니다. 그리고 특별히 수와 양과 관련된 단어가 나올 때에는 더 집중해서 봐야 합니다. 그 이상인지, 그 이하인지 등의 내용으로 출제자가 매력적인 오답을 만들어 놓을 수 있기 때문입니다.

③ 보통 내용의 흐름대로 보기가 온다.

기출 문제를 살펴보면 일치·불일치 문제에서 보통은 보기가 지문의 내용 흐름대로 만들어지는 경우가 많이 있습니다. 따라서 우리가 문제를 풀 때에 지문 전체를 해석하고 보기를 보거나 보기를 모두 해석하고 지문을 보는 방법보다는 지문 앞부분보고 보기 1, 2번 확인, 지문 뒷부분보고 보기 3, 4번을 확인하는 식으로 문제를 푸는 것이 효과적입니다. 물론 가끔씩 뒤죽박죽으로 나올 때가 있지만 그럴 때에도 지문을 반으로 나눠서 반절을 보고 보기에서 답을 찾고 나머지 반절을 보고 답을 찾는 것이 전략적인 문제 풀이입니다.

6) 독해파트 마무리

이렇게 독해 파트를 정리하였습니다. 아마 이러한 내용들이 낯설지 않으실 거 같습니다. 많이 들어 본 내용들이고 이미 알고 계신 내용일 수 있습니다. 하지만, 이미 들어 본 걸로, 알고 있는 걸로는 독해 문제를 풀 수가 없습니다. 이 내용들을 계속 기억하여 해당 유형이 나오면 적용하며 문제를 풀 수 있도록 훈련이 되어야 합니다. 물론 처음에는 문제 푸는 속도가 많이 늦어 답답할 수 있지만 먼저 정확히 독해를 하는 연습을 하고 그 이후에 빠르게 푸는 연습을 한다면 속도는 빨라질 수 있을 겁니다.

영어 문제 푸는 시간 단축법

시험을 경험해 보신 분들은 이미 아시겠지만 결국 공무원 시험은 시간의 압박에서 벗어나는 사람이 합격하는 시험입니다. 알고 있는 내용은 비슷하더라도 100분 동안 알고 있는 내용을 모두 활용하는 정도는 다르다고 생각합니다. 그래서 각 과목별로 시간을 줄이기 위한 싸움이 공무원 시험 마지막 단계에서 중요한 부분입니다.

이번 챕터에서는 이 부분에 대해 생각해 보려고 합니다. 특별히 영어 과목에 대해 생각해 보겠습니다. 시간을 줄이는 방법에는 원론적인 방법과 실제적인 방법으로 나누어 생각해 볼 수 있습니다.

• 원론적인 방법

시간을 줄이는 방법은 원론적으로는 간단합니다. 과목의 내용을 잘 이해하고 있고 잘 암기되어 있으면 빠르게 문제를 풀 수 있습니다. 어떤 선생님께서는 '회독의 수가 많아질수록 문제를 빠르게 풀 수 있다'라고 말씀하셨습니다. 그리고 이 말씀은 분명 맞는 말입니다. 내용을 잘 알고 있다면 문제를 빠르게 풀 수 있습니다. 그리고 우리는 다른 방법이 아니라 이 방법으로 시간을 줄여야 합니다.

그리고 문제를 풀 때 빠르게 푸는 것과 함께 정확하게 푸는 것이 중요한데 속도와 정확성을 놓고 우선순위를 정할 때는 당연히 정확성이 먼저입니다. 문제 푸는 연습을 할 때 빠르게 푸는 것을 먼저 연습하면 안 되고 먼저는 정확하게 푸는 연습을 한다면 속도는 점점 빨라질 것입니다.

• 실제적인 방법

하지만 우리는 이 원론적인 방법 말고도 문제를 풀 때 시간을 줄일 수 있어야 합니다. 이 부분에 대해 짧게 생각해보겠습니다.

먼저 영어 시험에서 기본적으로 시간을 단축할 수 있는 파트는 어휘와 생활 영어 파트입니다. 이 두 파트에서는 최대한 빨리 문제를 풀어야 합니다. 그리고 바로 문제가 풀리지 않으면 어쩔 수 없이 문제를 일단 넘어가야 합니다. 그리고 그 이후에도 생각이 나지 않는다면 쿨하게 찍고 넘어가야 합니다. 영어 단어와 관련한 문제들은 한 번 생각나지 않으면 그 답이 생각나기가 어렵습니다. 물론 생각이 날 수도 있겠지만 그것을 기다리며 계속 생각하기에는 공무원 시험 시간은 너무 짧습니다.

그럼 영어 각 파트별로 문제를 푸는 방법에 대해 다시 한 번 생각해보겠습니다. 지금부터 말씀드린 방법은 제가 다른 챕터에서 이미 언급한 내용일 수 있습니다. 제가 꼭 말씀드리고 싶은 것은 영어 문제를 풀 때 꼭 생각을 하면서 풀어야 한다는 것입니다. 이건 모든 과목 문제를 풀 때에도 마찬 가지인데 멍 때리면 안 됩니다.

첫 문제부터 마지막 문제까지 문제를 풀 때는 생각을 하면서 풀어야 합니다.

어떤 생각일까요? 각 문제를 풀 때마다 해야 하는 생각들이 있습니다. 각 각의 파트에서 생각해야 하는 포인트를 생각하고 문제를 봐야 합니다. 우리는 생각을 하면서 문제를 꼭 풀어야 합니다. 멍한 상태로 문제를 본다면 그 시간이 아까운 시간이 될 수 있습니다. 문제의 유형마다 생각해야 하는 내용들, 포인트들을 생각하며 문제를 풀어야 빠르게 풀 수 있습니다. 그냥 막연하게 문제를 보고 백지상태에서 문제를 풀면 문제를 푸는 시간이 오래 걸립니다.

그럼 각각의 파트별로 문제를 풀 때 해야 하는 생각들을 짧게 정리해 보겠습니다. 이게 시간 줄이기의 모든 부분은 아니겠지만 분명 시간을 줄이는 데에 도움이 될 겁니다.

1. 어휘파트

어휘파트를 빨리 풀 수 있는 방법은 당연히 많은 단어를 외우는 것입니다. 하지만 문제를 잘못 풀면 단어를 많이 알고 있어도 헷갈릴 수가 있습니다. 빈칸 어휘 문제는 빈칸 앞뒤부터 정확하게 해석해야 문제를 정확하고 빨리 풀 수 있습니다. **절대로 보기부터 보시면 안 됩니다.**

빈칸이 대충 어떤 단어가 들어가야 하는지를 예상을 하고 보기를 봐야 합니다. 보기부터 보게 되면 잘못하면 4개의 모든 보기를 빈칸에 넣고 해석해 보게 되고 시간이 오래 걸리게 됩니다. 그렇게 해서라도 문제를 맞힌다면 괜찮은데 우리의 뇌는 아마 4단어 모두 문장에 잘 녹아들게 해석을 할 수 있습니다. 이렇게 되면 시간을 정말 많이 사용하게 됩니다.

밑줄 어휘 문제는 모든 문장을 해석할 필요가 없을 수도 있습니다. 어휘 문제를 풀 때 해석을 다 완벽하게 하려고 노력할 필요가 없습니다. 보통 밑줄 그은 단어와 비슷한 의미를 묻고 가끔은 반대의 의미도 묻게 됩니다. 그렇기 때문에 밑줄 그의 단어를 알고 있다면 바로 보기로 가서 정답을 찾는 것이 좋습니다.

물론 밑줄 친 단어가 모르는 단어라면 문장을 다 해석하고 그 뜻을 유추하는 단계가 필요하겠지만 그렇지 않다면 빠르게 문제를 풀 수 있습니다.

2. 생활영어파트

생활 영어 파트는 제가 알려드린 내용들을 꼭 기억하며 문제를 푼다면 어렵지 않게, 그리고 빠르게 문제를 풀 수 있습니다. 우왕좌왕 하지 말고 지금의 대화 상황을 정확히 파악하고 그 흐름을 잘 안다면 쉽게 풀 수 있습니다. 꼭 생각하면서 문제를 푸셔야 합니다. 이와 관련한 내용은 생활영어 공부법 챕터를 참고해주시면 감사하겠습니다.

박스형 문제	A-B형 문제
① 상황 파악하기 ② 빈칸 앞뒤 대화에 집중하기 ③ 보기 함정 조심하기 ④ 관용어 표현 조심하기	① 상황 파악하기 ② 의문사에 집중하기 ③ 보기 함정 조심하기 ④ 관용어 표현 조심하기

3. 문법파트

문법도 막연하게 문제를 보고 있으면 시간만 보내게 되고 그 시간은 정말 아깝습니다. 가장 중요한 건 **문제를 보는 순간 해석을 하려고 하지 말고 문법 포인트를 찾는 것입니다.** 우리는 본능적으로 영어 문장을 보면 해석하려고 하는 경향이 있습니다. 하지만 문법 문제에서 중요한 건 문법 포인트를 찾는 것이지 해석이 아닙니다. 물론 해석이 필요한 부분도 있지만, 해석부터 할 필요는 없다고 생각합니다. 보기 문법 문제든, 밑줄 문법 문제든, 영작문제든, 가장 먼저 해야 하는 건 내가 확인해야 하는 문법 포인트를 찾는 것입니다. 우선순위를 정해서 문제를 푸는 건 시간을 아끼게 됩니다.

4. 독해파트

아마도 독해파트에서 많은 시간을 사용하게 된다고 생각합니다. 문제 수도 가장 많고 긴 글을 해석해야 한다는 부담감 때문에 시간이 많이 부족하게 되는 거 같습니다. 지금 이 시간에 말씀드리고 싶은 부분은 두 가지입니다.

먼저는, 영어 독해 문제를 풀 때 **모든 지문을 다 완벽하게 해석해야 문제를 풀 수 있는 건 아니다**라는 생각을 할 필요가 있습니다. 물론, 이것도 문제의 유형에 따라 조금은 다르겠지만, 주제&요지 문제, 글의 분위기 문제, 어색한 흐름을 찾는 문제와 같이 전체적인 내용과 흐름 파악이 중요한 문제는 완벽한 해석이 되지 않아도 문제를 풀 수 있다고 생각합니다.

두 번째로 **독해 문제를 풀 때 한 번에 풀지 못하고 두 번에 풀어도 괜찮다**라는 생각을 하면서 독해를 하는 것입니다. 이런 생각을 하는 이유는 스스로에게 여유를 주기 위함입니다. 우리는 시간의 압박 때문에 지문을 한 번에 해석해야 한다는 부담이 있고 한 번에 해석을 못하게 되는 상황에서 떨리기 시작하고 땀이 나기 시작합니다. 하지만, 두 번, 세 번 읽을 시간은 충분히 있다고 생각합니다. 시간이 충분하다고 생각하며, 차분히 문제를 풀 필요가 있습니다. 저는 독해 문제를 풀 때는 이 두 가지를 생각하며 풀었습니다.

마지막으로 문제를 정확히 풀고 문제를 제대로 풀었다면, 뒤를 돌아보지 말아야 합니다. '이게 정말 맞나?' 생각하며 뒤를 돌아보고 다시 문제를 푸는 순간 불필요한 시간을 사용하게 되는 것입니다. 그런데 사실, 이게 쉽지는 않습니다. 다음 문제로 넘어가는 용기를 얻기가 힘듭니다.

이것이 가장 마지막 단계에서 우리가 연습해야 하는 부분이라고 생각합니다. 내가 풀었다면, 그 답을 믿고 넘어가는 연습도 모의고사를 통해 충분히 해야 하고 그렇게 연습이 되면 분명 영어 시간을 단축할 수 있게 될 것입니다.

이번 챕터에서는 영어 문제 푸는 시간을 단축할 수 있는 방법에 대해 생각해 봤습니다. 이러한 내용들이 도움이 되어 여러분들의 시간 관리에 효과적인 방법이 되길 바랍니다.

한국사 공부법

저는 공무원 공부를 시작하기 전에 정말 부끄러울 정도로 한국사에 대해서 알지 못했었습니다. 조선시대 왕의 순서도 제대로 외우지 못한 상태였습니다. 그래서 공무원 시험 과목에서 가장 걱정했던 과목이 바로 한국사였습니다. 계속 반복하고 또 반복하니 시험을 보기 직전에는 가장 믿음직한 과목이 되어있었습니다. 그러니 너무 걱정 마시고 공부하시면 좋겠습니다.

저는 다음과 같은 순서로 공부하였습니다.

1. 기본 강의

처음에는 기본 강의를 들었지만 강의 수의 압박으로 인해 핵심강의로 넘어와서 들었습니다. 내용이 많고 사전 지식이 많지 않아서 힘들고 암기를 해야 한다는 부담은 있었지만 암기는 뒤로 미루고 일단 강의를 쭉 들었습니다. 그렇다고 아무 생각 없이 들었던 것은 아니고 최선을 다해 열심히 들었습니다.

2. 기출 + 압축강의

기본 강의를 수강하고 기출로 들어갔습니다. 강의는 듣지 않고 문제집으로만 공부하였습니다. 그리고 압축강의를 함께 들었습니다. 다 들은 이후에는 기출과 함께 필기노트를 회독하기 시작했습니다.

기출 문제는 물론 잘 풀리지 않았지만, 어떻게 문제가 출제되는지, 그리고 방대한 한국사의 내용 중에서 어느 부분이 중요한지를 알게 되는 시간으로 보냈습니다. 이 부분이 중요한데 단원별 기출 문제집을 보면 중요한 단원에는 문제들이 많이 수록되어 있습니다. 이것을 통해 중요한 단원을 확인할 수 있었습니다. 그런 부분을 파악하여 필기노트를 회독할 때에 좀 더 집중하며 회독하고 암기하였습니다.

3. 기출 + 필기노트 무한 회독

한국사를 공부하는 대부분의 시간을 기출문제집과 필기노트를 회독하는 시간으로 보냈습니다.

특별히 진도를 맞춰서 회독하진 않았습니다. 일부러 기출은 앞부분, 필기노트는 뒷부분 이런 식으로 진도를 다르게 하여 회독을 시작하였고 그 이후로는 진도에 상관없이 계속 회독하였습니다. 그리고 필기노트에 나와 있지 않은 내용들과 암기를 위한 두문글자는 필기노트에 기록하면서 회독하였습니다. 저는 최대한 해설을 자세히 읽었습니다. 해설을 자세히 읽으면 기본서를 회독하는 효과도 얻을 수 있습니다.

4. 연도별 기출문제 풀기

이렇게 시험 보기 직전까지 계속 회독하면서 시험보기 한 달 반 전에는 연도별 기출문제를 풀었습니다. 이때 연도별 기출 문제를 풀면 20문제 중 2~4문제 정도 틀렸습니다. 많은 문제를 틀리지 않았던 이유는 단원별 기출 문제집에서 봤던 문제들이 그대로 나왔기 때문입니다. 그때 본 내용들을 빠르게 생각해내어 문제를 푸는 연습을 연도별 기출 문제를 통해서 했습니다.

5. 모의고사

저는 모의고사 한 회를 10분 안에 최대한 풀기 위해 노력했습니다. 공무원 시험 과목 중에 시간을 줄일 수 있는 과목이 이 한국사 과목입니다. 최대한 빠르고 정확하게 풀기 위해 노력했습니다. 모의고사 문제집은 따로 회독은 한 번 정도 다시 보는 수준이었고 틀린 문제를 유심히 보았었습니다.

6. 사료 강의

한국사 시험이 어렵게 나왔을 경우에 사료 문제가 가장 풀기 힘든 문제임을 알게 되었습니다. 이에 다소 어려웠던 사료 문제를 대비하기 위해 사료 강의를 들었습니다. 사료 문제는 사료의 모든 내용을 알지 못해도 중요한 부분을 파악하면 풀 수 있습니다. 그래서 선생님께서 읽어주시는 중요한 부분에 밑줄을 그으면서 강의를 들었습니다.

7. 파이널 특강

한국사는 마지막까지 기출과 필기노트 회독으로 대비를 하였습니다. 그리고 막판에는 얇은 기출 문제집으로 바꿔서 회독을 하였습니다. 짧은 시간 동안 처음부터 끝까지 다 보기 위함이었습니다. 이런 기출과 필기노트 회독과 함께 처음부터 끝까지 한국사를 아주 짧은 시간에 정리하는 파이널 특강을 들었습니다. 시험 보기 전날에 가까울수록 공부하기가 어려운데 그때 저는 강의를 들으며 한국사를 최종 정리하였습니다.

한국사를 처음 공부할 때 가장 힘든 점은 외워야 하는 양이 너무 많다는 점입니다. 선사시대에서 삼국시대를 지나 고려시대를 공부할 때, 앞서 공부했던 내용들이 생각이 나지 않았고 앞으로 암기해야 하는 것들이 많이 남았음을 알고는 너무 힘들었습니다. 조선시대를 공부하면 삼국시대가, 근현대사를 공부하면 고대사가 기억이 나지 않았었습니다. 그래서 저도 걱정이 많았었습니다. 하지만 여러 번 회독을 하고 고대사와 현대사의 회독 주기가 가까워질수록 전체적인 내용이 머릿속에서 정리되는 경험을 했습니다.

한국사는 처음부터 다 외워지지 않는다는 것을 기억하여 포기하지 말고 계속 반복 학습을 해야 합니다. 첫 강의를 들을 때는 흰 스케치북에 한국사라는 전체적인 밑그림이 그려질 것이고 기본서나 요약서를 계속 회독할수록 점점 그 그림이 완성될 겁니다.

한국사 학습 포인트

1. 강의를 집중하여 듣기

먼저 강의를 열심히 들었습니다. 당연한 말이겠지만 한국사는 강의를 잘 들어야 합니다. 왜냐하면 한국사는 결국 역사이고 이야기이기 때문입니다. 그저 순수 암기로 한국사의 방대한 양을 암기하는 것은 불가능합니다. 따라서 전체적인 흐름을 이야기로 기억해야 합니다. 사건을 단순히 암기하는 것이 아니라 그 사건이 일어난 원인과 그로 인해 발생한 결과를 기억해야 좀 더 단단한 암기를 할 수 있습니다. 즉, 이해를 기반한 암기가 있을 때 효과적으로 공부할 수 있습니다. 그 이해는 강의를 통해 알 수 있습니다. 따라서 우리는 최선을 다해서 강의를 들어야 합니다. 한국사 공부는 강의로부터 시작됩니다.

2. 첫 강의를 들을 때는 각 시대별로 있었던 큰 사건들부터 기억하기

첫 강의를 들을 때에는 너무 많은 걸 기억하기보다는 굵직한 중요한 사건 위주로 공부해야 합니다. 특별히 각 나라의 전성기를 중심으로 공부하는 것은 매우 중요합니다. 왜냐하면 그곳에서 많은 문제들이 나오기 때문입니다. 각 나라의 전성기를 중심으로 큰 흐름을 잡으면서 공부해야 합니다. 한 번에 모든 내용을 암기할 수 없음을 인정하고 수업을 들어야 합니다. 각 단원 마지막에 정리되어 있는 문제들을 통해 어떻게 문제로 출제되는지를 익히며 한국사와 친해지는 시간으로 첫 강의를 들을 필요가 있습니다.

3. 기출 빈출 주제 위주로 공부하기

한국사도 다른 과목과 마찬가지로 기출이 중요한 과목입니다. 따라서 공부를 하기 전에 기출 분석을 먼저하고 공부를 해야 합니다. 각 시기별로 기출이 얼마나 많이 되었는지를 파악하여 특별히 그 부분을 볼 때에는 더욱 집중하여 공부해야 합니다.

4. 빨리 외울 것과 나중에 외울 것을 나눠서 암기하기

왕의 순서를 꼭 외워야 하는지 물어보시는 분들이 계십니다. 저 또한 공부를 할 때 꼭 외워야 하는지 궁금했었습니다. 그리고 저는 초반에는 굳이 외우려고 하지 않았습니다. 하지만 결론적으로 말씀드리면 나중에 외워도 상관은 없지만 왕의 순서를 외우는 건 분명 도움이 됩니다. 물론 계속 회독하면서 각 나라의 사건을 공부하다 보면 대략적인 왕의 순서는 자연스럽게 외워집니다.

저는 왕의 순서를 처음부터 끝까지 줄줄 외우지는 못했었습니다. 그래서 큰 사건을 중심으로 시작해서 그 사건 안에서부터 왕의 순서를 자연스럽게 암기하였습니다.

조선시대 왕을 예를 들면 사화 문제와 관련된 왕들(연산군, 중종, 인종, 명종) 그리고 붕당정치와 관련된 왕들(선조, 광해군, 인조, 효종, 현종, 숙종, 경종)이 사건의 흐름에 의해 자연스럽게 외워지면 사화가 먼저 일어났고 붕당정치가 늦게 일어났기 때문에 연산군~경종까지는 자연스럽게 암기가 되었고 그 뒤에 나오는 영·정조까지 정리할 수 있었습니다. 그리고 앞부분은 입으로 외울 수 있기 때문에 조선시대 왕은 어렵지 않게 외울 수 있었습니다.

고려시대 왕 역시 처음에는 큰 사건의 흐름을 중심으로 왕의 순서가 자연스럽게 외워졌지만, 디테일한 왕의 순서는 마무리를 하는 단계에서 암기하였습니다.

확실히 왕의 순서를 외우면 흐름을 이해하고 문제를 풀 때에 도움이 되지만 처음부터 외우려고 하면 잘 외워지지 않기 때문에 어느 정도 흐름을 이해한 뒤에 암기하는 걸 추천해드립니다. 하지만 아래 나오는 삼국시대부터 통일신라까지 대표적인 왕들의 시기의 일들은 빨리 외울수록 좋습니다. 왜냐하면 이 왕들이 고대시대의 큰 흐름을 이루기 때문입니다. 이들의 시대는 각 나라가 번영했던 시기이기도 합니다.

삼국시대 중요한 왕들

고구려: 소수림왕, 광개토대왕, 장수왕, 영양왕, 보장왕
백제: 고이왕, 근초고왕, 무령왕, 성왕, 의자왕
신라: 내물왕, 지증왕, 법흥왕, 진흥왕, 선덕여왕
통일신라: 신문왕, 성덕왕, 경덕왕

고려와 조선 시대 역시 두꺼운 글씨로 되어 있는 부분부터 집중해서 암기할 필요가 있습니다. 그리고 보통 모든 교재에서 이 부분은 중요하게 다루고 있습니다.

고려왕들

태혜정**광**경**성** / 목**현**덕정**문** / 순선헌**숙예인** / 의명신희강고**원** / **렬**선숙혜목정 / **공**우창공

조선왕들

태정태세문단**세예성** / **연중인명선** / **광인효현** / **숙경영정** / 순헌철 / **고순**

나중에 외울 것

문화사에 나오는 책과 문화재, 세계 문화·기록·무형 유산

---

5. 큰 사건 이전과 이후의 변화와 특징 중심으로 공부하기

한국사는 단순하지 않습니다. 그 사건이 발생한 이유가 있고 그 결과로 파생되는 여러 가지 모습들이 존재합니다. 아주 중요한 사건들의 결과와 영향은 시험 문제의 빈출 주제입니다. 중요한 사건을 공부할 때는 원인과 결과를 늘 생각하면서 공부합니다.

삼국의 전성기 중심 주요 왕들

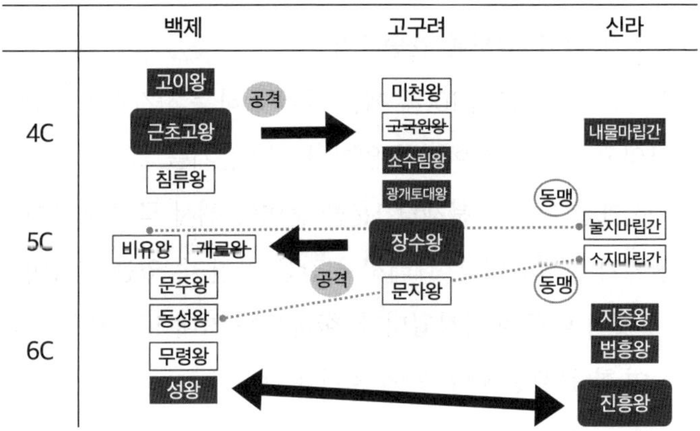

6. 지금 공부하고 있는 나라의 주변국에 대해 생각해보기

제가 한국사 문제에서 가장 풀기 어려웠던 문제는 한 나라에 대한 단편적인 물음보다 그 나라와 이웃하고 있는 다른 나라와의 관계와 상황을 묻는 문제였습니다. 모든 나라들은 주변국과의 관계 안에서 발전하고 쇠락하는 단계를 거치기 때문에 한국사 공부를 할 때에 좀 더 다양한 측면에서 공부한다면 이와 같은 어려운 문제에 쉽게 접근할 수 있습니다.

예를 들어 삼국시대 안에서는 삼국이 밀접한 관계 아래에서 발생한 문제들이 나왔지만 통일신라와 발해는 같은 시대이지만 그 시기에 어떤 일들이 일어났는지를 떠올리기가 어렵습니다. 하지만 이 부분도 충분히 중요한 내용이라고 생각합니다.

삼국시대에는 삼국 간의 내부적인 관계, 중국(남북조, 수, 당)과의 외부적인 관계, 남북국시대에는 통일신라와 발해와의 관계, 고려시대에는 거란·여진·몽골과의 관계, 조선시대에는 청과 일본과의 관계 등 각 시기의 대외 관계를 중요하게 봐야 합니다. 특정 시대를 공부하며 같은 시기의 다른 나라 상황을 함께 기억하면 한국사 공부에 도움이 됩니다.

7. 10분 안에 풀 수 있도록 연습하기

공무원 시험은 100분에 100문제를 풀어야 하는 시간과의 싸움입니다. 실제로 모의고사를 풀면 이것이 얼마나 어려운지를 알 수 있게 됩니다. 산술적으로 계산하면 한 문제당 1분을 풀어야 해서 국어와 영어의 독해 문제를 풀기가 어렵습니다. 그래서 시간을 아낄 수 있는 과목이 있어야 하는 데 그것이 바로 한국사입니다. 한국사는 최대 10분으로 시간을 잡고 연습하여 한 문제당 30초 안에 풀어야 합니다.

8. 고난이도 문제까지 대비하기

최근 한국사 문제를 살펴보면 변별력을 갖춘 고난도 문항의 숫자는 3문항 내외로 출제되고 있습니다. 그리고 합격권에 있는 사람들의 점수를 보면 한국사는 보통 90점 이상의 점수를 받는 것으로 보입니다. 물론, 난이도에 따라 달라지긴 합니다. 따라서 한국사를 공부할 때에 고난도 문제를 맞힐 수 있는 다소 지엽적인 내용까지도 마무리 단계에서는 대비할 필요가 있습니다.

처음 보는 사료문제, 최고난도문제 푸는 방법

한국사의 여러 형태의 문제 중 어려운 문제는 사료문제입니다. 그리고 이 사료문제가 어렵게 나오면 정말 어렵습니다. 그래서 선생님마다 사료집을 따로 만들기도 합니다. 물론 이런 어려운 사료문제는 만점 방지용 혹은 변별력을 위해 출제합니다. 이 최고난도의 사료문제, 난생 처음 보는 사료문제를 맞힐 수 있는 방법을 알려드리겠습니다.

물론, 아래의 기출 문제는 그렇게 고난도의 문제는 아닙니다. 하지만 문제를 푸는 방법은 동일하기 때문에 예를 들어 설명하겠습니다.

밑줄 친 '북국(北國)'에 대한 설명으로 옳지 않은 것은? [2015년 지방직 9급]

> 원성왕 6년 3월 북국(北國)에 사신을 보내 빙문(聘問)하였다. … 요동 땅에서 일어나 고구려의 북쪽 땅을 병합하고 신라와 서로 경계를 맞대었지만, 교빙한 일이 역사에 전하는 것이 없었다. 이때 와서 일길찬 백어(白魚)를 보내 교빙하였다.

① 감찰기관으로 중정대가 있었다.
② 최고 교육 기관으로 태학감을 두었다.
③ 중앙의 정치 조직으로 3성 6부를 두었다.
④ 지방의 행정 조직으로 5경 15부 62주가 있었다.

북국(北國)이 어떤 나라인지 알기 위해서는 박스 안의 사료를 알고 이해해야 합니다. 사실 원성왕이 나오고 북국이라고 하면 당연히 발해라고 생각하고 문제를 풀면 되지만 박스 안의 내용은 크게 중요하지 않습니다. 박스 안의 사료를 처음 보는 사료라고 생각해도 문제는 그냥 풀립니다. 옳지 않은 것을 묻고 있을 때는 보기 4개 중 하나는 틀리고 나머지는 다 맞는다는 것입니다. 그렇기 때문에 보기만 보고 공통된 나라를 설명하고 있는 3개를 고르면 나머지 하나가 답이 되는 것입니다.

위의 문제로 설명해 드리면 ①, ③, ④는 모두 발해와 관련된 내용들입니다. 그리고 ②는 신라와 관련된 내용입니다. 따라서 답은 ②입니다. 박스 안에 있는 사료는 필요가 없는 것입니다. 이렇게 어려운 사료문제에서 옳지 않은 것을 골라야 한다면 보기를 보고 틀린 하나를 선택해야 그것이 정답이 될 수 있습니다.

그렇기 때문에 모르는 사료가 나왔을 때 당황하지 마시고 위와 같은 방법으로도 풀 수 있다는 것을 기억하고 보기에 집중하길 바랍니다.

문제 푸는 거 두려워하지 않기

우리는 문제를 푸는 것을 두려워해서는 안 됩니다. 우리가 해야 하는 것은 개념을 정리하여 말로 설명하는 것이 아닙니다. 우리는 문제를 풀기 위해 공부하고 있는 것입니다. 우리는 100문제를 당당하게 맞이하여 지니고 있는 모든 실력을 보여줘야 합니다. 따라서 문제를 풀고나서 많이 틀린다고 문제를 푸는 것을 두려워해서는 안 됩니다.
저는 한국사를 포함하여 모든 과목을 문제를 통하여 암기하였습니다. 정리되어 있는 것을 볼 때보다 문제를 풀고 틀리고 확인하고 분석하고 또 틀리고 확인하고 분석하며 공부할 때, 기억이 더 잘 되었고 문제를 푸는 속도와 정확도가 더 좋아졌습니다. 문제를 푸는 것을 두려워하지 마시고 문제를 당당히 맞이하시길 바랍니다.

행정학 공부법

행정학 5개월 커리큘럼

저의 지방직 행정학 점수는 90점이었습니다. 아주 쉽게 나왔는데 두 문제 틀렸습니다. 사실 두 문제도 틀릴 문제는 아니었습니다. 한 문제는 갑자기 헷갈려서 틀렸고 다른 한 문제는 문제를 거꾸로 읽어서 틀렸습니다. 채점하고 정말 힘들었던 기억이 납니다. 물론 실수도 실력이고 우리는 시험 볼 때 이 실수를 줄이기 위해 노력해야 합니다.

행정학이 어렵게 다가오는 이유는 행정학은 행정학과가 아닌 이상 모두가 태어나서 처음 접해 보는 과목이기 때문입니다. 저 또한 그랬습니다. 그래서 많이 힘든 과목이었습니다. 특별히 강의 1회독 때는 정말 힘들었습니다. 그리고 마지막까지 불안하고 힘들었던 과목이었습니다.

행정학 공부 방향

행정학 공부의 기본적인 방향은 일단 중요한 부분부터 먼저 확실하게 잡자였습니다. 중요한 부분에 익숙해지면 나머지 부분을 더하는 방향으로 공부하였습니다.

행정학 기본 커리큘럼*

① 기본강의(ab급만 1회독)

처음으로 행정학 강의를 1회독할 때, 모든 내용들을 듣지 않고 중요한 부분인 a, b급만 들었습니다. 일단 행정학이란 과목이 무엇인지 알 필요가 있었고 c, d급까지 강의를 들을 용기가 나지 않았기 때문이었습니다. 그리고 a, b급만 듣기에도 쉽지 않았었습니다.

② 두꺼운 기출 문제집 들어갔다 실패

강의 a, b급을 모두 듣고 '일단 기출로 들어가 보자'라는 마음으로 기출로 들어갔었습니다. 선생님께서 수업시간에 기출 문제를 함께 풀어주었는데 그때 기출이 쉽게 풀렸기 때문에 혼자서도 가능할 것 같았습니다. 그런데 역시나 선생님이 풀어주신 것과는 달랐습니다. 처음에 두꺼운 기출문제집으로 시작하였는데 모두 풀기 어려울 것 같아 기출문제집은 과감히 포기했었습니다.

③ 다시 기본강의(ab급만 1회독)

결국 a, b급만 강의를 다시 듣게 되었습니다. 아무래도 한 번 들었던 내용들이라 빠른 배속으로 들을 수 있었습니다. 시간이 없었지만 그래도 한 번 더 들은 것이 도움이 되었습니다.

* 제가 들었던 행정학 선생님은 중요한 부분과 덜 중요한 부분을 따로 강의하였습니다. 중요한 부분을 a, b급, 덜 중요한 부분을 c, d급이라 표현합니다. 이점 유의하시길 바랍니다.

④ 기출문제집(1회독)+기본서 1회독(ab급만)

이렇게 강의를 다시 듣고 1000문제로 구성되어 있는 기출문제집을 풀기 시작했습니다. 물론 기출문제는 쉽게 풀리지 않았습니다. 문제 풀고 곧바로 답과 해설을 확인하는 방법으로 공부했습니다. 그리고 기출을 볼 때에 출제이력과 중요도를 확인하고 중요한 문제를 더욱더 집중하여 봤었습니다. 이때 기본서 1회독을 a, b급 위주로 회독하였습니다.

⑤ 기출문제집(1회독)+기본강의(cd급만 1회독)

기본서 1회독을 한 뒤 저는 기출과 함께 듣지 않았던 c, d급의 강의를 들었습니다.

⑥ 기출문제집(1회독)+기본서(abcd급 2회독)

a, b급을 중심으로 기본서 전체를 회독하기 시작했습니다.

⑦ 기출문제집(2회독)+요약집(1회독)

기출 2회독에 들어가면서 요약집으로 전체를 회독하였습니다. 요약집은 내용 요약이 잘 되어 있었고 OX퀴즈가 페이지마다 들어있어서 개념을 문제로 다시 확인할 수 있어서 좋았습니다. 그리고 문제들이 기출 지문으로 구성되어 있어서 모두 중요한 지문들이었습니다.

⑧ 기출문제집(2회독)+필기노트(1회독)

요약집을 1회독을 한 뒤에 필기노트로 회독하였습니다. 필기노트는 요약집보다 좀 더 디테일하게 정리가 되어 있습니다. 강의 내용이 거의 그대로 정리가 되어 있어서 기본서를 빠르게 회독하는 효과를 누릴 수 있었습니다.

⑨ 기출문제집(3회독)+필기노트(2회독)+모의고사1(강의 1회독)

본격적으로 문제풀기 연습을 하기 시작했습니다. 물론 이때도 기출과 필기노트 회독이 계속 되었습니다. 그리고 하루에 1모의고사를 풀고 강의를 들었습니다.

⑩ 기출문제집(3회독)+필기노트(2회독)+모의고사2(강의 1회독)

⑪ 400제 기출문제집(1회독)+필기노트(3회독)+모의고사1,2(2회독/틀린문제 위주)

시험이 얼마 남지 않을 때 1000제 기출문제집으로 전체적인 내용을 회독하기에 부담이 있었기 때문에 400제 기출문제집으로 회독하였습니다. 그리고 필기노트 회독을 하였고 모의고사는 틀린 문제만 다시 봤습니다. 시험이 가까울수록 중요한 부분과 약점을 보완하는 것이 중요합니다.

⑫ 시험

그리고 시험을 보러 갔습니다.

일단 처음 행정학 공부를 할 때에는 중요한 내용 중심으로 큰 그림을 그리는 것이 중요합니다. 행정학의 각 단위에서 중요하게 여기고 있는 내용들이 무엇인지 판단하는 것이 중요합니다.

사실 행정학은 처음에 준비를 잘하면 공부할 때는 어렵지만 나중에 효자과목이 된다는 말에 기대를 했었습니다. 그런데 저는 시험 볼 때까지 쉽지가 않았습니다. 정말 막판에 가장 걱정되는 과목이 행정학이었습니다. 그리고 많은 분들이 어려워하고 있는 것 같습니다. 그래서 헬정학이라는 말까지 나오는 것 같습니다. 그렇기 때문에 나만 지금 행정학 때문에 힘든 게 아님을 기억하시면서 포기하지 마시기 바랍니다.

커리큘럼 정리

① 기본강의(ab급만 1회독)
② 두꺼운 기출 문제집 들어갔다 실패
③ 다시 기본강의(ab급만 1회독)
④ 기출문제집(1회독) + 기본서(ab급 1회독)
⑤ 기출문제집(1회독) + 기본서(cd급만 1회독)
⑥ 기출문제집(1회독) + 기본서(abcd급 2회독)
⑦ 기출문제집(2회독) + 요약집(1회독)
⑧ 기출문제집(2회독) + 필기노트(1회독)
⑨ 기출문제집(3회독) + 필기노트(2회독) + 모의고사1(강의 1회독)
⑩ 기출문제집(3회독) + 필기노트(2회독) + 모의고사2(강의 1회독)
⑪ 400제 기출문제집(1회독) + 필기노트(3회독) + 모의고사1,2(2회독/틀린문제 위주)
⑫ 지방직 시험

행정학 학습 포인트

앞에서 행정학 공부의 방향에 관하여 말씀드렸다면 이번 챕터에서는 제가 실제로 사용한 행정학 공부법 몇 가지를 소개해드리겠습니다.

Point 1.
목차를 생각하며 공부하기(행정학의 큰 흐름 안에서 공부하기)

행정학이 어려운 건 모든 내용이 다 생소하기 때문입니다. 그렇기 때문에 공부할 때 까딱하면 길을 잃기 마련입니다. 그리고 아무런 생각 없이 공부를 하고 회독을 한다면 기억이 나지 않고 아무런 의미가 없는 공부가 될 수 있습니다.

그래서 저는 항상 목차를 생각하며 공부하였습니다. 처음부터 목차를 외우기는 어렵겠지만 회독이 어느 정도 진행된 이후에는 목차를 외우면서 공부하였습니다. 지금 내가 공부하는 내용이 행정학 전체에 어디에 속한 내용인지를 알고 공부하는 것은 행정학 공부를 하는 데에 도움이 되었습니다.

마치, 한국사에서 중요한 사건들이 어느 시대 사건인지를 알면 도움이 되는 것과 같습니다. 한국사는 큰 그림이 그려지기 때문에 어느 정도 공부하면 많은 분들이 자신하지만 행정학은 그림을 그리기가 어렵습니다. 그래서 목차를 생각하고 지금 내가 공부하고 있는 내용이 정책론에 속하는지 조직론에 속하는지를 생각하며 공부를 하는 것이 중요합니다. 저는 행정학의 앞부분에 나오는 행정학의 기초 이론 파트는 아예 행정의 변천과 흐름표를 펼쳐놓고 공부를 하였습니다. 이 부분은 거의 외우다시피 반복해서 봤는데 그 이유가 지금 내가 공부하는 이론의 시대적 위치를 파악하기 위함이었습니다.

Point 2.
중심가지와 곁가지를 생각하며 공부하기

저는 행정학을 공부하는 동안 계속 다음과 같이 생각하면서 공부하였습니다. "일단 중요한 a, b급 먼저 확실하게 잡자. 그리고 이 부분에 익숙해지면 c, d급을 더하는 방향으로 공부하자."

그래서 a, b급을 중점으로 두 번 강의를 듣고 기출에 들어간 이후에 나머지 c, d급을 공부하였습니다. 기출문제를 풀 때도 이것을 늘 생각하면서 공부하였습니다.

행정학 공부를 하면서 정말 중요한 것은 지금 내가 보고 있는 내용이 행정학에서 중요하게 여기고 있는가입니다. 이것을 생각하지 않는다면 행정학이야말로 암기해야 할 것이 너무 많을 겁니다. 중요한 부분부터 공부한다는 점을 늘 떠올리면서 공부해야 합니다.

Point 3.
단계적으로 암기하기

행정학은 분명 이해가 바탕이 되어야 하지만, 결국은 암기를 해야 하는 과목입니다. 하지만 외워야 하는 내용이 너무 많다 보니 암기에 관한 부담감이 당연히 있기 마련입니다. 따라서 이 외워야 하는 내용을 한 번에 외우기보다 단계를 정해서 암기하는 것을 추천합니다.

예를 들어 회독 초반에는 학자의 이름과 주장한 이론 정도만 외우고 그 이후에 그 이론이 무엇인지 구체적으로 암기하는 방법으로 암기하는 것입니다. 학자들의 저서를 묻는 지문도 등장하는데 이런 부분은 처음부터 외우기보다 내용을 먼저 이해한 이후에 외우게 되면 더 잘 외워질 수 있습니다.

그리고 법률에 구체적인 숫자가 나오는 경우가 많습니다. 이러한 부분도 처음부터 암기하기보다 시험을 앞둔 시기에 암기를 하는 게 더 낫습니다.

Point 4.

보기에 집중하자

공부하면서 제가 느낀 점은 행정학 문제에 나오는 보기가 정말 중요하다는 점이었습니다. 기출의 보기가 약간씩 변형돼서 나오는 것은 물론이고 때로는 그대로 반복되어 나오는 경우가 많이 있었습니다. 따라서 문제를 풀 때에 보기를 그냥 넘겨보지 마시고 세밀하게 왜 틀렸는지, 생각하시고 맞는 보기라면 그 보기의 내용을 그대로 기억하는 정도로 공부하시면 도움이 될 것 같습니다. 저는 막판에 OX 퀴즈집을 봤었는데 기출보기로 이루어져 있기 때문에 보기 좋았습니다. 모든 기출과 모의고사 보기의 정오를 아는 수준에 이르면 행정학 고득점에 갈 수 있지 않을까 싶습니다.

Point 5.

두문 글자 사용하기

'상해영타'가 무엇인지 아실까요? 포스트모더니티의 행정의 특징이 상상, 해체, 영역해체, 타자성인데 이걸 앞 문자로 '상해영타'라고 외우는 것입니다. 이게 외워질까? 이렇게까지 해야 하나? 했지만 이상하게 외워지고 시험에 나오면 막강한 힘을 발휘합니다.

'해재매잭 연자다민'이 무엇인지 아실까요? 이것은 미국 관료제의 모형에 관한 두문 글자입니다. 정말 가장 앞 글자를 딴 것뿐입니다.

(해)Hamilton (연)방주의

(재)Jefferson (자)유주의

(매)Madison (다)원주의

(잭)Jackson (만)주주의

위와 같이 두문 글자로 외우면 그냥 풀리는 문제들이 있습니다. 그리고 말이 안 되는 것 같은데 이상하게 계속 외우고 말하다 보면 입에 딱딱 붙게 됩니다. 이런 방법으로 방대한 행정학을 암기 하는 것이 좋다고 생각합니다. 정말 도움이 됩니다.

이런 내용들은 내가 억지로 만들기보다 선생님들이 수업시간에 말씀해주시는 두분 글자나 많은 사람들이 사용하는 두문 글자를 사용하는 것이 더 좋습니다. 왜냐하면 그 두문 글자들은 입에 잘 붙게 검증된 내용들일 가능성이 더 높기 때문입니다.

Point 6.
형용사에 집중하여 공부하기

행정학의 중요한 내용에는 높다, 낮다, 크다, 작다, 집권, 분권, 진보, 보수, 수직, 수평, 상향, 하향 등 형용사가 많이 나옵니다. 그래서 암기를 할 때에 한 쪽만 외우면 나머지는 외울 필요가 없을 때가 많습니다. 출제자들도 이러한 내용들을 바꿔서 문제를 출제하는 경향이 있습니다.

Point 7.

회독의 힘을 믿고 공부하기

행정학을 공부하는 방법은 어쩔 수 없이 여러 번 회독하는 수밖에 없습니다. 공무원 암기과목은 회독을 통해 내용을 기억하는 것이 중요합니다. 한두 번 회독하는 걸로 되지 않습니다. 포기하고 싶은 마음이 들 때 딱! 한 번만 더 회독해 봤으면 좋겠습니다. 그리고 회독을 할 때는 꼭 밀도 있는 회독으로 그 시간을 의미 있게 보내야 합니다.

행정학 학습 포인트 정리

① 목차를 생각하며 공부하기

행정학의 큰 흐름 안에서 공부합니다. 내가 공부하는 부분이 행정학의 어떤 단원인지 생각하며 길을 잃지 않습니다.

② 중심가지와 곁가지를 생각하며 공부하기

중요한 부분과 덜 중요한 부분을 생각하며 공부합니다. 먼저 중요한 부분을 공부하고 그 위에 지엽적인 부분을 더합니다.

③ 단계적으로 암기하기

모든 내용을 한 번에 암기하려 하지 않고 순차적으로 암기합니다. 예를 들어 학자의 이름과 이론명을 먼저 외우고 그 이론의 구체적인 내용은 다음에 외웁니다.

④ 보기에 집중하기

다른 과목도 그렇겠지만 행정학은 기출문제의 보기 내용이 중요합니다. 다시 나올 수 있다는 마음으로 보기를 잘 분석하고 기억합니다.

⑤ 두문 글자 사용하기

행정학에는 암기를 해야 하는 내용들이 많은데 두문 글자가 유용하게 사용됩니다. 말이 안 되고 유치한 내용일 수 있지만 외워두면 큰 힘이 됩니다.

⑥ 형용사에 집중하여 공부하기

행정학의 내용에는 높다, 낮다, 크다, 작다, 집권, 분권 등의 형용사가 많이 나옵니다. 이러한 형용사에 집중하여 공부한다면 효율적인 공부가 될 수 있습니다.

⑦ 회독의 힘을 믿고 공부하기

암기과목은 결국 꾸준한 회독이 중요합니다. 행정학도 밀도 있는 회독으로 공부해야 합니다.

합격을 위한 네 번째 마음

완벽주의에서 벗어나자!

처음에 공무원 시험을 시작하고 공부할 때에
공부를 가장 많이 방해하는 마음은
열심히 하고자 하는 마음입니다.

공무원 시험을 열심히 준비하길 원하시는 분들에게는
강의를 들으면서 배우는 모든 내용들을
완벽하게 이해하고 암기하고 넘어가려는 마음이 있습니다.
충분히 이해하는 마음입니다.

하지만 이러한 마음은 공부에 방해가 될 수 있습니다.
왜냐하면 잘 이해가 되지 않으면
다음 진도로 넘어가려고 하지 않게 되고
그렇게 되면 다음 스텝으로 넘어가기가 어렵기 때문입니다.

기본 강의를 듣고 기출로 넘어가야 하는데
이게 완벽하게 준비가 안 된 거 같아서
다시 처음부터 강의를 듣고 기본서를 보게 되는 겁니다.

하지만, 그렇게 해서 다시 봐도
모든 내용을 다 이해하고 기출로 넘어갈 수는 없습니다.

그 누구도 기출 문제를 풀기 전에
기본 개념을 완벽하게 마스터할 수 없습니다.
이론이 완성되는 날은 절대 오지 않는다는 것을 기억해야 합니다.
저는 심지어 시험을 보는 날까지도
완벽한 상태에서 시험을 보지 않았습니다.

우리의 목적은 완벽하게 그 과목을 마스터하는 데에 있지 않습니다.
우리의 목적이 한국사 마스터가 되는 것일까요?
행정학의 대가가 되는 것일까요?
그렇지 않습니다. 우리의 목적은 한국사 마스터가 아니라
행정학 마스터가 아니라
단지 보기 네 개짜리 객관식 문제를 안 틀리고 맞히는 겁니다.
그렇기 때문에 모든 것을 완벽하게 이해하고 암기하기보다는
문제를 통해 보기 하나를 골라내는 정도에서 공부를 해야 합니다.

사실, 이를 위한 공부량도 어마어마합니다.
부디, 완벽주의에서 벗어나 전략적인 공부를 하게 되기를 바랍니다.

PART 04

포기시리즈

- 기본 강의
- 기출 풀기
- 두꺼운 어휘책
- 한자, 한자성어
- 시간이 걸리는 문제
- 평범한 일상

저는 말씀드렸다시피 단기간 공부를 했어야 했습니다. 그래서 과감히 포기해야 하는 것들은 포기했어야 했습니다. 이번 챕터는 제가 포기한 내용들에 관한 이야기입니다. 공무원 시험공부를 할 때 모든 것을 다 가져가며 공부한다면 비효율적인 공부가 될 수밖에 없습니다. 하지만 몇 가지를 내려놓을 수 있다면 좀 더 효율적인 공부가 가능하게 됩니다.

4

포기시리즈

포기 시리즈에 들어가면서

사실 이번 챕터는 제가 가장 조심스럽게 써 내려간 글입니다. 한 문제를 더 맞혀야 하는 공무원 시험에서 무언가를 버리고 공부를 한다는 건 너무 큰 부담일 수 있기 때문입니다. 그리고 저의 글이 잘못 전달되면 제가 쉽게 공부를 했다고 여겨질 수 있기 때문에 더욱더 신중하게 쓴 글입니다.

물론, 모든 것을 다 대비하고 공부한다면 그보다 더 좋을 수는 없을 겁니다. 그게 문제 될 것은 전혀 없습니다. 하지만 그럴 수 없는 상황에 계신 분들도 계십니다. 모든 것을 다 공부할 수 없고 다른 사람들이 공부하는 대로 그대로 공부할 수 없는 상황에 놓인 분들도 계실 겁니다. 그런 분들에게 우선순위에 관한 내용을 들려드리기 위한 챕터가 이 포기 시리즈입니다.

이 챕터에서 말씀드리는 것들은 쉽게 공부하기 위해, 편하게 공부하기 위해 꼭 공부해야 하는 것들을 버린 것이 절대 아닙니다. 더 열심히 공부하기 위해, 더 효율적으로 공부하기 위해 어쩔 수 없이 눈물을 머금으며 포기한 것입니다. 그래서 저는 이로 말미암아 지난 6개월간 그 누구보다 열심히 공부할 수 있었습니다.

이번 챕터인 포기 시리즈는 6개월밖에 남지 않았던 상황에서 더 멀리, 더 빠르게 뛰기 위해 내려놓았던 모래주머니와 같은 내용이라는 것을 기억하며 읽어주셨으면 좋겠습니다.

포기시리즈 1.
기본강의

첫 번째로, 제가 포기한 것은 '기본강의'였습니다.

앞에서도 말씀드렸듯이 공무원 시험의 공부량은 매우 방대합니다. 각 과목의 기본서를 보면 놀랄 수밖에 없습니다. 그 두께에 압도되고 엄청나게 많은 강의 수에 압도됩니다. '이걸 다 언제 공부하지?'라고 생각했지만 하는 수없이 저는 모든 과목의 기본서를 사고 모든 기본강의를 듣기 시작했습니다.

그렇게 2주가 흘렀습니다. 그때 앞으로 공부를 해야 하는 나머지 부분을 봤을 때 뭔가 답답한 마음이 들었습니다. '나보다 먼저 시작한 다른 사람들은 이미 기본강의 다 마치고 기출을 회독해도 몇 번은 했었을 텐데 나는 지금 뭘 하고 있나?'하는 생각을 했었습니다. 그리고 다른 방법을 찾기 위해 전전긍긍하였고 급한 마음에 기본강의를 멈추고 핵심요약강의*라는 강의를 찾게 되었습니다.

보통 각 학원마다 7월부터 기본강의를 시작하고 그 강의가 끝나면 바로 다음 커리큘럼으로 핵심요약강의라는 강의를 시작합니다. 두꺼운 기본서로 각 과목에 나오는 모든 내용을 공부하는 것이 7~8월이고 여기에서 더욱더 핵심적이고 시험에 나올 가능성이 많은 내용을 9~10월에 열리는 핵심강의에서 다룹니다. 제가 들은 기본강의와 핵심강의의 러닝타임을 대충 계산해 봤는데 핵심강의가 약 30% 정도 짧았습니다. 그리고

* 학원마다 강의의 이름은 다를 수 있습니다. 핵심강의, 요약강의, 압축강의 등으로 불리는데 기본강의보다 너무 많이 압축된 강의는 개념정리가 어려울 수 있습니다. 적절한 강의를 찾아야 합니다.

영어 문법만을 계산해 봤는데 반절도 되지 않았습니다.

강의에 사용하는 교재도 훨씬 얇고 콤팩트하였습니다. 약간 불안했지만 걱정을 하면서 현재 진도 그대로 요약강의로 넘어갔습니다. 국어와 영어는 처음부터 문법 부분만을 들을 계획이었기 때문에 계속 듣고 마무리를 했습니다. 행정학도 a, b부분만을 먼저 듣기로 계획해서 계속 수강했습니다. 문제는 남은 한국사와 사회였는데 한국사는 단권화 개념완성이라는 강의로 갈아탔고 사회도 핵심이론완성이라는 강의로 바꿨습니다. 결론적으로 저는 강의를 잘 들었고 만족했었습니다.

사실, 저는 핵심강의가 어떤 면에서는 기본강의보다 더 좋을 수도 있다고 생각합니다. 공무원 시험은 누가 더 지엽적인 문제를 풀 수 있는지 대결하는 시험이 아닙니다. 공무원 시험은 **가장 중요한 핵심 내용을 누가 정확하고 빠르게 푸는 지가 중요합니다.** 아무것도 모르는 상황에서 기본이론 강의를 들을 때는 중요하고 지엽적인 부분을 알지 못할 수 있습니다. 무엇을 암기해야 하는지 판단이 안 설 수 있다는 겁니다. 하지만 핵심강의에서 다뤄지는 내용들은 중요한 내용들이기 때문에 오히려 공부하는 데 도움이 될 수 있습니다.

공무원 시험은 많은 범위를 빠르게 회독하며 기억에 남기는 것이 중요합니다. 처음부터 끝까지 보는 시간이 너무 길면 그 내용을 전체적으로 보기가 어렵습니다. 회독하는 시간을 최대한 단축시켜야 하고 그렇게 할 때에 내용들이 한눈에 들어옵니다. 많은 분들이 회독하는 책은 핵심강의 교재입니다. 물론 기본서 회독도 하지만 결국엔 단권화하기 위해서는 보다 얇은 교재가 더 유익합니다.

기본서 제작의 비밀

각 과목 선생님들께서 기본서를 만드실 때의 심리를 잘 생각해 보면 기본서는 효율적인 공부를 하는 것을 방해하는 측면도 있습니다. 왜냐하면 기본서는 시험에 나왔던 내용과 시험에 나올 수 있는 내용과 함께 앞으로 영영 나오지 않을 내용, 혹시라도 빠트리면 안 될 내용, 혹시라도 나오면 대박 날 수 있는 내용 등등 가지각색의 내용들이 다 포함되어 있는 책이기 때문입니다. 쉽게 말해, 두껍게 만들지언정 혹시라도 빠진 내용이 시험에 나와 수험생들의 비난을 받는 것을 피하는 식으로 기본서를 만들기 때문입니다. 이 부분은 제가 선생님이라도 피할 수 없는 부분인 것 같습니다. 실제로 시험을 본 이후, 그 과목에서 정말 어려운 문제가 나온다면, 어떤 선생님의 책에 포함이 되어있고 어떤 선생님이 책에 포함이 되어있지 않은 지가 수험생들의 최대 관심사이기 때문입니다. 따라서 선생님들이 기본서의 양을 줄인다는 것은 엄청난 결단이 있어야만 가능합니다. 저는 이런 성격의 책이 '기본서'라고 생각을 합니다. 즉, 공무원 시험과 관련된 어마어마한 자료의 총화가 기본서입니다. 이런 교재로는 효율적인 공부를 하기가 어렵습니다.

그에 비해 핵심강의 때 사용하는 교재들은 정말 중요한 내용을 위주로 정리가 되어 있습니다. 그렇기 때문에 효율적인 공부가 가능합니다. 이건 개인적인 생각인데 선생님들이 기본강의를 할 때는 여유를 가지고 진행하지만 핵심강의 때는 시간에 쫓겨 다른 말씀(공부자극, 동기유발 등)을 안 하시고 수업에만 집중하는 것 같습니다.

이런 의미에서 제 생각에는 시간이 부족하고 관련 과목에 대한 이해가 조금이라도 있으신 분들은 기본강의가 아니라 바로 핵심강의 들어가도 괜찮다고 생각합니다. 지금 저에게 시험을 준비하는 초기로 돌아가서 어떤 선택을 할 거냐고 물어보신다면, '기본강의 대신 핵심 강의를 듣겠다'고 말씀드릴 것 같습니다.

그리고 사실 핵심강의도 그렇게 짧지 않습니다. 대충 계산해 보니 기본강의 총 러닝타임의 70% 정도가 되며 역시 긴 시간이 소요됩니다. 거의 모든 내용을 다루기에 충분한 시간입니다. 그렇다고 지금 기본강의를 듣고 계신 분들이 있다면 무리하게 핵심강의로 넘어갈 필요는 없습니다. 자신의 상황을 잘 생각해 보시고 시간의 여유가 있으시다면 기본강의를 들어도 괜찮습니다. 자신의 선택과 시간을 신뢰하고 공부하는 것도 중요하기 때문입니다.

포기시리즈 2.
기출풀기

저에게 하시는 많은 질문 중 하나는 '기본 개념 강의를 한 달 듣고 기출로 들어갔을 때에 기출이 풀리더냐?'라는 질문이었습니다. 이와 관련하여 제가 포기한 한 가지를 더 소개해 드리려 합니다.

결론적으로 저는 기출문제 풀기를 포기했습니다.
먼저 제가 기출로 들어가게 된 시점을 과목별로 말씀드리겠습니다.

국어

기본강의 1회독 후 문법&규범 부분만 빠르게 다시 듣고 기출로 들어갔습니다.

영어

문법 부분 1회독 후 기출로 들어갔습니다.

한국사

한국사는 개념강의 1회독 후 바로 기출로 들어갔습니다.
기출로 들어가면서 필기노트 압축특강을 동시에 다시 들었습니다.

행정학

행정학은 처음부터 a, b급만 들었었고 강의 1회독 이후 기출로 들어갔었는데 너무 모르는 것 같아서 빠르게 a, b급 1회독을 다시 했습니다. 그리고 기출로 들어갔습니다.

이렇게 각 과목별로 기출로 들어갔을 때 제가 기출 문제를 잘 풀었을까요?

아닙니다. 저는 전혀 못 풀었습니다. 기본서와 기본강의를 처음 만났을 때의 당혹감처럼 기출 문제를 처음 만났을 때에도 당혹스러웠습니다. 문제를 풀고 채점할 때 다 틀리는 문제집을 보고 한 번 당황했고, 이게 내가 풀어야 하는 문제라는 것을 다시 한번 깨달았을 때에 두 번 당황했습니다. 두 달간 했던 개념정리의 시간은 어디로 갔는가?라는 생각에 힘들었고 다시 기본강의를 듣기도 하였습니다.

저도 국어와 행정학의 경우에는 첫 번째 선택을 하여 빠르게 다시 기본강의를 들었습니다. 국어와 행정학은 스스로 생각해도 기본강의를 다시 들을 필요가 있다고 여겨졌기 때문에 들었습니다. 그렇다면 다시 강의를 듣고 기출 문제를 풀었을 때에 잘 풀렸을까요? 그렇지 않았습니다.

기본 개념 강의를 열심히 공부했는데 기출이 잘 풀리지 않는 분들은 다음의 내용을 집중해서 읽어보시면 좋겠습니다. 분명 한 번 더 들었기 때문에 강의 1회독을 했을 때보다는 개념에 대한 이해는 더 많았을 겁니다. 더 많은 이해와 지식이 머리에 있을 겁니다. 단지, 문제를 못 풀기 때문에 내가 모른다고 생각하는 것뿐입니다.

기출을 공부할 때는 개념 정리를 잘했다고 갑자기 문제를 잘 풀 수 있는 게 아니라는 점을 분명히 기억해야 합니다. 왜냐하면 강의 1회독 이후 우리의 뇌는 개념을 문장으로 이해하지 문제로 이해하는 것이 아니기 때문입니다. 따라서 문제를 풀지 못하는 것은 당연합니다.

강의 1회독 - 새로운 원리와 지식을 개념과 문장으로 이해하는 단계
기출 1회독 - 공부한 원리와 지식을 문제 형태로 처음 만나는 단계

지금까지 공부한 내용들이지만 다른 형태로 만나기 때문에 우리는 새롭게 느끼는 것이고 어떻게 접근해야 하는지 모르게 되는 것입니다. 하지만 우리는 우리가 아는 모든 내용을 적어내는 시험을 보는 것이 아니라 객관식 문제를 푸는 시험을 봅니다. 그렇기 때문에 기출 문제는 중요합니다. 왜냐하면 바로 이 기출문제가 우리가 풀어야 하는 기준이 되는 문제들이기 때문입니다.

처음부터 기출 문제를 푸는 것은 쉽지 않습니다. 시간이 많았다면 시간이 걸리더라도 하나하나 문제를 풀고 틀리고 다시 푸는 방식으로 기출 문제에 익숙해질 수 있었겠지만 저는 그렇게 할 수가 없었습니다.

그래서 저는 기출 문제를 풀지 않았습니다. 기출 문제를 풀지 않고 기출 문제를 분석했습니다. 사실 처음부터 분석을 하려던 것은 아니고 자꾸 틀리니깐 푸는 것을 포기하고 문제를 보고 바로 해설을 봤습니다. 해설을 본다는 것은 다름이 아니라 문제를 분석한다는 겁니다. 물론, 기출 문제를 처음 봤을 때 잘 풀리면 전혀 문제 될 것이 없습니다. 하지만 문제는 안 풀리고 어차피 풀면 틀리는 상황이라면 그 시간을 아껴 먼저 문제에 적응하는 시간을 갖는 것이 더 효율적이라고 생각했습니다.

기출 문제를 분석할 때 중요한 것은 틀린 지문이 왜 틀렸는지를 아는 것입니다. 출제자들은 아무렇게나 오답을 만들지 않고 헷갈리게 오답을 만드는 데 그것을 분석해 주는 것이 해설입니다. 따라서 해설만 집중해서 잘 읽어도 기출 분석을 할 수 있게 됩니다.

저는 기출 문제를 풀지 않고 바로 해설을 읽었습니다. 기출 공부의 목적은 문제를 풀어서 맞히기 위함이 절대 아닙니다. 틀리고 맞고에 일희일비하는 것이 아니라 집중해서 문제를 보고 분석해야 하는 것입니다. 왜 맞았고 틀렸는지, 이 지문은 기본서 어디에 나오는 건지, 어떤 유형의 문제들이 최근에 나오고 있는지 생각하며 기출 문제를 보는 시간이 기출의 시간입니다.

그래서 저는 기출 문제 풀이를 포기하고 기출 문제집을 더 집중해서 봤습니다. 처음 1~2회독 때에는 채점을 하지 않았고 바로 답과 해설을 봤습니다. 예를 들어 보통 문제풀이처럼 1번에서 20번까지 문제를 쭉 풀고 채점하고 틀린 문제를 다시 보고 하는 식으로 하지 않았습니다. 바로 해설을 봤습니다.

물론, 기출 문제를 볼 때 아무런 생각을 하지 않고 바로 정답을 보고 해설을 보지는 않았습니다. 문제를 보고 '답이 무엇일지' 생각을 해보고 답을 보고 해설을 봤습니다. 1번에서 20번까지 문제를 다 풀고 채점하고 다시 틀린 문제를 본 것이 아니라 1번 문제를 보고 생각한 뒤에 답을 보고 해설 보고, 2번 문제를 보고 생각한 뒤에 답을 보고 해설 보고 이런 식으로 기출을 봤습니다. 다시 한번 말씀드리지만 기출은 푸는 것보다 분석하는 것이 더욱더 중요합니다. 그리고 물론 당연히, 암기과목이 아닌 기출문제(영어와 국어 독해 같은)는 보통의 문제풀이처럼 동일하게 풀었습니다.

기출 1~2회독 때는 기본강의에서 들었던 개념들을 문제로 만나서 그 문제와 친해지는 시간입니다. 그래서 저는 풀리지 않는 문제를 억지로 풀려고 하지 않았고 대신에 문제를 분석하여 문제화된 개념과 친해지려고 노력했습니다. 기출 3회독부터는 소위 말하는 기출 문제 풀이를 하였습니다. 그리고 문제를 풀 때 기출 문제집에 직접 답을 적어서는 안 됩니다. 문제를 몇 번이고 계속 풀어야 하기 때문입니다. 공무원 공부를 하면서 가장 많이 봐야 하는 책이 기출 문제집입니다.

지금 기출 문제를 보시는 분들도 계실 거고 곧 기출로 들어가시는 분들도 계실 겁니다. 다시 한번 더 말씀드리지만 기출은 정말 중요하고 기출은 풀어서 맞히는 것이 아니라 읽고 분석해야 하는 문제들입니다. 우리에게 합격으로 인도할 기출 문제 한 문제 한 문제를 소중히 다루어 기출 문제집에 있는 모든 보기의 옳고 그름과 함정을 모두 파악하게 되기를 바랍니다.

포기시리즈 3.
두꺼운 어휘책

저는 영어 공부를 하면서 초반에 가장 힘들었던 부분이 어휘 파트였습니다. 처음에는 그냥 외우면 되지 하는 마음이었지만 생각보다 쉽지가 않았습니다. 어휘는 총 4문제가 나오는데 이게 문법과 달리 방대하게 느껴졌습니다. 문법은 그래도 열심히 하면 풀 수는 있을 것 같았는데 어휘는 그렇지 않았습니다. 왜냐하면 문법에는 문제 속에 많은 힌트들이 있지만, 어휘는 정말 딱 떠오르지 않으면 맞히기가 어렵기 때문입니다. 그래서 '내가 모르는 단어가 나오면 어떻게 하지?'라는 두려움이 섞인 걱정을 시험 보기 전날까지 했습니다.

시험을 준비하면서 어떤 어휘들이 나오나 기출 문제를 봤었습니다. 그런데 정말 아는 단어는 거의 없었고 처음 보는 단어들이 대다수였습니다. 그래서 이건 빨리 시작해야겠다 생각했습니다. 각 과목별 기본서와 가장 먼저 구매한 것이 공무원 시험을 준비하는 사람들이 많이 보는 단어집이었습니다.

day1부터 정말 열심히 외우기 시작했습니다. 그런데 day1 안에 있는 30여 개 단어들 중 확정히 아는 단어는 3~4개 정도였습니다. 어쩔 수 없으니 정말 울며 겨자 먹기로 매일매일 단어를 외우기 시작했습니다. 하루에 day3 정도(약 100개) 외웠던 것 같습니다. 사실 외웠다기보다 그냥 봤습니다. 그리고 저는 day 59일째를 기점으로 단어집을 덮었습니다. 이렇게는 안되겠다는 생각이 들었기 때문이었습니다. 지금까지 외운 단어들도 사실 기억나지 않았고 앞으로 회독은 몇 번 해야 할 텐데 그럴 스케줄이 전혀 나오지 않았기 때문입니다.

공무원 빈출 영어를 하루에 단어 30개 정도 100일 동안 외우면 3000개를 외우게 됩니다. 그렇다면 공무원 시험에 나오는 어휘문제 4개를 다 맞힐 수 있을까요? 글쎄요, 그것도 사실 장담할 수 없습니다. 3개 정도는 맞힐 수 있겠지만 정말 틀리라고 출제하는 문제는 그 안에 없을 수도 있습니다.

그럼 단어는 외워야 하는데 시간이 없다면 어떻게 단어 공부를 할 수 있을까요? 이 시간 버릴 수 있는 것은 무엇일까요? 사실 이야기는 무엇을 버려야 하는 지보다 무엇이 우선 되어야 하는가에 관한 이야기가 될 수 있을 것 같습니다.

저는 두꺼운 영어 단어집을 포기했습니다. 다시 말씀드리지만 저는 처음에 두꺼운 영어 단어집을 구매했습니다. 그리고 매일매일 일정량의 단어를 꾸준히 외웠습니다. 사실 외웠다기보다 일단 그냥 봤습니다. 단어 역시 새로운 단어를 그냥 그 자리에서 외우는 것보다 회독하면서 외우는 것이 더 효과적이라는 말을 들었기 때문입니다. 단어를 매일 보면서 제 마음속에는 '이거 내가 다 외울 수 있기는 한 건 가?'라는 걱정이 들었습니다. 단어만 외워야 하는 것이 아니라 다른 5과목도 아무것도 모르는 상황인데 이걸 계속해야 하나? 생각하였습니다.

보통 공무원 어휘의 학습 방향은 먼저 두꺼운 어휘집을 외우기 시작합니다. 어떤 단어가 중요하고 그렇지 않은 지는 크게 중요하지 않습니다. 많은 사람들이 보는 단어집을 나도 보고 있다는 사실이 중요합니다. 정말 잘 외워지지도 않지만 이 두꺼운 어휘집도 여러 번 회독하면 단어 자체는 외워집니다. 중요한 단어와 그렇지 않은 단어 모두가 다 외워집니다. 그리고 기출 어휘를 외우기 시작합니다. 아마 두꺼운 단어집에서 만난 단어들이 많이 발견될 것이고 잘 외우기도 할 것입니다. 그리고 파이널 단어 특강과 모의고사 단어들을 외우면서 마무리를 할 것입니다.

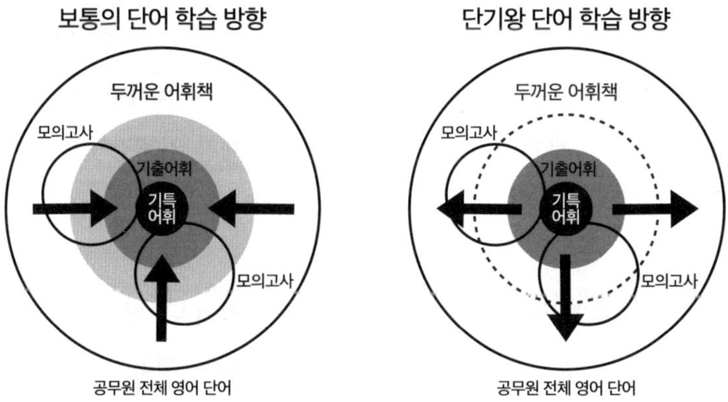

하지만 저는 조금 다르게 접근했습니다. 어차피 내가 두꺼운 영어 단어집에 있는 모든 단어를 다 외우지 못할 바에 '일단 외워야 하는 단어부터 외우자'라는 마음으로 단어를 외우기 시작했습니다. 그래서 제가 외우기 시작한 단어는 '기출 어휘'였습니다.

저는 기출어휘를 그냥 외우지 않고 강의를 들었습니다. 혼자서 외우는 것보다 강의를 통해 한 번 듣고 외우면 더 잘 외워졌습니다. 그리고 기출 강의를 들으면 문제에 있는 단어들뿐만 아니라 그 단어들과 함께 다니는 단어들, 반의어, 동의어 등도 함께 외우게 됩니다. 그것도 빈출 단어로 정리하였습니다. 그래서 어휘에 대해 고민이 많으시고 시간이 되시는 분들은 기출강의를 듣는 걸 추천합니다.

기출강의를 듣고 제가 느낀 점은 정말 어휘문제는 반복돼서 출제되는 경우가 많다는 것이었습니다. 이걸 알고 난 뒤에 저는 약간의 안도감이 생겼습니다. 그전에는 정말 막막했기 때문입니다. '그 수많은 단어들 중에 도대체 무엇이 나오고 그 단어가 나온다면 나는 과연 맞힐 수 있는 건가?'라는 생각 때문에 막막했었습니다.

하지만 기출강의를 통해서 이 단어들을 외운다면 '다른 사람들이 맞힌 단어는 맞을 수 있겠다'라는 생각이 들자 마음이 좀 편안했습니다. 그리고 사실, 이 마음은 공부하는 내내 가지고 있었던 마음이었습니다. 다른 사람들이 맞히는 문제는 나도 맞히자. 그리고 제가 기출강의를 통해 얻은 가장 큰 성과는 어휘 공부 방향을 잡은 것입니다.

저는 기출어휘를 계속 듣고 암기했습니다. 시험이 다가올 때 특강을 들었고 이 교재 안에 있는 모든 단어들은 정말 하나도 빼놓지 않고 외우려고 노력하여 거의 목표를 달성했습니다. '보카 3000은 못 외워도 이건 외우자'라고 다짐했습니다. 그리고 모의고사에서 만나는 단어들도 꼭 다 외우고 지나갔습니다.

특강을 들을 때 선생님께서 이렇게 말씀하셨습니다. 보카 3000는 빈출단어 3000개, 기출은 빈출단어 1000개, 기적의 특강은 500개로 구성되었다고 하셨습니다. 결론적으로 저는 정말 중요한 단어들부터 외웠고 상대적으로 나올 가능성이 적은 단어들은 외우는 것을 포기했다고 말씀드릴 수 있습니다. 모든 것을 다 외우면 좋겠지만 애당초 그것이 불가능하다면 선택과 집중 후 확장이라는 방향을 선택하는 것도 좋을 거 같습니다.

시간이 많이 부족하고 촉박하시는 분들에게 중요한 건 우선순위입니다. 더군다나 노베이스로 시작하시는 분들은 다른 과목도 공부해야 하고 할 것이 너무 많습니다. 이런 상황이라면 더 우선순위를 정하셔서 공부해야 하는데 단어의 우선순위도 생각하시며 외우시면 도움이 될 것 같습니다.

물론 두꺼운 어휘책을 여러 번 회독할 수 있다면 가장 좋겠지만 저와 같이 그럴 수 없으신 분들은 반대로 가장 중요한 단어부터 외워보시는 걸 추천해 드립니다. 그리고 점차 확장하는 방향으로 공부하는 것이 더 효율적일 수 있습니다. 그럼 어휘에 대해 자신감도 생기고 그 자신감으로 나의 어휘력을 확장시키실 수 있을 겁니다.

포기시리즈 4.
한자, 한자성어

제가 국어 공부와 관련된 가장 많이 받은 질문은 '한자 공부는 어떻게 했느냐?'입니다. 그리고 저는 그때마다 '한자와 한자성어는 포기했습니다. 다만, 한자성어는 기출 정도는 보셨으면 좋겠습니다'라는 답변을 해 드립니다.

공무원 공부를 하다 보면 정말 공부해야 하는 것이 많다는 걸 알게 됩니다. 특별히 저는 국어 공부를 하면서 그 느낌을 더 받았습니다. 다른 과목은 그래도 내가 공부하는 범위 내에 있는 것 같고 틀리더라도 내가 공부를 소홀히 했기 때문에 틀릴 것 같은데 국어는 그 범위가 손에 전혀 잡히는 않았습니다. 특별히 어휘 부분이 그랬습니다.

국어에서 문법과 규범에 표준어와 외래어 표기법이 포함되어 있기 때문에 어휘파트에는 한자어, 한자성어, 고유어 등이 있다고 생각해 볼 수 있습니다. 그리고 이 중에서 한자와 한자성어는 매년 한 문제씩은 꼭 출제가 되고 있습니다. 그래서 공부하시는 분들이 한자와 한자성어를 어떻게 해야 할지 궁금해하는 겁니다. 저는 두 문제는 공무원 시험을 시작하면서부터 포기했습니다. 그래서 저는 국어는 90점부터 시작된다고 생각을 했습니다. 물론, 마음이 편하지는 않았습니다. 그렇기 때문에 더 열심히 할 수밖에 없었습니다.

공무원 공부를 하면서 모든 파트를 다 가져갈 수는 없다고 생각하는 것이 중요합니다. 내가 포기해야 하는 부분은 포기하고 꼭 가져가야 하는 부분은 가져간다는 생각을 하며 전략적으로 공부하는 것은 매우 중요합니다.

저는 한자를 전혀 모릅니다. 저의 이름 정도 쓸 수 있는 사람입니다. 이런 사람인데 한자 문제를 맞히겠다고 한자를 공부한다면 정말 비효율적 공부의 극치일 것입니다. 저는 한자능력시험을 보는 것이 아니었고 공무원 시험을 보는 사람이었기 때문에 한자를 포기하는 것이 저에게 더 도움이 되었습니다.

한자뿐만이 아닙니다. 쉽게 포기하라는 의미가 아니라 좀 더 전략적으로 공부할 필요가 있다는 것입니다. 저는 한자는 포기했지만 그와 함께 저를 힘들게 했던 띄어쓰기는 포기하지 않았습니다. 열심히 공부했고 마지막까지 특강을 들으며 띄어쓰기 한 문제를 더 맞히기 위해 노력했었습니다. 충분히 대비할 수 있었다고 생각을 했기 때문에, 한 문제를 더 맞히기 위해 포기하지 않았던 것입니다. 아쉽게도 띄어쓰기 문제를 틀리긴 했지만 저는 대비할 수 있는 부분은 최선을 다해 준비했습니다. 한자를 틀린 것과 띄어쓰기를 틀린 것은 같은 틀림이었지만 담고 있는 의미는 달랐습니다.

저는 한자를 아예 모르는 상황이라면 과감히 포기하는 것도 하나의 방법이라고 생각합니다. 다만, 한자성어는 기출의 범위 안에서 대비하는 것도 나쁘지 않겠다는 생각을 하였습니다. 저는 물론 틀렸지만 한자성어가 어렵지 않게 출제되고 있고 기출 안에서 출제가 되고 있기 때문입니다. 이번 문제도 아주 쉬운 한자성어였고 조금만 공부를 하신 분들은 맞힐 수 있는 문제였기 때문에 문제를 읽지도 않고 찍은 저에게는 큰 타격이었습니다.

부디, 전략적인 공부로 효율적인 공부 계획을 세우시길 바랍니다.

포기시리즈 5.
시간 걸리는 한 문제

이번 챕터는 많은 고민을 했던 챕터입니다. 왜냐하면, 이제 사회라는 과목은 역사 속으로 사라졌기 때문입니다. 시험과목은 없어졌지만 이 글이 주는 교훈이 있기 때문에 말씀드려보겠습니다. 꼭 사회라는 과목에 한정하지 않고 읽어 주시면 분명 도움이 되리라고 생각됩니다.

저는 혼자 수험생활을 했습니다. 공부법에 관하여 물어볼 사람도 없었기 때문에 공부가 안 될 때나 쉬는 시간에 유튜브에서 공부법에 관한 영상을 찾아봤었습니다. 영상을 통해 어떻게 공부를 해야 하는지 방향을 잡기도 하였고 잘못된 방향을 수정하기도 하였습니다. 그런데 제가 봤던 영상 중 처음에 들었을 때 동의가 안 된 내용이 있었습니다.

합격자와의 인터뷰 내용에서 다음과 같은 대화가 있었습니다. 이분은 3개의 공무원 시험에서 합격하신 분이셨습니다.

> 사회자: 사회 경제파트가 시간이 많이 걸리는데 이 부분은 어떻게 하셨나요?
>
> 합격자: 이건 추천드리는 방법은 아닙니다. 제가 앞부분에서 시간을 너무 많이 썼다면 사회 경제 문제는 아예 안 풀었습니다.
>
> 단기왕: ?!

저는 '아니, 경제 문제가 5문제나 나오는데 그 문제를 안 풀고 어떻게 합격하지? 무슨 저런 말도 안 되는 말을 하고 있지?'라고 생각했었습니다. 저는 솔직히 그 순간 너무 황당했는데, 그 인터뷰를 진행하셨던 사회자들의 반응에 더 놀랐었습니다.

사회자: 맞습니다. 추천드리지 않는다고 말씀하셨는데, 그것도 좋은 방법입니다.

단기왕: 뭐라고? 이게 좋은 방법이라고?!

선택과목을 고르실 때 사회를 고르신 분들이 계실 겁니다. 사회를 고르신 이유는 다른 과목에 비해 익숙한 내용들이고 그렇기 때문에 상대적으로 쉽게 공부할 수 있기 때문일 겁니다. 그리고 절대적인 공부의 양도 분명히 적은 건 맞습니다. 그래서 많이들 선택하십니다. 저도 그런 이유로 사회를 선택했습니다. 그런데 경제 문제 때문에 모의고사를 풀면서 약간의 후회가 밀려왔습니다. 경제가 어렵기도 어려운데 계산 문제가 너무 오래 걸립니다. 거의 문제를 보는 순간 답을 풀 수 있는 것이 암기과목과 선택과목의 특징이자 강점인데 이 사회는 경제라는 파트가 있기 때문에 문제를 푸는 데 오래 걸립니다. 한 15분에서 많게는 20분까지 걸릴 수 있습니다. 하지만 이 시간은 너무 아깝습니다. 공통과목도 아니고 선택과목을 위해 그 귀한 시간을 다 사용할 수는 없습니다.

그래서 위에서 인터뷰한 3관왕 합격생은 경제 문제를 포기해도 괜찮다 말씀하신 것 같습니다. 물론, 경제 문제 역시 빨리 풀 수 있는 문제도 있습니다. 여기서 말씀드리는 문제는 문제를 풀 때 오래 걸리는 경제 문제를 말씀드리는 것입니다. 그리고 그런 문제는 1~2문제 정도 나올 수 있습니다. 그리고 이것을 조정 점수로 환산하면 약 4~5점 정도 될 겁니다. 공통과목 한 문제의 점수입니다.

물론, 시간이 많은 상황에서는 경제 2문제를 끝까지 풀어도 괜찮을 겁니다. 그리고 아예 시험을 보기 전부터 '경제 2문제를 풀 생각을 하지 마세요'라고 말씀드리는 건 절대 아닙니다. 단지, 시험에서 복잡하고 오래 걸리는 경제 문제를 푸다가 당황하여 리듬이 깨지거나 멘탈이 무너져 다른 문제를 푸는 데에 영향을 주면 안 된다고 말씀드리는 겁니다. 저도 경제 한두 문제는 상황에 좋지 않으면 버리자는 마음으로 시험을 봤고 정말 시험 볼 때에 그런 상황에 놓이게 되어 경제 두 문제를 틀렸습니다. 하지만 합격에 영향을 주지 않았습니다. 오히려 빠른 포기로 인해 다른 문제를 맞힐 수 있었습니다.

그렇다고 공부할 때 경제 문제를 버리고 공부하지 않았습니다. 사회 기출강의를 듣지 않았는데 경제 강의는 들었고 다른 파트보다 회독을 두 번 더 한 파트가 경제 파트였습니다. 하지만 상황이 여의치 않을 때 언제든지 버리고 간다는 마음을 가지고 시험에 임했습니다.

이 내용은 단순히 사회 경제 문제에만 국한된 내용은 아닙니다. 공부를 할 때에도 전략적으로 공부를 해야 하지만 당일 시험을 볼 때에도 이런 마음가짐은 합격을 위해 필요한 것 같습니다.

포기시리즈 6.
평범한 일상

공무원 공부를 하면서 느꼈던 것 중 하나는 공무원 시험에 합격하기 위해서는 올바른 공부법도 중요하지만 내가 어떻게 살아가야 하는지도 중요하다는 것을 느꼈습니다. 즉, 삶에 대한 태도 역시 매우 중요한 역할을 한다고 생각을 합니다. 그리고 올바른 삶의 태도는 내가 누구인지 아는 것에서 시작된다고 생각합니다.

내가 누구인지를 아는 것, 나의 정체성을 아는 것은 매우 중요합니다. 왜냐하면, 우리는 그 정체성대로 살아가기 때문입니다. 그래서 군대에 입대하면 군인이라는 새로운 정체성을 가진 존재로 다시 태어나게 됩니다. 그래야만 군인다운 삶을 살 수 있기 때문입니다. 그리고 그 과정은 매우 혹독합니다. 군인은 그 존재 목적에 맞게 나라를 지키게 됩니다. 이와 마찬가지로 경찰이 시민의 안전을 지키는 것처럼, 소방관이 불을 끄는 것처럼 공시생도 자신의 정체성에 맞는 삶을 살아가야 그 목적을 이룰 수 있다고 생각했습니다.

그래서 저는 정체성을 스스로 공시생이라고 생각했습니다. 그리고 공시생답게 살기 위해 7가지 생활원칙을 정하고 그대로 지키며 살기 위해 노력했고 6개월 동안 실천했습니다. 이 7가지 원칙은 잠시 평범한 일상을 포기하는 원칙들이었습니다.

저는 6개월 동안 주말을 포함해서 딱 2일 쉬었습니다. 그 2일도 어머니의 생신날 지방에 다녀오면서 쉬게 된 것입니다.

저는 6개월 동안 매주 챙겨 보았던 해외축구 경기를 단 한 번도 보지 않았습니다.

저는 6개월 동안 가능한 한 챙겨 보았던 국내야구 경기를 한 번도 보지 않았습니다.

저는 6개월 동안 가족을 제외한 그 누구도 만나지 않았습니다.

저는 최대한 외출을 삼가고 집에서 계속 공부만 했습니다.

왜냐하면, 저는 공시생이었기 때문입니다. 저는 빨리 합격하기를 바랐고 빨리 합격하기 위해 저의 일상을 포기했습니다.

저와 같이 그대로 해야 합격하는 것은 절대 아닙니다. 적절한 휴식과 사람들과의 만남에서 얻을 수 있는 위로와 격려는 공부를 하는 데에 힘이 될 수 있습니다. 하지만 제가 말씀드리고 싶은 것은 **나는 공시생이다**라는 마음가짐은 있어야 한다는 것입니다. **저는 공시생이라는 정체성을 진정으로 가지고 공부해야 하고 공무원 시험은 가장 먼저 그 정체성에서 벗어날 수 있는 시험이라고 생각합니다.**

PART 05

합격 체크리스트

- 단기합격자들의 10가지 공통점

공무원 시험은 열심히 하면 무조건 합격하는 시험은 아닙니다. 올바른 방향으로 올바른 공부법으로 열심히 할 때 합격할 수 있는 시험입니다. 따라서 공부를 할 때, 내가 올바른 방향과 방법으로 공부하고 있는지 수시로 체크해야 합니다. 그때 이번 이 합격체크리스트를 참고하시면 도움이 될 것 같습니다.

5

공무원 합격 체크리스트

공무원 합격 체크리스트

공부를 열심히 하는 것은 분명히 중요하지만 그것보다 더 중요한 건 올바른 방향으로 공부하는 것입니다. 공무원 시험은 열심히만 하면 합격하는 시험이 아닙니다. 열심히 하되 좋은 방향으로 공부를 해야 합격하는 시험입니다. 좋은 방향과 노력이 만난다면 분명 합격할 수 있습니다.

그렇기 때문에 열심히 공부하면서 그와 동시에 내가 지금 좋은 방향으로 공부하고 있는지를 체크할 필요가 있습니다. 이번 시간에는 내가 합격을 향해서 잘 가고 있는지 체크해 보는 시간을 갖도록 하겠습니다. 이 내용들은 단기 합격자들의 공통점과 저의 경험을 토대로 정리한 내용들입니다.

단기합격자들의 10가지 공통점

1. 회독의 중요성을 알고 있다(밀도 있는 회독을 한다).

일단 단기합격자들은 회독을 중요하게 여기고 회독을 제대로 하는 사람들이었습니다. 단기로 공부하시는 분들은 회독을 많이 할 수 없는 상황이지만 그렇다고 회독을 포기해서는 안 됩니다. 회독의 수도 중요하지만 밀도 있는 회독을 통해 효율적인 회독을 하는 것은 매우 중요합니다. 제가 회독법에 대해서도 말씀을 드렸는데 내가 과연 생각하면서 밀도 있는 회독을 하고 있는지 점검할 필요가 있습니다.

2. 계획 있는 학습을 한다(1~2월 기본개념, 3-4월 기출, 5월 문제풀이).

이 부분은 제가 계속 강조했던 부분이고 몇 달 남지 않은 상황에서 가장 이상적인 스케줄이 아닐까 싶습니다. 2달 동안 개념을 정리하고 2달 동안 기출을 분석합니다. 마지막 한 달 동안 실전 문제로 실전 감각을 유지하면서 마무리 정리를 하는 계획으로 공부해야 합니다. 이 스케줄은 정말 최소한의 스케줄이고 듣기만 해도 빡빡한 스케줄입니다. 사실상 공부만 할 수 있는 상황에서 가능한 스케줄입니다. 아무튼, 계획적으로 해야 하는 것이 중요합니다.

3. 기출의 의미에 대해 잘 알고 있다.

여러 번 말씀드렸듯이 기출을 공부한다는 것은 문제풀이를 한다는 것이 아니라 문제풀이로 가기 위한 이론에 대한 안내임을 알아야 합니다.

기출은 이론과 문제풀이의 중간 영역입니다. 문제풀이연습은 동형모의고사에서 하는 것입니다. 우리는 기출문제를 잘 분석하고 기출문제에 익숙해지기 위한 공부를 해야 합니다. 기출문제는 푸는 것이 아니라 어떻게 분석하느냐가 더 중요합니다. 지금 내가 기출을 어떻게 보고 있는지, 그저 답만 외우고 있는 건 아닌지, 내가 기출 보기의 옳고 그름과 함정 포인트를 모두 알고 있는지 확인해야 합니다.

4. 시행착오를 줄인다.

빠른 합격을 위해서는 시행착오를 최대한 줄여야 합니다. 시행착오의 예들은 암기하지 않음, 기출분석 안 함, 문제풀이 연습 안 함, 약점 보완하지 않음 등이 있습니다. 시행착오는 미리 합격하신 분들의 실패를 반면교사 삼아서 줄일 수 있습니다. 그리고 미리 그 길을 걸어간 합격 수기를 통해서 확인할 수 있습니다.

시행착오의 시간도 분명히 의미가 있는 시간이지만 시간이 없을 때는 그것도 아까운 시간이 될 수 있기 때문에 최대한 시행착오 없이 공부할 수 있도록 해야 합니다.

내가 하기 싫은 것들을 미루고 있지 않은지 나의 공부 패턴을 돌아볼 필요가 있습니다. 저는 이것을 생활 7원칙 중 3원칙으로 삼고, 하기 싫은 것부터 하려고 노력했었습니다.

5. 핵심내용은 이해가 되었으면 반드시 암기한다.

공무원 시험은 누가 뭐라 해도 암기 시험입니다. 공무원 시험은 100분이라는 시간에 100문제를 풀어야 하는 시험입니다. 기억해 내는 것을 넘어서 거의 감각적으로 문제를 풀어야 하는 시험입니다. 높은 사고력이나 창의력을 요구하는 시험이 아니라 암기한 것을 빨리 기억해 내어 답을 찾는 시험입니다. 그렇기 때문에 국어, 영어 독해 문제를 제외한 모든 문제는 기본적으로 암기가 되어 있어야 빠르고 정확하게 풀 수가 있습니다. 심지어 영어 문법도 이해와 함께 암기가 되어 있어야 빠르게 풀 수 있습니다.

따라서 우리는 우리가 어떤 부분을 이해하는 것에서 더 나아가 암기가 잘 되어 있나 확인해야 합니다. 그렇지 않다면 암기하기 위해서 노력해야 할 것입니다.

6. 이론이 완벽하다면 많은 양의 문제풀이를 통해 해결능력을 기른다.

제가 여러 번 말씀드린 내용인데 우리는 문제를 풀기 위해서 공부를 합니다. 그리고 그 문제를 풀기 위해서는 이론서만 공부한다고 이론서를 수없이 회독한다고 되는 것이 아닙니다. 이론을 아는 것과 문제풀이를 하는 것은 다른 문제입니다. 따라서 많은 문제를 풀어보는 것이 중요합니다. 기출 문제, 그러니깐 익숙한 문제뿐만 아니라 낯선 문제를 푸는 연습을 해야 하는 것입니다. 그리고 모의고사를 푸는 시간이 바로 낯선 문제를 마주하는 시간입니다. 문제풀이 연습을 통해 내가 알고 있는 내용을 빨리빨리 꺼낼 수 있는 연습을 해야 합니다.

7. 과목별 약점 파트는 미루지 말고 가장 먼저 극복한다.

기출 문제를 통해서 우리는 약점을 발견해야 하고 그 약점을 극복하기 위해 노력해야 합니다. 하지만 우리는 나의 약점을 극복하기가 매우 어렵고 자꾸 뒤로 미루게 됩니다. 그래서는 안 됩니다. 가장 먼저 극복해야 합니다. 심지어 약점입니다. 약점은 극복하기 어렵습니다. 따라서 우리는 가장 먼저 나의 약점을 파악하고 극복하기 위해 노력해야 합니다.

8. 강의를 다 들을 필요는 없다. 강의에 대한 압박감을 갖지 않는다.

공부를 하다 보면 어떤 강의가 좋더라 어떤 교재가 좋더라 하는 말들을 듣게 됩니다. 그리고 불안할수록 강의에 의존하는 경향이 있고 옆에서 공부하는 사람들의 커리큘럼을 따라가는 경우도 많습니다. 하지만 그럴 필요가 없습니다. 자신의 계획과 결정에 따라 공부를 해야지 다른 사람을 따라갈 필요는 없습니다. 그리고 선생님들께서도 모든 커리큘럼을 다 들을 필요가 없다는 말씀을 하십니다. 옆 사람의 커리큘럼을 따라갈 필요도 없고 모든 커리큘럼을 다 들을 필요도 없습니다. 이 압박감에서 벗어나야 나의 공부를 할 수 있게 될 것입니다.

9. 수험생들은 늘 불안하고 초조하다는 것을 알아야 한다.

합격은 준비가 완벽히 됐을 때 오지 않습니다. 단지, 할 만큼 최선을 다하고 가는 것입니다. 완벽이라는 것은 없습니다. 저도 합격은 했지만 너무 부족했었습니다. 합격생들 중에서 '나는 잘 준비가 되었다. 나는 합격이다'라고 말할 수 있는 사람은 한 명도 없을 것입니다. 공부하는 내내, 그리고 시험 보는 순간에도 불안감과 초조함이 있다는 것을 인정하고 공부해야 합니다.

10. 자신이 수험생이라는 것을 알고 수험생으로 산다.

합격하는 사람들은 자신의 정체성을 알고 그 시간들을 살아갑니다. 수험생이 해야 하는 것은 공부입니다. 책상에 앉아서 공부하는 것입니다. 공부하는 사람들이 합격하는 시험이 공무원 시험입니다.

나의 공부 방향이 올바른 방향인지 중간 점검 시간을 되었기를 바라겠습니다. 말씀드린 것은 어디까지나 단편적인 내용들입니다. 하지만 이런 단편적인 것들이 모아서 합격으로 이끕니다. 공부를 하시다가 이번 챕터에서 말씀드린 내용들을 기억하시면서 주기적으로 나의 공부를 점검하시면 도움이 될 것 같습니다.

합격으로 가는 길 체크리스트

체크사항	
① 회독의 중요성을 알고 있는가?	
② 계획 있는 학습을 하고 있는가?	
③ 기출의 의미에 대해 잘 알고 있는가?	
④ 시행착오를 줄이고 있는가?	
⑤ 이해와 암기는 함께 하고 있는가?	
⑥ 문제풀이를 통해 해결능력을 기르고 있는가?	
⑦ 과목별 약점 파트를 보완하고 있는가?	
⑧ 내가 선택한 계획을 믿고 공부하고 있는가?	
⑨ 불안과 초조함을 받아드리고 공부하고 있는가?	
⑩ 수험생의 삶을 살고 있는가?	

합격을 위한 다섯 번째 마음

순공시간에 대한 강박에서 벗어나자!

공무원 시험을 준비하는 많은 분들께서
순공시간에 대한 강박관념을 가지고 있는 경우가 있습니다.
그래서 합격자들에게 가장 많이 묻는 내용 중 하나가
'순공시간이 어느 정도였나?'입니다.
그리고 합격자들 중에는 14~15시간씩 했다는 분들도 계십니다.
이 정도의 순공시간은 해보신 분들은 아시겠지만
정말 어마어마한 시간입니다.

순공시간, 즉 순수하게 공부한 시간은 중요합니다.
그리고 그 시간은 합격을 어느 정도 보장해 주기도 합니다.
하지만 그 순공시간이 집중시간으로 유지될 때
의미가 있을 것입니다.
그저 의자에 앉아있기만 한다면
순공시간은 아무런 의미가 없을 것입니다.

그래서 저는 초반에는 순공시간을 쟀지만
나중에는 큰 의미가 없었습니다.
왜냐하면 공부의 패턴이 정해지고
공부에 집중할 수 있는 습관이 길러지면

하루 루틴대로 계속 공부하면서

일정한 순공 시간을 확보할 수 있었기 때문입니다.

공무원 시험을 준비하는 사람들의 상황과 환경은 다양하고 다릅니다.

그리고 우리가 해야 하는 것은

그 상황 안에서 최선을 다하는 것입니다.

내가 도저히 순공시간을 10시간 이상 확보하지 못하는데

그걸로 인해 걱정하며 공부를 하지 못하게 되면 안 됩니다.

그리고 단순히 순공시간을 채웠다는 안도감에 빠져

공부를 소홀히 하게 돼서도 안 됩니다.

PART 06

생활 관리

- 하루 일과와 순공시간
- 단기합격자의 생활 7원칙
- 합격을 위한 숙면법

공무원 시험 준비를 하면서 느꼈던 점 중 하나는 시험에 합격하기 위해서는 공부법도 물론 중요하지만 생활 관리법도 중요하다는 것이었습니다. 철저한 생활 관리를 통해 공부에 집중할 수 있도록 하는 것도 합격을 앞당길 수 있는 정말 중요한 부분입니다.

이번 챕터에서는 제가 원칙으로 삼은 생활원칙과 순공시간에 대해 생각해 봅니다. 그리고 추가로 숙면을 위한 팁도 말씀드려 보겠습니다.

6

생활 관리

하루일과와 순공시간

하루 일과와 순공시간에 대한 이야기를 드리겠습니다. 사실 이 부분은 제가 특별히 말씀드릴 것이 없습니다. 저는 감사하게도 하루 종일 공부할 수 있는 상황이었습니다. 보통 아침 9시쯤 일어나서 저녁 9시 반부터 공부를 하였습니다. 보통 오전에는 영어 단어를 암기하고 문법 공부를 하는 데 보냈습니다. 점심을 먹고 오후 시간을 보내고 저녁을 먹고 저녁 시간을 보냈습니다. 집에서 공부를 했기 때문에 이동 시간으로 시간을 버리지 않아도 되었고 모든 시간을 공부하는 데 사용할 수 있었습니다. 그리고 보통 새벽 1시 반까지 공부를 했고 2시쯤 취침하였습니다. 하루 수면시간은 총 7~8시간 정도 되었고 잠은 충분히 자려고 했습니다. 그래서 공부를 할 때에는 거의 졸지 않고 공부하였습니다. 그래서 저의 순공시간은 12~13시간 정도 되었습니다.

순공시간을 재는 것의 두 가지 유익

첫 번째 유익은 오늘 내가 얼마만큼의 공부를 했는지 알게 되면 공부 계획을 세울 수 있다는 것입니다. 말 그대로 공부의 사이즈를 알게 되고 그 사이즈를 기준으로 하여 계획을 세울 수 있습니다. 예를 들어 내가 3시간 동안 영어 3단원을 공부했다면 나에게 3단원을 공부하기 위해서는 3시간의 시간이 필요하다는 것을 알게 되었습니다. 그것을 기반으로 하여 계획을 세울 수 있습니다. 예측 가능한 공부는 안정감 있는 수험생활을 도울 수 있습니다.

두 번째의 유익은 심리적 안정감입니다. 내가 채운 순공시간을 보면서 하루를 마무리할 때 '내가 오늘 하루를 허투루 보내지 않았구나~'라는 심리적 안정감을 가질 수 있습니다. 그리고 그런 보람은 내일도 열심히 할 수 있도록 만드는 원동력이 됩니다. 이런 패턴이 계속된다면 성공적인 수험생활을 보낼 수 있습니다.

자신에게 맞는 하루 일과 찾기

자신에게 맞는 하루 일과 시간과 순공시간을 정하는 건 정말 중요합니다. 저는 너무 늦게 자는 것 같아서 일찍 자고 일찍 일어나는 계획을 세워보기도 했습니다. 왜냐하면 시험을 봐야 하는 시간이 10시인데 지금 이대로라면 저의 뇌가 시험 보는 시간에 완전히 깨지 못했을 것 같았기 때문입니다. 하지만 이상하게 더 피곤하고 집중이 안 되는 모습을 발견했고 다시 늦게까지 하고 늦게 일어나는 패턴으로 공부하였습니다.

각자마다 공부가 잘되는 시간과 집중도가 있을 것입니다. 자신에게 맞는 공부 계획을 잘 세워서 그 루틴대로 다른 것은 생각하지 않고 공부에 집중하길 바랍니다.

하루 공부 일정표를 보면 영어 단어를 외우는 것으로 시작했습니다. 사실 영어 단어를 외우는 것을 하루의 미무리로 했었는데 이게 잘 안되었습니다. 왜냐하면 너무 하기 싫은 단어 외우기가 마지막에 있으니 더 지치고 외워지지도 않았고 때로는 그냥 넘겨버리는 경우가 있었습니다. 그래서 '가장 하기 싫은 것부터 먼저 하자'라는 마음으로 하루 일과의 가장 앞에 놓게 되었고 그 결과 효과적인 공부를 할 수 있었습니다.

생활습관 7원칙

공무원 시험 합격을 위해 공부법만큼이나 중요한 부분은 생활 태도와 관련된 부분입니다. 저는 합격을 위해 '공시생다운 삶'을 살기 위해 노력했습니다.

1. 계획적인 삶(루틴이 있는 삶)을 살자

저는 9시에 일어났고 새벽 1시 반에 취침했습니다. 보통 7시간 반의 취침시간을 가졌습니다. 이 생활패턴을 계속 유지하였습니다. 그리고 제가 공유해 드린 계획표을 모두 지키면서 공부를 했습니다. 계획대로 공부하면 공부량을 예측할 수 있어 도움이 되었습니다.

내일 뭘 해야겠다 생각하고 그대로 실행하는 삶을 살았습니다. 하루의 모든 시간은 계획안에 있었습니다. 저는 내일 공부할 책들을 책상 위에 딱 미리 쌓아놓았습니다. 다음 날에 뭘 공부해야 하나 고민할 필요가 없었습니다. 의자에 앉으면 책상 위에는 영어 단어 책이 올려져 있었고 바로 그날 공부를 앉자마자 시작하였습니다. 그리고 하나씩 하나씩 보며 옆으로 내려놓으면서 공부하였습니다.

2. 시간을 기준으로 계획세우기

많은 분들께서 기출을 볼 때에 하루에 몇 문제씩 풀었는지, 회독을 할 때에 하루에 몇 페이지씩 했는지 물어보십니다. 하지만 저는 문제 수와 페이지 수로 기준을 삼지 않고 시간을 정해 놓고 문제를 풀고 회독도 했습니다. 그 이유는 문제 수와 페이지 수를 정해 놓으면 단원의 난도에 따라 시간이 달라지고 그에 따라 하루 계획표가 달라질 수 있기 때문이었습니다. 그래서 저는 시간을 기준으로 계획을 세웠습니다.

따라서 저에게 다음 커리큘럼으로 '몇 회독을 하고 넘어갔느냐?'라는 질문을 많이 해주시는데 그 질문에 대해 저는 대답을 해드리기가 어렵습니다. 왜냐하면 시간이 많지 않아서 저는 다음 커리큘럼으로 넘어갈 시기가 되면 넘어갔지 공부의 분량에 따라 넘어가지 않았기 때문입니다.

3. 하기 싫은 것부터 하자

자기 전에 가장 먼저 공부하기 위해 영어 단어 책을 책상 위에 올려놨다고 말씀드렸습니다. 영어 단어 책이 책상 위에 올라와 있는 이유는 **하기 싫은 것부터 하자**라는 공부 원칙 중 하나였기 때문입니다. 저는 영어 단어 외우는 것이 정말 힘들었습니다. 그래서 영어 단어를 외우는 시간을 가장 먼저 순서로 하였습니다. 저는 영어 독해가 너무 힘들었습니다. 그래서 오전에 영어 독해를 공부했습니다. 영어가 가장 힘들었기 때문에 가장 먼저, 오전 시간에 주로 공부했습니다. 하기 싫은 공부를 미루지 마시기 바랍니다. 미루다 보면 할 수 없을 정도로 너무 많아지게 됩니다. 그리고 포기하게 됩니다.

4. 강의시간에 최대한 집중한다

사실 집이나 독서실에서 공부하시는 분들에게는 강의시간에 집중하는 것이 가장 중요합니다. 왜냐하면 컴퓨터로는 언제든지 일시정지를 할 수 있기 때문입니다. 딴짓을 해도 아무도 뭐라고 하지 않습니다. 그래서 소중한 시간을 버리기 쉽습니다. 저는 혼자 공부할 때 최대한 일시정지를 하지 않고 강의를 한 번에 듣도록 했습니다. 일시정지를 할 수 없는 현장 강의를 듣고 계시는 분들을 생각하며 최대한 집중하며 강의를 들었습니다.

5. 잠은 충분히 잔다

저는 잠을 최소 7시간 반에서 8시간 잤습니다. 잠을 충분히 잘 수 있도록 수면 시간을 확보하며 생활하였습니다. 그래서 오후 시간에 졸지 않도록 노력했고 공부하는 시간에도 거의 졸지 않고 공부했습니다. 낮잠은 짧게 엎드려서 10분 정도 불편하게 잤습니다. 그렇게 잘 때, 짧은 시간 잘 수 있고 바로 공부할 수 있기 때문입니다.

6. 공부를 제외한 다른 곳에 에너지 덜 쓰기

사람들과의 만남도 최대한 자제하였습니다. 6개월간 거의 집에서 공부만 했습니다. 야구도 좋아하고 축구도 좋아해서 경기도 다 챙겨 봤지만 참았습니다. 제 삶의 모든 에너지를 공무원 준비에 집중시켰습니다. '나는 공시생이다.', '나는 공시생이다.' 생각하면서 공부에 집중했습니다.

7. 다음 날 부담이 되는 음식은 자제한다

저는 일단 속이 좋지 않으면 공부할 때 방해가 많이 되었습니다. 그래서 먹는 것도 조심하면서 생활하였습니다. 다음 날 부담이 되는 음식은 최대한 자제했습니다. 밥도 너무 배부르지 않을 정도로 적당히 먹으려고 노력했습니다.

덧, 공부가 잘 안될 때

공부가 잘 안되면 쉬기도 하고 재충전도 하면서 다시 공부를 할 수 있도록 하라는 하지만 저는 공부가 안될 때는 인터넷 강의 듣기, 공부법 영상 보기, 공스타그램 보고 자극받기 등으로 시간을 보냈습니다. 공부가 잘 안될 때도 책상에 앉아있었습니다. 뭐라도 하려고 했습니다. 공부가 잘 안될 때 하루를 그냥 쉬라는 말씀도 하시지만 단기간 합격을 해야 하는 상황이라 그런 것도 사치로 느껴졌습니다.

물론, 쉬지 말고 공부만 하라고 말씀드리는 건 절대 아닙니다. 휴식을 취할 때에도 이 휴식이 공부에 도움이 되는 휴식인지 생각하고 쉰다면 좋을 것 같습니다. 충분한 휴식은 공부를 효율적으로 하도록 도움을 줄 수 있습니다.

저는 6개월의 짧은 기간 동안 집중적으로 공부를 했기 때문에 이런 생활 원칙을 지켜가며 할 수 있었습니다. 저도 시간이 지날수록 지쳐가고 있음을 느꼈었습니다. 이제 막 시작하시는 분들은 페이스 조절을 잘하시고 긴 수험 기간을 보내신 분들께서는 조금만 더 힘을 내셔서 공부하셨으면 좋겠습니다.

공시생 수면법, 숙면하는 법

공무원 시험 준비를 할 때 공부법만큼 중요한 건 생활습관입니다. 그래서 여러 번 생활 습관의 중요성(생활습관 7원칙 참고)에 대해서 언급했습니다. 이번에는 생활하면서 중요한 부분을 차지하는 수면에 관한 이야기를 말씀드려보겠습니다.

일단 기본적으로 저는 하루 계획을 세울 때에 잠자는 시간을 충분히 확보했습니다. 그래서 8시간 정도는 꼭 잠을 자도록 했습니다. 개인적으로 저는 잠을 자는 데에 어려움이 없어 잠을 자기 위해 누우면 바로 잠들었습니다. 그 때문에 잠에 대한 어려움은 없었고 수면의 질도 높은 편이었습니다.

저는 충분한 수면 시간 확보 그리고 질 좋은 숙면. 이 두 가지를 통해서 졸지 않고 오후 시간을 보낼 수 있었습니다.

말씀드릴 내용들은 신규 임용자 교육에서 들었던 숙면에 관한 내용을 정리한 내용입니다. 도움이 되었으면 좋겠습니다.

다시 말씀드리지만 공무원 시험 준비를 하면서 정말 중요한 건 잠을 잘 자는 것입니다. 잠을 잘 자면 그날 좋은 컨디션과 집중력으로 최상의 공부 효과를 볼 수 있기 때문입니다. 그래서 숙면은 수험생활에서 정말 중요한 부분입니다.

숙면을 위해 우리가 시도해 볼 만한 몇 가지가 있습니다.

1. 산책하기(낮 산책, 초저녁 산책)

산책은 세로토닌, 멜라토닌이라는 호르몬을 활성화시켜 기분을 개선하고 숙면을 도울 수 있습니다. 아침 산책은 실제로 우울증 등 정신 관련 질환자들의 증상을 완화하거나 개선하는 생활요법으로 많이 사용될 만큼 효과적인 방법이라고 합니다.

아침 산책은 각성, 기분, 의욕과 관련있는 뇌 내 물질인 세로토닌을 활성화해 기분을 상쾌하게 하고 의욕과 집중력을 높이는 데 도움을 줍니다. 세로토닌은 '수면 호르몬' 멜라토닌에도 영향을 미쳐 숙면을 돕는 효과도 있습니다. 따라서 가벼운 산책으로 활성화 시킨 이 두 호르몬은 집중력을 높이고 숙면을 취할 수 있도록 도와줍니다.

천천히 걷는 동안 우리 뇌에는 학습과 기억을 다루는 부분의 혈류가 늘어난다고 합니다. 초저녁 산책은 약간의 피로감을 형성하여 숙면을 취할 수 있도록 도와줍니다.

2. 목욕(샤워)-반신욕 등

목욕은 몸을 이완 시켜주기 때문에 숙면에 도움이 된다고 합니다. 또한 수면에 들어가면 몸의 온도가 낮아지는데 목욕을 하면 체온을 약간 낮춰준다고 합니다. 하루 동안 공부를 하고 샤워로 기분 좋게 마무리하는 것도 숙면에 도움이 됩니다.

3. 빛 공해 줄이기

잠을 자기 직전에 스마트폰이나 태블릿을 사용하시는 분들이 많을 것 같습니다. 이런 기기에서 방출되는 청색광은 수면 호르몬인 멜라토닌 분비를 저해해 숙면을 방해하기에 잠 들기 30분~1시간 전부터 피하는 게 좋습니다. 공부를 마치면 바로 눈을 감고 잠을 자야 합니다. 아마 혼자 공부하시는 분들은 스마트폰으로 다른 사람들의 인스타그램이나 페이스북, 혹은 유튜브 채널을 들락날락할 것입니다. 하지만 다음 날을 생각하며 자기 전에는 최대한 스마트폰 사용을 자제하시기 바랍니다.

4. 피해야 할 음식(카페인, 고탄수화물)

카페인을 많이 먹고도 잘 주무시는 분들이 계신가요? 제가 그렇습니다. 하루에 커피를 3번씩 꼭 먹어야 하는 사람이고 먹지 않으면 머리가 아프기도 합니다. 그리고 저는 10시 넘어서 커피를 마셔도 즉, 카페인을 섭취해도 잠자는 데 문제가 없습니다.

그런데 교육을 통해 알게 된 것은 카페인을 섭취하고 잠은 잘 수 있지만, 숙면을 취하기 어렵다고 합니다. 그러니 자기 전에 카페인 섭취는 줄이는 것이 좋을 거 같습니다.

저녁에 먹는 음식도 잠에 영향을 미칩니다. 칼슘·마그네슘·트립토판 등 비타민과 무기질은 멜라토닌 분비를 늘려 숙면을 돕는다고 합니다. 그런 물질들이 함유된 우유, 유제품, 멸치 등은 멜라토닌 분비를 촉진하여 숙면을 유도합니다. 반면, 저녁에 단 음식이나 탄수화물 식품은 피해야 합니다. 높아진 혈당이 인슐린 분비를 자극해 숙면을 방해하기 때문입니다. 포만감이나 허기 모두 스트레스 호르몬 분비를 늘려 잠을 방해합니다. 음주도 경계해야 하는데 잠을 재촉하지만 수면 지속 시간이 짧기 때문입니다.

5. 스트레칭, 심호흡

하루 종일 공부를 하면 몸의 근육이 경직됩니다. 그렇기에 경직된 근육을 이완시켜서 잠을 잘 필요가 있습니다. 그리고 안정적인 호흡을 가져가면서 최대한 편안하게 잠에 들 수 있도록 합니다.

6. 규칙적인 생활

위와 같은 행동을 하면서 규칙적인 생활을 해야 합니다. 일정한 취침시간과 일정한 기상시간을 정하여 자고 일어나야 우리의 몸도 일정한 패턴대로 하루를 살 수 있습니다. 그날 하지 못한 공부들을 다 마무리하기 위해 평소보다 1~2시간 더 공부를 하게 된다면 신체의 리듬이 끊어지게 되어 잠을 언제 자야 할지 모르게 됩니다. 따라서, 최대한 계획적이고 규칙적인 생활을 하는 것이 숙면을 취하기 위해 할 수 있는 노력이라고 생각합니다.

물론 제가 말씀드린 것들을 꼭 하지 않아도 잠을 잘 주무시고 계시는 분들이 계신다면 그대로 생활하셔도 좋습니다. 다만, 잠을 잘 자지 못해 힘들어하신 분들에게 조금이라도 도움이 되었으면 하는 마음으로 이번 챕터를 마무리합니다.

PART 07

공무원 밸런스 게임

- 밸런스 게임 1. 암기 처음부터 vs 나중에
- 밸런스 게임 2. 하루에 한 과목 vs 여러 과목
- 밸런스 게임 3. 독해지문단어 외우기 vs 안외우기
- 밸런스 게임 4. 공부할 때 필기○ vs 필기X
- 밸런스 게임 5. 무조건 기출 vs 개념은 파악 후 기출
- 밸런스 게임 6. 문제 풀 때 순서대로 vs 임의로 정해서

공무원 공부를 하면서 우리는 여러 선택의 순간에 놓이게 됩니다. 그리고 그 선택은 효과적인 공부 방향으로 인도하기도 하지만 때로는 잘못된 공부 방향으로 인도하기도 합니다.

그래서 선택하기 어려운 상황을 놓고 저의 생각을 나눕니다. 저의 생각이 정답은 아닐 수 있지만 선택할 때 고려해 볼 내용은 될 거 같습니다. 부디 가장 좋은 선택을 내리며 공부할 수 있게 되기를 바랍니다.

7

공무원 밸런스 게임

첫 번째 밸런스 게임
1회독 때 꼼꼼히 암기하기 vs 다 회독 이후 암기하기

많은 분들께서 저에게 강의를 처음 듣는 1회독 때에 복습은 어떻게 했냐고 물어보십니다. 복습은 매우 중요한 부분입니다. 복습은 꼭 필요한 부분입니다. 하지만 저는 1회독 때부터 꼼꼼하게 암기하는 것은 비효율적이라고 생각합니다. 오히려 3~4회독 이후에 암기하는 것을 추천해드립니다.

첫 번째 이유로, 처음부터 암기와 함께 강의를 듣는다면 공부의 속도가 나지 않기 때문입니다. 모든 과목에서 처음 1회독 속도는 매우 더딥니다. 과목 자체가 생소하기까지 하면 정말 힘이 듭니다. 그래서 내용도 이해하기가 매우 어렵습니다. 이런 상황이기 때문에 1회독부터 꼼꼼하게 암기하다 보면 1회독 진도가 너무 늦어집니다. 그렇게 되면 너무 힘을 많이 들이게 되고 공부의 탄력을 받기가 어렵습니다. 1회독의 목표는 끝까지 보는 것입니다. 더 이상의 의미를 부여하기 힘든 시간이 1회독을 할 때입니다. 여기에 암기까지 더한 다면 금방이라도 포기하고 싶을 겁니다.

두 번째로, 1회독 때에는 개념 정리가 잘되지 않기 때문에 암기 자체가 어렵습니다. 암기는 이해를 바탕으로 해야 잘 되고 오래갑니다. 하지만 1회독을 하면서 그 누구도 그 과목에 대해 완벽하게 이해할 수가 없습니다. 이런 상황에서는 암기가 되지 않습니다. 어느 정도 개념이 정리가 된 이후에 암기할 때 더 효율적입니다.

세 번째로, 특별히 암기하려고 하지 않더라도 이해를 통해 자연스럽게 암기가 되는 부분들이 있습니다. 즉, 여러 번 회독만 해도 기억에 남게 되는 경우가 있습니다. 따라서 공무원 공부에서 암기는 여러 번 회독을 한 이후에 외워지지 않는 부분을 암기하는 것을 말한다고 생각합니다.

공무원 시험은 여러 과목의 방대한 범위를 공부해야 하는 시험이기 때문에 전략적으로 공부해야 합니다. 암기 역시 전략적인 방법이 필요합니다. 제가 생각하는 전략적인 암기 방법은 회독과 더불어 추가적으로 암기하는 방법입니다.

공무원 공부에서의 암기 영역

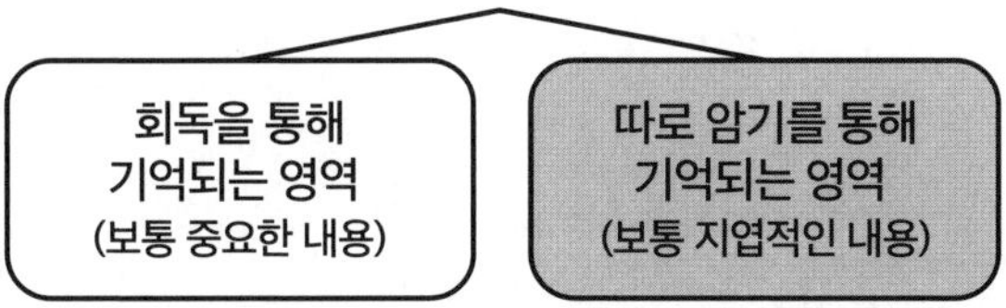

처음부터 너무 많은 것을 암기하려고 하지 않고 회독의 힘을 믿으면서 회독하여 챙길 수 없는 부분을 암기하는 방식으로 공부하면 좋겠습니다. 물론 회독을 할 때에 그냥 내용을 읽는 수동적인 회독이 아니라 능동적이고 밀도 있는 회독을 하셔야 합니다. 회독과 관련된 내용은 회독법 파트를 참고해 주시면 감사하겠습니다.

저는 강의 1회독 때에는 암기하려고 노력하지 않았습니다. 강의를 듣고 다른 과목의 강의를 듣기 전에 오늘 배운 내용을 암기하는 정도로 복습하였습니다.

두 번째 밸런스 게임
한 과목씩 공부하기 vs 여러 과목 동시에 공부하기

공무원 시험이 어려운 이유는 여러 개의 과목을 공부해야 한다는 것과 각각의 공부량이 아주 많다는 것입니다. 그래서 수험자들이 어떠한 방향으로 공부를 해야 하는지 정하기 어려워합니다. 한 과목부터 확실하게 끝내고 다음 과목으로 넘어갈 것인지 아니면 시간이 오래 걸리겠지만 모든 과목을 동시에 공부를 해야 하는지에 대한 고민이 많습니다.

결론부터 말씀드리면 저는 여러 과목을 동시에 하는 것이 더 낫다고 생각합니다.

첫 번째 이유

한 과목을 모두 마무리하고 다음 과목으로 넘어가는 게 더 좋다고 생각할 수 있지만, 공무원 공부는 애초부터 완벽하게 한 과목을 정리할 수 있는 공부가 아닙니다. 만약, 그럴 수 있다면 한 과목씩 공부를 해도 괜찮을 것입니다. 그렇지 않기 때문에 여러 과목을 동시에 공부하는 것이 효율적입니다.

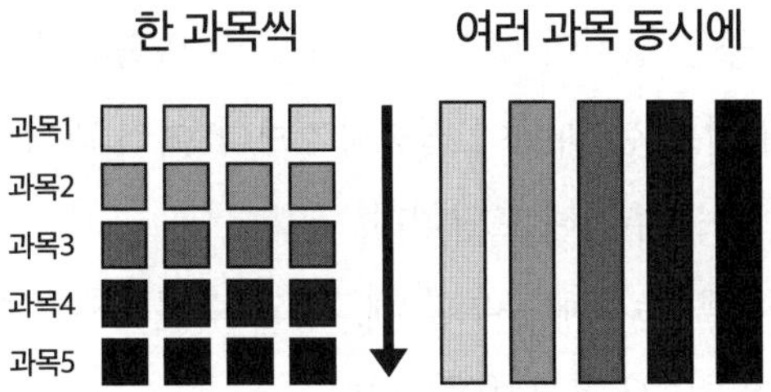

두 번째 이유

이해력이 요구되는 공부라면 한 과목씩 공부해도 괜찮을 수 있지만 공무원 공부는 암기 중심 공부이기 때문에 계속 반복하면 할수록 더 좋은 결과를 기대할 수 있습니다. 만약 한 과목씩 공부를 한다면 과목1을 공부하고 다른 과목들(과목2, 3, 4, 5)을 공부하고 다시 과목1로 돌아와 공부한다면 반복의 효과와 기억력의 한계로 효율적이지 못합니다.

세 번째 이유

시험 보는 당일에 짧은 시간 동안 5과목을 봐야 합니다. 한 과목을 최대한 빨리 풀고 다음 과목으로 넘어가고 때로는 이 과목 저 과목을 왔다 갔다 하면서 문제를 풀어야 하는 상황에 놓일 수가 있습니다.

개인적으로, 5과목을 동시에 공부를 할 때에 뇌가 기억하고 기억한 내용을 출력하는 것이 더 편하다고 생각했습니다. 물론 과학적인 근거는 불확실하지만 저는 하루에 다양한 과목을 공부할 수 있도록 계획을 세웠습니다.

공무원 공부는 결국 반복을 통해 그 기억을 단단하게 만들고 오래갈 수 있도록 하는 것이 중요합니다. 그 반복의 주기는 가능하면 짧을 때 효과가 있을 겁니다. 그리고 공무원 시험은 여러 과목을 동시에 공부하여 전체적으로 다 좋은 성적이 나와야 합격할 수 있습니다. 그렇기 때문에 공부를 할 때에 너무 한 과목에 집중하기보다 여러 과목을 동시에 돌리며 공부를 하는 것을 추천해 드립니다.

저는 여러 과목을 동시에 공부할 때, 각 과목 안에서도 여러 공부가 동시적으로 이루어지면서 공부하였습니다.

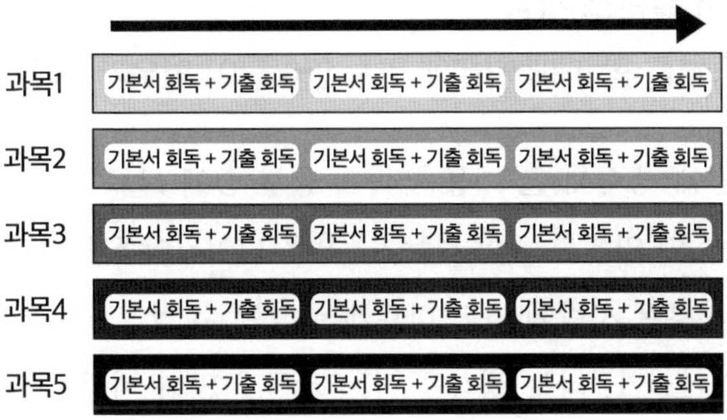
과목1
기본서 회독 + 기출 회독
기본서 회독 + 기출 회독
기본서 회독 + 기출 회독
과목2
기본서 회독 + 기출 회독
기본서 회독 + 기출 회독
기본서 회독 + 기출 회독
과목3
기본서 회독 + 기출 회독
기본서 회독 + 기출 회독
기본서 회독 + 기출 회독
과목4
기본서 회독 + 기출 회독
기본서 회독 + 기출 회독
기본서 회독 + 기출 회독
과목5
기본서 회독 + 기출 회독
기본서 회독 + 기출 회독
기본서 회독 + 기출 회독

세 번째 밸런스 게임

독해공부를 할 때에 지문에 있는 영어단어 외우기 vs 안 외우기

이번 시간에 생각해 볼 내용은 독해 공부 중에 모르는 단어가 나오면 '모든 단어를 다 암기를 해야 하는가? 혹은 넘어가야 하는가?'입니다.

물론 이 부분은 사람에 따라 다르게 생각할 수 있습니다. '당연히 외워야 하는 거 아닌가?'라는 생각을 하는 분들도 많이 계실 것입니다. 물론 모르는 단어를 하나 더 외운다면 도움이 될 것입니다. 하지만 우리는 시간을 효율적으로 사용하며 공부해야 합니다.

효율적으로 공부하기 위해서는 공부를 목적에 따라 해야 한다고 생각합니다. 즉, 지금 내가 하고 있는 공부의 목적을 생각하면서 공부를 해야 하는 것입니다. 영어 공부를 예를 들어 보겠습니다.

우리가 문법 공부를 하는 이유는 문법 문제를 잘 풀기 위함입니다.

우리가 어휘 공부를 하는 이유는 어휘 문제를 잘 풀기 위함입니다.

한 가지 더, 우리는 독해 문제를 잘 풀기 위해 어휘 공부 시간을 사용합니다. 어휘 공부시간에는 어휘 문제를 위한 암기와 독해 문제를 위한 암기(수능 단어)가 동시에 진행됩니다.

독해 공부를 하는 이유도 독해 문제를 잘 풀기 위함입니다. 특별히 독해 문제집을 푸는 이유는 독해 문제를 푸는 연습을 하기 위함입니다. 그런데 우리는 영어 독해 공부를 할 때에도 어휘를 공부하는 경향이 있습니다.

물론 독해 지문을 해석하고 분석할 때에 모르는 단어들을 무조건 패스

해서는 안 되겠지만 그 단어들을 모두 외우기로 결정하고 매달린다면 독해 공부가 아니라 어휘 공부가 될 것입니다.

어휘 공부 시간 안에서 어휘 공부로 최대한 하는 것이 맞는다고 생각합니다. 물론 동의하지 않으실 수 있지만, 독해 공부시간을 어휘 암기를 위해 사용한다면 너무 많은 시간을 어휘 암기에 사용하게 될 것입니다. 독해 공부는 어휘를 암기하는 시간이 아니라 단어들과 문장들로 구성된 글의 내용을 파악하도록 연습하는 시간이 되어야 합니다.

국어 비문학 독해 공부를 하면서 모르는 단어가 나와도 그 지문에 있는 모든 모르는 단어를 찾아서 그 뜻을 확인하지는 않습니다. 전체적인 글의 의미를 파악하고 넘어가듯이 영어 독해 지문도 그렇게 대하는 것이 독해 공부를 하는 데에 더 큰 도움이 되지 않을까 싶습니다.

다시 말씀드리지만 어휘 암기 자체가 틀렸다는 것은 절대 아닙니다. 외울 수 있다면 당연히 좋겠지만 모르는 모든 단어를 외운다면 그 시간은 어휘 공부하는 시간이 될 확률이 높습니다. 왜냐하면 저 같은 경우에는 정말 모르는 단어가 많았기 때문입니다. 그리고 시험을 보는 날에도 우리는 모르는 단어를 만나게 될 것이기 때문입니다.

그렇다고 제가 어휘를 아예 외우지 않았던 건 아닙니다. 문제를 많이 풀다 보면, 자주 만나는 단어들이 나옵니다. 그 지문의 주제가 과학이든, 환경이든, 사회·경제이든 상관없이 자주 등장하는 단어들, 특별히 동사들이 있습니다. 그런 주요 동사나 형용사 정도만 외우고 넘어갔습니다. 그런 단어들은 또다시 만날 수 있기 때문입니다. 그렇지 않은 특별하고 특이한 단어들은 눈으로만 보고 넘어갔습니다.

우리는 공부를 밸런스 있게 해야 합니다. 그리고 목적에 맞게 해야 할 것입니다. 독해 공부 시간에는 최대한 독해 연습에 사용해야 합니다. 그리고 정해놓은 어휘 암기 시간에 몰랐던 어휘를 외우는 시간으로 활용해야 합니다.

네 번째 밸런스 게임
필기하면서 공부하기 vs 필기하지 않고 공부하기

이번에는 공부방법에 대한 밸런스 게임입니다. 사람마다 다른 대답이 나올 수 있는 질문이지만 필기에 대한 저의 간단한 생각을 말씀드리고자 합니다. 필기하면서 공부하는 것과 필기하지 않고 공부하기 중 고르는 질문입니다. 저의 대답은 필기를 하지 않고 공부하는 것입니다.

저는 기본적으로 정리하고 요약하는 것을 좋아합니다. 긴 내용을 명확하게 줄여서 말하는 것도 좋아합니다. 그리고 예쁜 글씨체로 정리하여 필기된 글을 보는 것이 좋습니다. 그래서 교재를 선택할 때, 가장 중요 기준 중 하나가 예쁘고 깔끔하게 정리되어 있는가입니다.

그러면 공부하면서 필기하는 것을 선호한다고 생각할 수 있지만 저는 딱히 필기를 하지 않았습니다. 보통 눈과 귀로만 강의를 듣는 편입니다.

필기는 왜 하는 것일까요?

저는 필기의 목적에 2가지가 있다고 생각합니다.

하나는 긴 문장으로 이루어진 강의를 좀 더 압축하고 요약적으로 표현하기 위해서 입니다. 보통 초·중·고등학교, 그리고 대학교 때 강의를 들으면서 하는 필기일 것입니다.

하지만, 저는 공무원 공부를 할 때에는 이런 필기를 할 필요는 없다고 생각합니다. 왜냐하면 정리를 해야 하는 내용들은 각 과목별로 기본서에 잘 정리가 되어 있고 심지어 각 과목마다 요약집, 필기노트라고 하는 책들이 나와 있기 때문입니다. 심지어 제가 본 한국사와 행정학의 필기노트는 거의 판서와 일치하는 필기노트들이었습니다.

이런 이유로 따로 정리하는 시간을 최대한 아끼기 위해 필기노트들을 사용하였습니다. 이미 정리되어 있는 내용을 다시 정리하면서 공부하는 것은 효율적인 공부가 아닐 수 있습니다. 정리를 해야 하는 것이 아니라 암기를 해야 하기 때문입니다.

이미 정리되어 있는 내용을 스스로 다시 정리하는 경우가 있습니다. 잘 정리된 노트필기를 보며 뿌듯한 마음이 들 수도 있겠지만 그러한 정리는 1분 1초가 아까운 공무원 시험공부를 할 때에는 비효율적입니다. 우리는 효율적인 공부를 해야 합니다. 합격을 위해 공부를 해야 한다고 생각합니다. 따라서 이런 필기는 지양할 필요가 있습니다. 필기를 하는 것보다 필기노트를 구매하는 걸 추천합니다.

또 다른 필기는 암기를 할 때 하는 필기입니다. 필기를 통해 암기를 하시는 분들이 많이 계실 겁니다. 이런 방법 자체가 잘못되었다고 말씀드리는 건 아닙니다. 하지만 필기를 하면서 암기를 하면 너무 오래 걸립니다. 우리가 보는 시험이 주관식이 아니라 객관식 시험이기 때문에 모든 개념을 문장으로 정리할 필요는 없습니다. 눈으로 암기하는 정도로 충분하다는 것입니다.

만약 필기로 암기하고 싶다면 중요 키워드 중심으로 최대한 압축하여 필기하는 것을 추천해드립니다.

저도 물론, 처음부터 '필기 자체를 하지 말자' 하며 공부하지는 않았고 필기를 한 적이 있습니다. 국어 같은 경우에는 문법과 규범 부분에서 정말 중요한 내용이 흩어져 있을 때 모아서 마무리 교재에 정리하였습니다. 영어는 어휘 강의를 들을 때 교재에 없는 단어를 받아 적었습니다. 한국사는 필기노트에 기출이 반영되지 않은 경우 해당 내용 페이지에 정리하였습니다. 사회는 환율, 물가, 통화량과 관련된 상호관계를 정리하기 위해 필기하였습니다.

말씀드리고자 하는 바는, 필기가 공부에 방해가 되기보다 필기에 너무 집중하다 보면 많은 시간을 버리게 될 수 있다는 점을 전해드리는 것입니다. 지금 내가 필기하며 정리하고 있는 내용이 혹여 필기노트나 기본서에 정리가 되어 있는 내용은 아닌지 확인하여 귀한 시간을 아끼기를 바랍니다.

다섯 번째 밸런스 게임
바로 기출로 들어가기 vs 개념 파악하고 들어가기

베이스가 있는데 기본 강의를 들어야 하는지 혹은 기본 강의를 건너뛰고 기출로 바로 들어가도 괜찮은지 질문하는 분들이 계십니다.

베이스가 있다는 건 공무원 수험생활을 많이 줄일 수 있는 정말 좋은 소식입니다. 베이스라고 하면 수능의 좋은 등급을 말할 수 있겠고 영어 경우에는 토익이나 토플 같은 공인 인증 시험의 점수일 것이고 한국사 경우에는 한국사능력검정시험일 것입니다. 이런 베이스들이 있다면 분명히 공무원 시험 준비가 수월하실 겁니다. 하지만 베이스가 있다고 하더라도 바로 기출로 들어가는 건 비효율적인 공부 방향이 될 수 있습니다.

심지어 베이스가 없는 분들도 어차피 공무원 시험은 기출이 중요한 시험이니 기출로 바로 들어가도 되지 않겠느냐는 말씀들을 하십니다. 물론 공무원 시험은 기출이 가장 중요한 시험이 맞습니다. 하지만 그전에 **개념**을 잡고 가는 것이 효율적인 공부를 위해 좋다고 생각합니다.

여기서 말하는 **첫 번째 개념**은 공무원 시험에 관한 개념입니다. 우리가 준비하는 것은 수능이 아니라 공무원 시험입니다. 우리가 준비하는 것은 토익, 토플, 한능검이 아니라 공무원 시험입니다. 따라서 기본 개념 강의를 통해 우리가 봐야 하는 공무원 시험에 대한 개념을 잡을 필요가 있습니다. 물론 베이스가 있으신 분들은 방대한 강의수를 자랑하는 올인원 기본강의보다 강의수가 적은 강의를 들어도 충분하다고 생각합니다.

두 번째 개념은 각 과목이 다루는 수업 내용에 관한 개념입니다. 각 과목의 내용에 관한 개념정리를 할 필요가 있습니다. 물론, 첫 강의를 듣는다고 강의의 모든 내용을 이해하고 개념을 정리할 수 있는 건 아닙니다. 하지만 강의를 듣는다는 것은 분명히 우리에게 새로운 지식을 주입하는 시간을 갖는다는 것을 의미합니다. 첫 강의를 듣고 얻어야 하는 것은 이 정도면 된다고 생각합니다.

기출 해설을 읽을 때에 그 내용을 이해하는 정도, 그러니깐 기출 문제를 풀어서 정답을 맞히는 정도가 아니라 해설을 읽고 그 해설 내용이 이해가 되고 왜 답인지를 이해할 수 있을 정도의 개념정리는 필요하다고 생각합니다. 이 정도의 개념정리 없이 기출로 바로 들어간다면 기출의 시간을 효율적으로 보내기 어렵다고 생각합니다.

물론 기본 강의를 듣고 기출로 들어가는 걸 너무 망설여서도 안 되지만 기본 강의를 듣지 않거나 기출 문제 해설이 이해가 되지 않는 상황에서 기출로 들어가는 것은 더 위험할 수 있습니다. 저 역시 바로 기출로 들어가고 싶었지만 국어와 행정학에 이해가 많이 부족하다고 느꼈습니다. 그래서 국어 문법과 규범파트, 행정학의 중요한 파트를 다시 듣고 기출로 들어갔었습니다.

기본 강의를 듣는 시간의 중요성을 늘 기억하시고 기본 개념을 잘 정리하셔서 기출을 공부할 때에 큰 힘을 낼 수 있도록 공부하시면 좋겠습니다.

여섯 번째 밸런스 게임
문제 풀 때 순서대로 vs 순서를 정해서 풀기

저는 모의고사를 풀면서 한 가지 고민에 빠졌었습니다. 시험 보기 며칠 전까지도 계속 고민되었습니다. 그 고민은 '5과목을 어떤 순서로 푸는 것이 나에게 유리할까?'였습니다.

아시다시피 공무원 시험은 정말 시간과의 싸움입니다. 100분 동안 100문제를 풀어야 합니다. 마킹 시간을 제외하면 한 문제를 1분도 안 되는 시간 안에 풀어야 합니다. 국어와 영어 독해문제처럼 1분이 넘게 필요한 문제들을 고려한다면 한 문제 당 30초 안으로 풀어야 합니다.

그리고 100분 동안 5과목을 동시에 풀어야 하는 시험입니다. 1교시 국어, 2교시 영어 순서로 보는 시험이 아닙니다. 모든 시험지를 한 번에 받아 그 자리에서 5과목을 쫙~ 풀어야 하는 시험입니다. 마킹도 한 번에 100개를 다해야 합니다.

이런 시험이 공무원 시험입니다. 정말 순식간에 끝나는 시험입니다.

따라서 저는 '그렇다면 문제 푸는 순서는 어떻게 해야 할까?'하는 고민을 했습니다. 공무원 시험을 준비하는 수험생들이 어떤 순서로 시험을 대비하는지 알아보겠습니다.

첫 번째 순서

선 암기과목, 후 언어과목 전략

아무래도 자신이 있고 빨리 풀 수 있는 한국사와 행정학, 사회부터 풀어 최대한 시간을 벌어 국어와 특히 자신이 없는 영어에 시간을 많이 배분하자는 전략입니다. 실제로 저는 한국사, 행정학, 사회를 한 세트로 하여 모의고사를 여러 번 풀었습니다. 그런데 이 순서는 약간의 위험성이 있었습니다.

암기과목 3과목의 난이도에 따라 뒤에 푸는 언어과목에 영향을 많이 받는다는 것이었습니다. 언어문제는 시간이 부족하면 지문이 더 잘 읽히지가 않아서 문제를 풀기 힘들 수 있기 때문이었습니다. 특별히 영어는 가장 마지막에 푸는 것은 좋지 않은 것 같았습니다. 시간이 없어도 기억이 나면 바로바로 풀 수 있는 암기과목과 다르기 때문입니다.

두 번째 순서

선 한국사 후 나머지(국어, 영어, 선택1, 2) 전략

가장 빠르게 풀 수 있고 많은 분들이 자신 있는 한국사를 먼저 풀고 좋은 느낌으로 나머지 과목을 푸는 전략입니다(꼭 한국사일 필요는 없고 빠르게 잘 풀 수 있는 자신 있는 과목부터 시작하면 됩니다). 집중력이 좋을 때 언어 과목을 푸는 것이 좋습니다. 실제로 많은 분들이 이러한 방법으로 시험을 대비하고 있습니다.

결국 언어 과목을 어디에 두고 풀어야 하는 지가 공무원 시험 순서의 관건입니다. 즉, 이 두 과목에서 시험에 성패가 갈리기 때문입니다.

저는 최종적으로 다음의 순서대로 풀었습니다.

국어 → 영어 → 한국사 → 행정학 → 사회

맞습니다. 결국 저는 순서대로 풀었습니다.

모의고사를 풀면서 다양한 순서로 문제를 풀어봤지만 어떤 순서가 가장 나은 지 찾지 못했었습니다. 그래서 처음부터 풀기로 결정했습니다. 처음부터 푼 가장 큰 이유는 낯선 환경에서 시험지를 이쪽, 저쪽으로 넘겨가며 푼다면 집중력이 흩어지지 않을까라는 생각이 들었기 때문이었습니다. 이런 전략으로 저는 국어 문제 1번부터 집중력을 유지하면서 사회 문제 20번까지 풀었습니다.

과목 순서는 많은 분들께서 많이 고심하는 부분입니다. 그 순서에는 정답이 없다고 생각합니다. 가장 좋은 방법이 있다면 말씀을 해드렸을 겁니다. 가장 좋은 순서는 스스로 찾아야 합니다. 위와 같은 순서대로 했을 때 생길 수 있는 상황을 잘 생각하고 실제로 풀어보면서 결정을 하면 좋을 것 같습니다. 아무쪼록 가장 좋은 최선의 순서를 찾게 되길 바랍니다.

합격을 위한 여섯 번째 마음

나는 내 길을 간다!
: 모의고사로 인해 절망 속에 빠진 분들에게

모의고사 시즌이 오면 많은 공시생들이 절망에 빠집니다.
이제 곧 시험을 봐야 하는데
모의고사 점수가 잘 나오지 않기 때문입니다.
기출 문제를 틀릴 때야 앞으로 남은 시간이 많이 있고
만회할 수 있는 상황이기 때문에 괜찮을 수 있었지만
모의고사를 푸는 시점은 시험과 가까운 시점이기 때문에
모의고사 점수가 좋지 않을 때 절망에 빠지기 쉽습니다.

저 또한 그랬습니다.
저는 보통 영어 모의고사를 오전에 풀었습니다.
그런데 영어 모의고사 점수가 안 좋을 때
그 결과는 하루의 공부를 전체를 망칠 정도로 여파가 컸습니다.
특히, 정말 너무 점수가 안 좋을 때는
'다시 한번 더 모의고사를 풀어야 하나?'라는
생각까지 들기도 합니다.

심지어 혼자 모의고사를 보는 것이 아닌,
학원에서 함께 공부하는 사람들과 모의고사를 보고 결과를 보면 그 좌절과 절망은 두 배, 세 배로 다가오게 됩니다.
그런 마음이 드는 게 사실이지만,
절대 그럴 필요가 없다고 말씀드립니다.
모의고사는 모의고사일 뿐 그 이상도 그 이하도 아닙니다.

제가 경험한 공무원 시험은
내가 저 사람보다 시험을 더 잘 보면 합격하는 것이 아니라
내가 해야 하는 공부를 하면 합격하는 시험이었습니다.
그리고 지금 내 옆에서 나보다 모의고사를 더 잘 본 사람이
나와 같은 직렬이 아니면 더더욱 상관이 없는 일입니다.

이런 말씀이 도움이 될지는 모르겠지만
저는 시험 보기 2주 전 영어 모의고사를 40점을 맞은 적이 있었습니다.
그것도 두 번 연속으로 말입니다.

공무원 시험 보기

PART 01 마무리

PART 01

마무리 - 시험 전중후 팁

- 시험 전 팁(D-60일, D-2주, D-1주, D-1일)
- 시험 중 팁(시험 당일, 시험 중)
- 실력대로 시험보기(실수 줄이는 4가지 방법)
- 시험 후 팁

공무원 시험 준비를 어떻게 마무리해야 하는지는 매우 중요합니다. 공무원 시험 D-2주일부터 마무리 단계이고 이 시기부터는 체력적인 부분뿐만 아니라 심리적인 부분도 잘 관리해야 합니다. 그리고 시험을 볼 때에도 몇 가지 중요한 팁들이 있습니다.

이번 챕터에서는 시험 두 달 전부터 실제적인 팁들을 통해 시험 공부를 잘 마무리할 수 있도록 도와드립니다.

1

마무리 - 시험 전중후 팁

시험 두 달 전에 했던 공부들

시험까지 두 달 남은 시기는 공시생들에게 매우 불안한 시기인 것 같습니다. 이 시기에 저는 '시험은 이제 코앞인데 내가 지금까지 뭘 했지?'라는 마음이었습니다. 아직도, 여전히 공부해야 하는 내용들이 너무 많은데 시간이 많이 부족했기 때문에 마음이 급했습니다.

하지만, 정신을 바짝 차려야 합니다. 지금부터가 정말 중요한 시기이기 때문입니다. 앞으로의 시간들은 지금까지 공부해온 시기보다 더 많은 것을 공부할 수 있는 시기이고 지금까지 해왔던 공부가 빛을 보는 시기이기 때문입니다. 사실, 공무원 수험 기간 중에 시험 보는 시간과 시험이 얼마 남지 않은 시기가 가장 중요할 것입니다. 시간의 중요성이 점점 더해지기 때문에 우리는 불안하거나 당황하지 않고 꾸준히 공부해야 합니다.

저는 마지막 두 달을 크게 두 시기로 나누어서 생각하고 싶습니다. 첫 번째 한 달은 최종 점검의 달로 그리고 다음 한 달은 실전 감각 유지의 달로 보내야 합니다.

첫 번째 한 달은 역시 기출과 요약서를 회독하면서 보내야 합니다.

저의 4월 계획표를 보면 3월 계획표와 큰 차이는 없습니다. 저는 뭔가 새로운 것을 했다기보다 꼭 해야 하는 것만 집중하여 단단하게 하기 위해 노력했습니다. 기출과 요약서 회독은 공부의 기둥이었고 이 두 가지는 정말 강조하고 또 강조해도 지나치지 않습니다.

과목별로 조금 더 구체적으로 설명하겠습니다.

국어는 계속 기출 문제를 회독했습니다. 국어 기출 시간에 국어의 모든 파트를 공부했었습니다. 지금 보니 국어 점수가 가장 안 좋았던 이유가 공부할 때 국어 비중을 많이 두지 않은 이유였던 것 같습니다. 이때 문법과 규범파트를 중심으로 공부하였고 중간중간 비문학과 문학 기출을 풀었습니다. 하지만 거의 문법과 규범, 비문학 위주로 공부를 했었습니다. 기출이라고 표시가 되어있지만, 마무리 교재로 함께 회독했었습니다.

영어도 원래 하던 대로 단어를 암기하고 문법과 독해 문제를 풀었습니다. 이때 어느 정도 영어 문법 포인트가 보이기 시작했습니다. 그리고 단어도 조금씩 중요한 단어들이 눈에 밟히는 시기였습니다. 무언가에 탄력을 받는다는 느낌이 들기 시작했었습니다.

한국사도 마찬가지입니다. 기출 문제집과 필기노트를 계속 반복하고 또 반복하며 공부했습니다. 기출 2회독을 시작할 때였습니다. 참고로 기출 문제집을 회독할 때에 분량이 너무 많아서 홀수 문제부터 시작하여 그다음에 짝수 문제를 보는 방법으로 진행했습니다. 아무래도 인접해 있는 문제들이라서 개념이나 묻는 것이 겹치기 때문에 짝수, 홀수로 문제를 푸니 효과적으로 회독할 수 있었습니다.

행정학과 사회도 기출과 요약집을 함께 회독하는 시간이었습니다.

지난 달과 다르게 이때부터 연도별 기출집을 풀기 시작했습니다. 연도별 기출집은 한국사, 사회, 행정학으로 3과목이었습니다. 이 3과목을 35분 동안 문제를 빠르게 푸는 연습을 했습니다. 연도별 기출집이었기 때문에 단원별 기출집에서 접한 문제들이어서 많이 틀리지 않았었습니다. 단원별 기출 회독을 열심히 했기 때문에 연도별 문제를 푸는 재미가 있었습니다. 그리고 막바지에는 암기과목 모의고사도 슬슬 풀기 시작했었습니다.

그 다음 한 달, 그러니깐 마지막 한 달은 모의고사를 풀며 실전을 대비하는 시간으로 보내야 합니다. 이와 함께 역시 기출과 요약서 회독을 놓치면 안 됩니다. 또한, 지금까지 미룬 지엽적인 암기 부분도 슬슬 점검해야 합니다.

시험 보기 3주 전에 한국사와 행정학 기출 문제집을 조금 더 얇은 것으로 바꿔서 각각 2번 정도 회독하였습니다.

과목별로 구체적으로 말씀드리면 국어는 기출과 요약서를 회독하면서 모의고사를 풀었습니다. 그리고 시험 3주 전에 최종 마무리 요약집으로 가장 중요한 부분을 집중적으로 정리하였습니다. 그리고 다시 남은 시간은 기출과 요약서로 돌아가서 마무리했습니다.

영어는 마무리 특강과 교재로 어휘와 문법을 마무리하였고 1일 1모의고사를 풀면서 실전 감각을 최대한으로 끌어올리기 위해 노력했습니다. 이 와중에도 독해는 따로 계속하였습니다.

한국사는 기출과 필기노트 회독을 계속 진행했고 앞에서 말씀드린 것처럼 3주를 남기고는 더 얇은 기출 문제집으로 회독하기 시작했습니다.

행정학는 기출과 요약서를 계속 회독하였습니다. 사회도 기출과 요약서를 계속 회독하였습니다. 그리고 하루 일과의 마지막 시간은 한국사, 행정학, 사회 모의고사로 마무리했습니다.

저는 이런 큰 방향으로 공부를 했습니다. 시험 보기 한 달 전까지는 기출과 요약서 회독을 중심으로 끝까지 부족한 부분을 보완하였습니다. 그 이후에는 가능한 한 새로운 것을 추가하지 않고 모의고사를 통해 실전 감각을 익히면서 동시에 기출 회독을 더욱더 콤팩트한 문제집으로 교체하여 회독하였습니다.

이때 조심해야 하는 것은 뭔가 새로운 것을 보기보다는 지금까지 반복한 걸 계속 반복하는 것이 더 중요합니다. 지금부터 봤을 때에 3회독 이상 할 수 없는 문제집은 보지 않는 것이 더 낫습니다.

아직 시간이 많이 있습니다. 앞으로의 시간은 지금보다 더욱더 높은 밀도의 시간이 될 겁니다. 시간이 많이 부족하다고 느끼실 수 있지만 현재

하시던 대로 꾸준히, 그리고 성실하게 집중하면서 공부를 하시기 바랍니다. 이미 시작한 공부, 포기할까 고민하지 마시고 끝까지 정진하시기 바랍니다.

시험 전·중·후 팁

시험 전 팁

시험 2주일 전부터 우리의 모든 삶은 시험 보는 그 시간을 준비하며 보내야 합니다. 이 시기는 1년 혹은 2년 동안 준비해온 시험을 위해 잘 마무리해야 합니다.

공무원 시험은 마지막 1~2주에 따라 합격할 사람이 교만하면 떨어지고 불합격할 사람이 포기하지 않으면 합격할 수 있는 시험입니다. 그렇기 때문에 끝까지 최선을 다하여 이 시기를 보내야 하고 다른 어떤 때보다 조심하며 보내야 하는 시기입니다.

D-2주일

1. 집중과 선택적 확장

시험 2주일 전에는 정말 중요한 것 위주로 공부를 할 필요가 있습니다. 따라서 기출+요약집 회독을 하면서 미뤄왔던 암기해야 하는 부분과 오답 정리를 하였습니다.

2. 각 과목별 + 5점 챙기기

각 과목별로 헷갈리는 부분을 막바지에 정리하는 것은 도움이 됩니다. 저는 국어에서 띄어쓰기와 규범(맞춤법, 표준어, 외래어 등) 부분을 정리하고 외웠고 영어는 특별히 꼭 나오는 영작부분과 생활영어 부분을 정리하였습니다. 그리고 한국사는 계속 미뤄뒀던 세계문화유산을 정리하여 암기하였고 행정학과 사회도 중요하지만 여전히 잘 외워지지 않았던 부분들을 집중해서 외우기 시작했습니다. 이렇게 한 문제를 더 맞히기 위해 노력했습니다.

3. 기출, 요약서 회독 + 모의고사

기출문제집은 공부하는 마지막 시간까지 풀었습니다. 다만 시험 2주 전에는 기존에 봤던 기출문제집이 처음부터 끝까지 회독하기 어려워 얇은 것으로 회독(한국사 600제, 행정학 400제) 하기 시작했습니다. 시험 보기 직전에 처음부터 끝까지 기출을 보고 회독을 하는 시간은 전체를 마지막으로 정리할 수 있는 중요한 시기라 생각합니다. 이렇게 기출과 요약서를 끝까지 회독하였고 이와 함께 모의고사도 매일 모든 과목을 풀고 오답 분석을 하였습니다.

D-1주일

1. 중요한 내용 마지막 정리

시험 일주일 전에는 새로운 무언가를 머리에 넣을 수 있는 시기가 아닙니다. 중요한 건 지금까지 내가 공부한 내용들을 잘 정리하여 최종적으로 차곡차곡 머리에 넣는 시간이 되어야 합니다. 여행 가방에 짐을 쌓을 때 같은 양의 짐을 어떻게 잘 정리하여 넣느냐에 따라 들어가고 들어가지 않는 것처럼, 마지막으로 잘 정리하여 최대한 공부한 내용들을 다 가져갈 수 있도록 해야 합니다.

이 시기는 정말 가장 중요한 시기인데 정말 공부가 잘 안됩니다. 그래서 집중이 안될 때는 한국사와 영어 문법 및 어휘 특강을 들었습니다.

2. 기출 + 요약집 회독

매일 풀고 있었던 모의고사를 중지했습니다. 다만, 시험 보기 2일 전에는 전 과목 모의고사를 풀었고 하루 전에는 국어와 영어만 풀었습니다. 이 시기에는 새로운 문제를 만나기보다 꼭 맞혀야 하는 기출문제를 한 번이라도 더 보는 게 좋습니다. 마지막 주에는 기출과 모의고사 문제 중 틀린 표시가 된 내용을 중심으로 회독을 하였습니다.

3. 일주일 전부터는 시험 환경에 맞춰서 생활

최대한 시험시간(10시~11시 40분)에 뇌의 활동이 자연스러울 수 있도록 했습니다. 저는 계획표에 나와 있는 것처럼 9시에 일어나서 9시 반부터 공부를 시작했었습니다. 일찍 일어나는 편이 아니었는데 마지막 1주일에는 몸 컨디션을 오전 10시에 맞추기 위해 일찍 자고 일찍 일어날 수 있도록 하였습니다. 저처럼 늦게 일어나는 생활 패턴이라면 조금 일찍 일어나면서 컨디션을 최대한 끌어올려 시험에 임할 수 있도록 합니다.

D-1일

시험 하루 전날에는 정말 공부가 잘 안됩니다. 이날은 정말 특이 사항 없이 하루를 안전하게 잘 보내고 잘 자기만 하면 성공입니다. 저는 공부가 잘 안되어서 한국사 강의 중 가장 압축되어 있는 강의를 다 듣고 요약집으로 각 과목별로 정말 중요한 부분을 다시 확인하였습니다. 그리고 국어와 영어 모의고사를 풀었습니다. 마지막으로 남은 시간에는 기출문제와 모의고사 틀린 문제들을 다시 한번 반복하여 봤습니다.

1. 내일 상황에 대한 시뮬레이션을 해본다.

일어날 시간, 아침 식사 음식, 이동 방법 및 도착 시간을 미리 정합니다. 특히 시험장에 가는 방법을 미리 정하는 건 필수입니다. 저 같은 경우에는 길눈이 밝지 않았는데다가 시험장이 처음 가보는 곳이라 약간 헤맸습니다. 이런 변수가 일어나지 않도록 철저하게 준비할 필요가 있습니다.

2. 준비물을 모두 다 챙겨 시험 전 날에 가방 속에 넣어둔다.

> 준비물
>
> 수험표, 신분증, 마스크, 컴퓨터용 사인펜, 수정테이프(일부지역 사용불가), 샤프, 볼펜, 아날로그 시계(전자시계, 스마트워치×), 초콜릿, 껌, 화장지, 슬리퍼, 카디건 등등 + 시험장에서 볼 문제집

1) 슬리퍼, 카디건 챙기기

시험장에서는 슬리퍼를 신을 수 있습니다. 그리고 가능하면 슬리퍼를 신고 시험을 보는 걸 추천해 드립니다. 가장 편하게, 평소 공부를 했던 상태 그대로 시험을 볼 수 있기 때문입니다. 저는 슬리퍼를 신으니 긴장도 풀어졌고 편안함을 느낄 수 있어서 좋았습니다. 그리고 지방직의 경우에는 6월 즈음 시험을 보기 때문에 에어컨을 가동합니다. 그러면 실내 온도가 추울 수 있기 때문에 카디건도 챙기면 적당한 온도에서 시험을 보실 수 있으십니다.

2) 각 과목당 필기노트를 다 챙기기

물론 오답노트나 끝까지 외워지지 않는 내용들을 정리한 노트 같은 걸 챙기지만 저는 각 과목의 모든 필기노트를 챙겨갔습니다. 그 이유는 마지막 최종 정리 시간에 어떤 부분이 갑자기 생각이 나지 않을까 하는

마음때문입니다. 그 내용들을 모두 보지는 못했습니다. 하지만 그런 상황을 만들지 않기 위해서 미리 대비했습니다. 이건 선택적인 부분입니다. 짐이 너무 무겁고 날씨까지 덥거나 비가 오면 시작부터 너무 힘들기 때문입니다. 그리고 어차피 그 책들을 전부 보지 못합니다. 혹시 모를 상황까지 생각하며 준비했다는 것을 말씀드릴 뿐입니다.

3. 최대한 일찍 잠자리에 들어가자. 생각보다 잠이 잘 안 온다.

시험 전날에 가장 중요한 건 잠을 푹 자는 것입니다. 저 역시 그것을 잘 알았고 일찍 잠을 자려고 노력했지만 긴장한 탓에 잠이 오지 않았습니다. 노력하면 노력할수록 잠이 더 안 왔습니다. 각자마다 잠을 잘 잘 수 있는 방법을 동원하여 숙면을 취할 수 있도록 해야 합니다. 생각보다 잠이 잘 오지 않습니다.

시험 중 팁

시험 당일

시험 당일에 일어날 수 있는 모든 변수를 제거하며 대비해야 합니다.

1. 컨디션만큼이나 감정 조절하기

극도로 예민한 상황일 수 있기 때문에 가족들과 사소한 감정 소비가 일어나지 않도록 최대한 대화를 줄이고 간단한 인사만 하고 시험장으로 향합니다.

2. 아침에 언어 과목 독해 문제 풀어보기

결국 공무원 시험에서 중요한 것은 아는 문제를 잘 푸는 것입니다. 암기한 내용들은 시험을 볼 때 생각나기 마련입니다. 하지만 언어 영역의 문제는 약간 다릅니다. 독해력과 사고력을 요구하는 문제들이기 때문에 시험 보기 전에 문제를 풀면서 독해 문제에 익숙해질 필요가 있습니다.

시험장에서 독해 지문을 처음 보는 것이 아니라 집에서 한 번 보고 가는 건 도움이 됩니다. 저 같은 경우에는 아침에 일어나 씻고 출발하기 전에 국어 독해 2문제, 영어 독해 2문제를 풀었습니다. 이때, 너무 어려운 문제를 풀기보다 워밍업 차원으로 쉬운 문제를 풀어줍니다(너무 어려울 경우에 스트레스를 받게 될 수 있기 때문입니다).

3. 아침식사하기

저는 원래 아침식사를 하지 않았습니다. 그런데 혹시라도 배가 고프면 시험 볼 때 방해가 될 수 있었기 때문에 편의점에서 자극적이지 않은 음식으로 먹고 시험장에 가려고 했었습니다. 놀랍게도 시험장이 벌판에 있었고 주변에는 편의점이 없었습니다. 그래서 어쩔 수 없이 빈속으로 시험을 봤습니다. 고도의 집중력이 필요한 시간이라 그랬는지 시험 도중에 배가 고파서 집중하기 어려웠습니다. 평소에 아침을 먹지도 않는데 이상하게 배가 고팠었습니다. 속이 부담이 되지 않는 정도에서 간단한 아침을 먹는 것도 추천합니다.

4. 물 챙기기

시험장 근처에 편의점이 없었기 때문에 물도 사지 못했었습니다. 너무 긴장한 나머지 입이 마르고 목이 말랐었습니다. 그래서 화장실 물로 입을 축이기까지 했습니다. 물을 너무 많이 먹는 것도 화장실에 가야 해서 문제가 될 수 있지만 물을 챙겨서 목이 마를 때 마시는 걸 추천해 드립니다. 일단 시험 볼 때 일어나는 변수를 최대한 줄이도록 대비해야 합니다.

5. 입실 완료 시간 한 시간 전에 도착하기

홈그라운드에서 경기하는 팀이 승률이 높은 것처럼 시험을 보는 장소에 적응하여 가장 편하게 시험을 본다면 좀 더 좋은 점수가 나올 수 있습니다. 그래서 저는 입장이 가능한 시간 보다 먼저 시험장에 도착하여 조금 기다리다가 가장 먼저 시험장에 들어갔습니다. 가장 먼저 시험장에 들어가면 다른 사람보다 먼저 시험을 준비할 수 있다는 심리적 안정감도 생기게 됩니다. 일찍 도착하게 되면 시간에 쫓겨 급하게 도착하는 것보다 훨씬 더 안정적인 상황에서 시험을 볼 수 있습니다.

시간대별 안내	
07:30~08:00	시험장 오픈
08:00~09:20	마지막 공부
09:20	입실 완료
09:20~10:00	유의 사항(공부×, 가방 앞으로)
10:00~11:40	시험

시험 볼 때

1. 모르는 문제는 바로 패스하기

시험을 볼 때 가장 중요한 부분입니다. 공무원 시험은 시간과의 싸움입니다. 모르는 한 문제를 맞히고 확실히 풀 수 있는 두 문제를 버리게 되는 선택을 하면 안 됩니다. 무조건 한 번에 풀리지 않는 문제는 일단 넘기고 다음에 풀어야 합니다. 이상하게 다음에 보면 바로 풀리는 경우가 많이 있습니다. 다시 한번 강조합니다. 모르는 문제는 바로 넘기시길 바랍니다.

2. '옳은 거 골라라'에는 O 표시, '틀린 거 골라라'에는 X 표시하기

우리는 늘 실수를 조심해야 합니다. 물론 실수를 하지 않는 건 쉬운 일이 아닙니다. 저 역시 실수로 몇 문제를 틀렸습니다. 그리고 많은 수험생들이 실수했을 겁니다. 그렇기 때문에 최대한 실수를 하지 않도록 노력해야 합니다. 그 노력 중 하나로 문제 옆 부분에 O, X를 표시하는 것입니다. 긴장 속에서는 이런 간단한 내용들도 헷갈릴 수 있고 그래서 실수할 수 있습니다. 하지만 이렇게 표시를 한다면 그 실수를 줄일 수 있습니다.

3. 각 과목당 점수의 마지노선을 정해 놓기

처음부터 모든 과목의 만점을 목표로 공부하지 않았습니다. 시간이 부족했기 때문에 모든 부분을 완벽하게 공부할 수 없었기 때문입니다. 그래서 각 과목별로 틀려도 괜찮은 문제의 수를 대략 정해서 공부를 하였습니다. 수석 합격이 목표가 아니라 합격하는 것이 목표였기 때문에 만점을 맞을 필요가 없습니다. 이렇게 각 과목마다 포기할 점수를 정해 놓으면 문제를 풀면서 당황하지 않고 안정적인 마음이 들어서 도움이 되었습니다.

시험 볼 때 가장 중요한 부분은 헷갈리는 문제나 어려운 문제는 무조건 바로 넘어가야 하는 겁니다. 한 번 읽고 문제가 바로 풀리지 않고 쉽게 풀기 어려울 것 같은 문제는 일단 표시하고 넘겨야 합니다. 풀리지 않는다고 머물지 않고 넘겨야 다른 문제를 풀어 합격할 수 있습니다. 그리고 편안한 마음으로 문제를 넘기는 자세를 갖춰야 합니다.

'어차피 1~2문제는 포기하려고 했다. 나머지 문제를 잘 풀면 된다. 이따가 풀면 풀릴 수 있다.' 이런 식으로 마인드 컨트롤을 하면서 문제를 풀어야 합니다. 실제로도 처음에 몰랐던 문제가 나중에는 쉽게 풀리는 경우가 있습니다. 긴장하게 되면 그 부분에 관한 내용이 생각이 전혀 안날 수도 있기 때문입니다.

그렇기 때문에 일단 최대한 자신이 풀 수 있는 문제들을 빠르고 정확하게 풀어야 합니다. 헷갈리는 문제는 넘기고 모든 과목을 다 풀고나서 다시 돌아가 넘어간 문제를 봐야 합니다. 시간이 있으면 공통과목 중심으로 다시 검토하며 시험을 마무리합니다.

저는 시험 10분 전에 전 과목 마킹을 한 번에 했었습니다. 그런데 생각보다 마킹 속도가 나지 않습니다. 안 그래도 긴장되는 순간인데 한 문제라도 실수하면 안 된다는 생각에 마킹하면서 많이 떨렸습니다. 그렇기 때문에 모의고사를 풀 때에 마킹 연습은 정말 중요합니다. 마킹을 한 과목씩 할 것인지, 모든 과목을 한 번에 할 것인지, 한 문제씩 할 건지, 다섯 문제를 할 건지, 사전에 생각하여 연습을 통해 가장 정확하고 신속한 마킹 방법을 찾는 과정은 꼭 필요합니다.

이미 풀어 놓은 문제를 마킹한 뒤, 끝까지 헷갈린 문제는 풀면서 바로 마킹하는 방법으로 했습니다. 이때 마킹만 하고 시험지에 답을 적어 오지 못한 두 문제 있었는데 답이 생각하지 않아 점수가 발표되기 전까지 전전긍긍했었습니다. 그러니 꼭 시험지에도 답을 적어오면 좋을 것 같습니다.

문제 푸는 순서

① 아는 문제부터 빠르고 정확하게 풀기
② 헷갈리는 문제는 과감히 표시하고 넘어가기
③ 풀지 못했던 문제 풀기
④ 시간이 있으면 공통과목 중심으로 검토하기

마킹 타이밍(8~10분 전)

마킹하고 헷갈린 문제는 풀면서 바로 마킹하기

문제 푸는 시간

국 어 20분
영 어 35분
한국사 10분
행정학 12분
사 회 15분
마 킹 8분

4. 시험을 볼 때의 마음가짐

시험을 볼 때 평정심을 유지하고 시험을 보는 것은 매우 중요합니다. 시험 보는 장소가 아무래도 적응하기 쉽지 않고 다른 분들과 함께 시험을 봐야 하기 때문에 여러 가지 장애요소들이 있을 수 있습니다. 그럴 때마다 너무 예민하게 반응하기보다 신경 쓰지 말고 시험에만 집중할 필요가 있습니다.

문제를 풀 때에도 마인드 컨트롤을 계속해야 합니다. 어려운 문제는 가볍게 넘기는 마음이 있어야 합니다. 100점이 목표가 아닌 이상 한두 문제 틀려도 합격하는 데에 문제가 되지 않습니다. 그리고 문제 난이도에 따라 우리의 마음을 다잡고 시험에 임해야 합니다. 문제가 쉽다고 느껴질 때도 방심하면 안 됩니다. 문제가 쉬울 때에는 확실한 문제, 쉬운 문제를 틀려서는 안 된다는 마음으로 시험에 응해야 합니다. 그리고 문제가 어려울 때도, 확실한 문제, 쉬운 문제를 틀려서는 안 됩니다.

문제가 어려울 때는 너무 당황할 필요가 없습니다. 왜냐하면 시험을 보는 모든 분들이 다 어렵기 때문입니다. 다만, 이때에도 쉬운 문제는 틀리지 않도록 방심하지 말아야 합니다. 시험이 어려울 때는 누가 실수를 하지 않았는지, 맞춰야 할 문제를 잘 맞췄는지에 따라 합격 여부가 결정되기 때문입니다.

특별히 시험 문제가 쉽게 느껴질 때 긴장감을 놓지 않기 바랍니다. 저는 시험문제를 풀면서 문제 난이도가 쉽다는 걸 느꼈고 그때부터 집중력이 흐트러져 문제가 잘 읽히지 않기 시작했었습니다. 시험이 끝나는 그 순간까지 긴장하며 시험을 봐야 합니다.

시험 후 팁

시험 직후 공무원 관련 카페에 답안지가 올라오기 시작합니다. 보통 각 학원 선생님들께서 문제집을 입수해 문제를 푸시고 정답 가안을 운영하시는 카페에 올려줍니다. 그 답이 대부분 맞기는 하지만 가끔씩 틀릴 때가 있습니다. 그렇기 때문에 보통 답이 공개되는 2시까지 휴식을 취하면서 기다리다가 채점을 하는 것을 추천해 드립니다.

채점을 한 뒤에 각 학원에서 실시하는 합격 예측 서비스에 자신의 점수를 입력하여 자신의 위치를 확인하며 합격을 예측합니다. 입력 후 2~3주가 지나면 정확한 위치를 확인할 수 있습니다.

단기왕, 너는 다 계획이 있구나

실력대로 시험을 볼 수 있는 방법+실수를 줄일 수 있는 방법

이 챕터를 보시는 분들은 이제 곧 시험을 앞두신 상황이라고 생각합니다. 정말 고생 많으셨습니다. 정말 열심히 공부하신 분들은 **실력대로** 시험을 본다면 충분히 합격할 수 있다고 생각합니다. 그런데 이 **실력대로** 시험을 보지 못해서 여러 번 다시 시험을 보는 분들이 계시다고 생각합니다.

모든 시험의 관건, 특별히 공무원 시험의 관건은 나의 **실력대로** 시험을 보는 것이라고 생각합니다. 지금까지 잘 준비했다면, 실수만 하지 않으면 나의 **실력대로** 분명 합격할 수 있다고 생각합니다.

합격권에 있는 사람들, 그러니깐 정말 특출나게 고득점을 맞는 분들을 제외한다면, 저는 실력이 비슷비슷하다고 생각합니다. 물론 목표가 수석으로 합격하시는 거라면 이야기는 달라지겠지만 저는 합격을 도와드리는 것이지 수석 합격을 도와드리는 건 절대 아닙니다. 저는 수석으로 합격하는 방법은 모릅니다. 저 역시 딱 합격할 점수를 받았습니다.

우리는 합격하면 됩니다. 가장 효율적인 합격은 커트라인보다 한두 문제를 더 맞히고 들어가는 것입니다. 커트라인 점수대면 심리적으로 끝까지 힘들기 때문에 딱 커트라인에서 한 문제 혹은 두 문제 정도면 성공적인 공시 생활이 될 수 있을 겁니다. 물론, 당연히 더 좋은 점수면 좋겠지만 말입니다.

어쨌든 결국엔 우리와 같이 평범한 사람들과의 싸움입니다. 그리고 이런 싸움에서 이기기 위해서는 나의 **실력대로**만 시험을 보면 되고 실수만 하지 않으면 됩니다. 그와 관련된 이번 챕터를 이해하시고 그대로 실행하신다면 '실력대로' 실수하지 않고 시험을 보실 수 있습니다.

결론적으로 말씀드리면, 시험을 **실력대로** 보고, 실수를 하지 않기 위해서는 시험을 주도적으로 봐야 합니다. 시험 문제에 질질 끌려가며 시험을 보는 것이 아니라, 내가 시험 문제를 이끌어 가며 시험을 봐야 합니다. 즉, 나와 시험문제 간의 관계에서 내가 갑이고 문제가 을로 설정하고 시험을 봐야 합니다. 이렇게 시험을 보면 우리는 좋은 결과를 얻을 수 있을 겁니다.

그렇다면, 어떻게 해야 주도적으로 시험을 볼 수 있을까요? 주도적이라는 말이 조금 어려울 수 있는데 조금 더 쉬운 표현으로 계획적이라고 바꿀 수 있습니다. 우리는 시험의 모든 상황을 나의 손바닥 안에 두고 시험을 봐야 합니다. 그러기 위해서 아래 4가지를 미리 설정하고 시험장에 들어갈 필요가 있습니다.

첫 번째 설정:시간

먼저 시간을 정해놓고 시험을 볼 필요가 있습니다. 우리가 시험을 볼 때 페이스를 잃게 되는 가장 큰 이유는 시간의 압박 때문입니다. 촉박한 시간은 우리를 힘들게 합니다. 따라서 시간을 구체적으로 정해놓고 자신의 페이스대로 시험을 봐야 합니다. 그냥 막연하게 시험을 보게 되면 페이스가 말려 버립니다. 막연히 국어 20분, 영어 35분 이런 식이 아니라 구체적으로 국어는 10시 20분까지, 영어는 10시 55분까지 이런 식으로 시뮬레이션을 할 필요가 있습니다.

그리고 마킹 타이밍까지 정해야 합니다. 정말 군더더기 없는 시험시간이 되어야 합니다. 우왕좌왕하고 안절부절 하면 안 됩니다. 저 같은 경우에는 시험 10분 전에 전 과목 마킹을 한번에 했었습니다.

저의 과목별 시험 시간을 다시 정리하자면 국어 20분, 영어 35분, 한국사 10분, 행정학 12분, 사회 13분 그리고 마킹 8분, 나머지 2분 이렇게 문제를 풀었습니다.

두 번째 설정:순서

다음으로 설정할 것은 문제를 푸는 과목의 순서입니다.

우리는 모의고사를 통해 시간 연습과 함께 순서 연습도 하여 최선의 조합을 찾을 필요가 있습니다. 그 순서대로 시험을 볼 때 자신의 주도권 하에서 주도적인 시험을 보게 될 것입니다. 순서를 정하지 못하고 시험에 임하게 되면 불안감에서 시험을 시작할 수 있지만, 순서를 정하면 전략적으로 임한다는 느낌이 들기 때문에 자신 있게 시험을 볼 수 있습니다. 물론 가장 좋은 순서는 본인이 찾아야 합니다.

참고로 저는 정말 다양한 순서의 조합으로 문제 푸는 연습을 했습니다. 영어가 늘 걱정이었기 때문에 먼저 암기과목 3과목을 빨리 풀어버리고 국어와 영어 순으로 문제 푸는 연습을 하거나 혹시 시간이 부족할까 봐 영어부터 문제를 푸는 연습도 했습니다. 그런데 저의 결론은 순서대로 푸는 것이었습니다. 우왕좌왕하지 않고 주어진 순서대로 문제를 풀기로 결정하고 그렇게 했습니다. 하지만, 이건 정답이 있는 것이 아니니 스스로에게 가장 좋은 순서를 꼭 찾아보시기 바랍니다.

세 번째 설정:틀릴 문제

시간과 순서 다음으로 틀린 문제를 정해야 합니다. 틀릴 문제를 정한다? 말이 좀 이상하기도 하고 슬프기도 하지만 아주 중요한 부분입니다. 우리의 목표는 합격이지 만점이 아닙니다. 그렇기 때문에 작은 전투에서는 패배할 수 있지만 큰 전쟁에서는 승리해야 합니다.

각 과목별로 틀릴 수 있는 문제들을 생각하고 시험에 임해야 합니다. 물론 틀리기 위한 것이 아니고 합격하기 위한 작업입니다. 틀릴 수 있는 문제를 미리 생각하고 시험에 임하면 그 문제에 말리지 않습니다. 시험에도 말리지 않을 수 있습니다. 그리고 틀릴 문제가 나오지 않으면 틀리지 않을 수 있습니다. 물론 틀릴 문제를 한 과목당 합격선 아래로 정해서는 안됩니다. 나 말고도 틀릴 수밖에 없는 그런 문제들은 틀릴 각오를 미리 해야 한다는 것입니다.

국어에서 한자 문제는 맞추지 못할 것으로 생각하고 시험을 봤습니다. 그리고 실제로 맞추지 못했습니다. 고전문법 역시 나오면 틀릴 수 있다고 생각을 했고 실제로 나오지 않았습니다. 영어 단어도 모르는 단어가 나오면 과감히 틀리자고 생각했습니다. 이렇게 틀릴 수 있는 문제들을 미리 생각했고 그 문제들 중 틀린 문제도 있고 맞은 문제도 있습니다.

각 과목 별로 정말 대처하기 어려운 부분들이 있습니다. 이런 부분들을 선제적으로 틀릴 것을 예상하고 시험에 임하면 점수는 깎이겠지만 심리적인 타격은 그렇게 크지 않을 수 있습니다. 틀릴 것을 계획하고 틀리는 것과 아무런 생각 없이 틀리는 것은 분명 다릅니다. 후자의 타격이 훨씬 큽니다. 그래서 틀릴 문제를 미리 생각하고 과목마다 틀릴 개수의 마지노선을 정해 놓으면 심리적인 타격 없이 시험을 볼 수 있습니다.

네 번째 설정:난이도

마지막으로 난이도에 따른 마음가짐을 미리 정해놓고 가야 합니다. 문제가 어렵게 나온다면 '역시 어렵게 나왔군. 이럴 줄 알았어. 그럼 정말 꼭 맞혀야 하는 문제를 꼭 맞히는 방향으로 문제를 풀어야겠다', 문제가 쉽게 나온다면 '역시 쉽게 나왔군. 이럴 줄 알았어. 그럼 정말 실수하는 것을 조심하고 한 문제 한 문제 확실히 풀어야겠다'라는 마음으로 시험을 봐야 합니다.

중요한 건, 난이도 역시 우리의 손바닥 안에, 우리의 계획안에 넣고 시험을 보는 것입니다.

이렇게 시간, 순서, 틀릴 문제, 난이도를 정하고 시험을 보는 것은 궁극적으로 안정적인 심리 상태와 관련이 있습니다. 우리가 **실력대로**, 실수를 하지 않고 시험을 볼 수 있는 방법은 심리적으로 안정적인 상황 속에서 가능합니다. 이런 설정들은 우리의 마음을 불안하지 않게 도와주는 설정이 될 것입니다.

'다 나의 계획안에 있다. 난 당황하지 않는다'라는 마음으로 시험을 봐야 합니다. 저의 바람은 여러분들이 지금까지 열심히 공부한 그 실력 그대로 시험을 보는 겁니다. 그렇게 해서 불합격이면 스스로 부족했음을 인정하면 됩니다. 하지만 실력 발휘를 하지 못해 아쉽게 불합격하고,

실수해서 불합격한다면, 그것만큼 마음 아픈 일도 없을 겁니다. 저는 그것만큼은 막아드리고 싶습니다.

부디 이번 챕터를 잘 기억하셔서 4가지를 꼭 설정하고 시험을 보시기 바랍니다.

합격을 위한 일곱 번째 마음

공부는 낙엽쓸기처럼…

혹시 낙엽을 쓸어보신 적이 있으신가요?
저는 발령을 기다리면서 공공 일자리 사업에 참여했었습니다.
제가 참여하게 된 사업은 동네 환경 정리를 하는 사업이었습니다.
제가 주로 했던 일은 쓰레기를 줍고,
쓰레기를 분리수거하고,
풀을 뽑는 일이었습니다.
그리고 낙엽을 쓰는 일을 했습니다.

혹시 낙엽을 쓸어보신 적이 있으신가요?
한 번은 길가에 있는 낙엽을 쓸 때에
함께 일하시는 분들 사이에서 의견이 갈렸었습니다.
한 편은 "어차피 떨어진 낙엽 한 번에 모았다가 씁시다"
또 다른 한 편은 "아닙니다. 이 낙엽은 매일매일 쓸어야 합니다"

결국 저희 조는 매일매일 낙엽을 쓸기 시작했습니다.
오늘도 쓸고, 내일도 쓸고, 모레도 쓸고
이번 주, 다음 주, 그다음 주도 계속 쓸고 또 쓸었습니다.

대빗 자루로 낙엽을 쓸며 저는 속으로
'이거 언제 다 쓰냐'라고 생각했습니다.
낙엽을 쓰는 게 너무 힘들었고 무의미해 보였거든요.
그런데 또 쓸고 또 쓰니,
그 쓰는 양이 시간이 지날수록 점차 줄어들었고
결국 모든 나뭇잎은 떨어졌고 모든 낙엽을 다 쓸게 되었습니다.

혹시 낙엽을 쓸어보신 적이 있으신가요?
낙엽 쓰는 것과
공무원 공부를 할 때에 암기를 하는 것은 비슷해 보였습니다.
낙엽 쓰는 것처럼 내가 지금 암기하고 있는 이 시간이
무의미해 보일 수도 있기 때문입니다.

어차피 또 떨어질 낙엽,
어차피 또 망각할 기억
이 둘은 너무도 닮았기 때문입니다.

하지만
낙엽을 쓸지 않고 방치하면
낙엽이 계속 쌓여 치울 수 없는 양이 되어
길을 어지럽히고 수로를 막아 치우기 어렵게 되는 것처럼
암기해야 하는 것을 너무 뒤로 미루면
그 양에 압도되어
내가 외울 수 있는 양보다 더 못 외우게 될지 모릅니다.

조금씩 조금씩 낙엽을 쓰는 듯이
오늘 내가 외워야 하는 암기량을 채우다 보면
물론, 이 과정이 힘들 수 있지만,
그래도 공부의 낙엽을 쓸다 보면
그 양이 점점 줄어들고,
결국 합격을 위해 쓸어야 하는 공부의 낙엽을 다 쓸게 될 겁니다.

제가 '이거 언제 다 쓰냐'라고 생각한 것처럼
'이거 언제 다 외우냐' 생각하시겠지만

오늘의 공부 낙엽을 쓸다 보면
외롭고 혹독한 겨울이 지나갈 것이고
결국, 따듯한 봄날의 합격의 새순을 맞이하게 될 겁니다.

힘내시길 바랍니다.

그 밖의 이야기들

- 국가직 직후부터 지방직까지
- 시험의 난도에 따른 우리의 자세
- 재시생이 유리한 점
- 초시생이 유리한 점
- 재시생이 꼭 해야 하는 3가지
- 작년 책으로 공부해도 될까요?

1

그 밖의 이야기들

국가직 직후부터 지방직까지 꼭 해야 하는 3가지, 하지 말아야 하는 3가지

매해 있는 공무원 시험 중 가장 많은 공시생들이 보는 시험은 국가직과 지방직입니다. 가장 많은 인원을 뽑는 시험이기 때문에 공시생들에게는 아주 좋은 기회입니다. 보통 국가직은 3~4월쯤, 지방직은 5~6월에 시험이 있습니다.

이러한 시험 일정는 처음부터 지방직이 목표인 분들에게 국가직이 가장 좋은 모의고사 시간이 될 수 있습니다. 하지만, 그 시간을 의미 있게 보내려면 우리가 꼭 해야 하는 일과 절대 하지 말아야 하는 일들이 있습니다. 이번 챕터에서는 이것에 대해 생각해 보겠습니다.

시험 직후 꼭 해야 하는 3가지

첫째,
틀린 부분, 헷갈린 부분 꼭 체크하기

이 부분은 정말 어렵고 힘든 부분입니다. 하지만 꼭 해야 합니다. 그래야 지방직을 잘 볼 수 있습니다. 기출이 중요하다고 생각해서 기출 중심 공부를 했는데 기출 중에서 국가직 시험은 가장 최근 기출이 되기 때문에 중요하다고 생각합니다. 국가직 시험 문제 중에서 잘 모르는 내용을 파악하고 해당 내용을 다시 확인하여 공부할 필요가 있습니다.

국가직 문제를 봐야 하는 이유는, 똑같은 문제가 지방직에서 나올 가능성이 있기 때문이 아닙니다. 인혁처의 시험 경향을 파악하고 공부 방향을 잡기 위해서 봐야 하는 것입니다. 그리고 나의 부족한 부분을, 미완성된 부분을 찾기 위해서 오답 정리를 해야 합니다. 꼭 국가직 문제를 다시 찬찬히 살펴보는 시간을 가져야 하고 혼자 하기 어렵다면 해설 강의라도 꼭 들어야 합니다.

둘째,
7주 계획 세우기

제가 전에도 말씀드렸는데 공부의 효율과 밀도는 시험에 가까워질수록 말이 안 되게 높아집니다. 7주, 즉 50일이라는 시간은 정말 긴 시간입니다. 국가직에서 한 과목에 구멍이 있어서 점수가 잘 안 나왔어도 50일간 기적은 분명히 일어날 수 있습니다. 그러니 제발 포기한다는 말씀 마시고, 공부하셨으면 좋겠습니다.

셋째,
휴식하기

시험 직후 1~2일 정도는 충분한 휴식을 취하시길 바랍니다. 여러분들은 지금 마라톤을 하고 100분 동안 막판 스퍼트를 해서 정신적으로나 육체적으로나 지쳐있는 상태입니다. 그렇기 때문에 휴식이 필요합니다. 시험 직후 1~2일 정도는 푹 쉬시기 바랍니다.

하지만, 이 휴식은 길어서는 안됩니다. 왜냐하면, 아직 레이스가 끝나지 않았기 때문입니다. 이 휴식은 마지막 레이스를 위한 휴식이 되어야 합니다. 이 레이스는 정말 중요하고 더 힘들 수 있는 50일간의 레이스입니다. 그 시간을 위해 재충전을 꼭 해야 합니다.

꼭 하지 말아야 하는 3가지

첫째,
공무원 시험 커뮤니티에 들어가지 말기

먼저 말씀드리고 싶은 부분은, 지금 각종 카페와 커뮤니티에 올라오고 있는 '자신이 몇 점인데 합격할 수 있을까요?'와 같은 게시글 때문에 스트레스를 받을 필요가 없다는 것입니다. 시험 직후에 올라오는 그런 글들은 보통 시험을 잘 보신 분들이 올리는 경우가 많습니다. 하지만, 그런 글을 보고 저와 같은 사람들은 합격권에 있었음에도 불구하고 마음이 불안하고 힘들어서 공부하기가 어려울 수도 있습니다. 그렇기 때문에 이 시기에는 너무 공무원 커뮤니티나 카페에 들어가서 마음 어려운 일이 없도록 할 필요가 있습니다.

둘째,

합격 예측 서비스에 입력하고 하루에 2번만 보기

시험을 보고 공시생들이 가장 먼저 하는 건 채점을 하고 합격 예측 서비스에 점수를 입력하여 나의 합격 가능성을 파악하는 것입니다. 이 합격 예측 서비스를 통해 각 직렬별 커트라인을 예상하게 되고 그 커트라인 안에 있다면 합격을 할 수 있다고 생각하게 됩니다.

합격 예측 서비스를 이용하는 것은 좋지만, 점수를 입력하는 순간부터 우리는 새로 고침의 늪에 빠지게 됩니다. 이건 하지 말라고 해도 어쩔 수 없이 빠지게 되는 늪입니다. 짧은 시간 동안에도 합격 예측 서비스 페이지를 새로 고침하는 자신을 보게 될 겁니다.

하지만, 그럼에도 불구하고 저는 말씀드리고 싶습니다. 이 합격 예측 서비스는 하루에 두 번, 그러니깐 공부 시작 전 한 번, 공부 마무리 후 한 번, 이렇게 두 번만 확인하시길 바랍니다. 이렇게 조언을 드려도 따르는 데에 쉽지 않을 겁니다.

어떤 분들은, 이분들은 참 대단한데, 아예 입력을 안 하는 분들도 계십니다. 마치 국가직 시험을 보고 채점을 안 하는 분들과 같은 이유입니다. 지방직 시험에 집중하기 위해서입니다. 물론 저는 채점도 바로 했고 입력도 바로 했고 새로 고침도 엄청 눌러대면서 공부하여 제대로 공부하지 못했었습니다.

셋째,
자책하지 말기

마지막으로 스스로를 자책하지 마시기 바랍니다. 그 누구보다 고생한 사람은 자기 자신입니다. 그리고 100분이라는 고독하고 힘든 시간을 버틴 사람은 바로 나입니다.

어느 누구도 그 시간을 아무렇게나 무책임하게 보내지는 않았을 겁니다. 문제가 잘 풀리든, 그렇지 못하든, 한 문제 한 문제를 풀기 위해 정말 노력했을 겁니다. 그렇게 해서 혹시 시험을 잘 못 봤더라도, 실수를 해서 자신이 너무 답답하더라도 자책하지 않으셔야 합니다. 그래야 다시 시작할 수 있습니다. 부정적인 생각은 최대한 자제하시고 할 수 있다고 생각하시기 바랍니다.

'저 별거 아닌 거 같은 단기왕이라는 사람도 합격했는데 내가 왜 못해?'라고 생각하셔도 좋습니다. 그러니 스스로 자책하지 마시고 포기하려는 마음을 갖지 마시기 바랍니다. 다시 시작하시면 됩니다. 충분합니다.

적어도 월요일부터는 다시 공부를 시작해야 합니다. 너무 늘어지면 공부하는 페이스를 올리기가 쉽지 않습니다. 국가직 시험을 볼 때 정말 힘드셨겠지만, 우리는 또 다른 목적인 지방직을 위해 공부해야 합니다. 누가 먼저 정신 차리고 집중하여 남은 7주를 보내느냐에 따라 결과는 정말 달라질 겁니다.

50일, 기적이 일어나기에 충분한 시간입니다.

시험의 난이도에 따른 우리의 마음
문제가 쉽게 나오면 유리할까 불리할까?

이번 챕터에서는 시험의 난도에 대해서 생각해 봤으면 좋겠습니다.

시험이 가까워질수록 가장 궁금한 내용 중 하나는 이번 시험의 난이도입니다. 시험의 난이도가 어떨까?라는 생각을 많이 하게 되고 공무원 커뮤니티에서 각자 뇌피셜이 가동되어 그에 대한 말들이 많이 오고 갑니다.

물론, 당연히 뇌피셜에 지나지 않습니다. 시험의 난도는 시험을 본 당사자만 알 수 있을 것입니다. 시험을 출제한 사람보다 직접 그 시험을 본 사람만 느낄 수 있을 겁니다. 시험이 끝나면 여러 언론에서 학생들이나 선생님들의 인터뷰를 기반으로 하여 이번 시험은 어려웠다, 이번 시험은 쉬웠다, 어떤 과목은 어려웠고 어떤 과목은 평이했다 등의 많은 기사가 쏟아집니다. 난이도 평가에는 주관적인 부분이 많습니다. 가장 중요한 것은 내가 어떻게 느꼈는지가 중요하다고 생각합니다.

전반적으로 지배하는 그 해 시험의 난도는 분명 있습니다. 예를 들어 2019년 지방직은 정말 어려웠습니다. 그리고 2020년 지방직은 정말 쉬웠습니다. 커트라인이 2~30점 차이가 나기도 했습니다. 이렇게 문제가 정말 쉽게 출제되는 경우에는 시험의 난도가 분명할 때도 있습니다.

그럼 여러분들이 본 시험은 어려울까요? 쉬울까요? 그건 당연히 저는 모릅니다. 시험을 보는 바로 그 순간 여러분들이 느끼게 될 겁니다. 시험의 난도는 예측할 수 없지만 그 시험의 난도에 따른 수험자의 마음가짐에 대해 말씀해 드리겠습니다.

열심히 공부를 한 사람은 시험을 볼 때에 그 시험의 난이도가 어떤지 문제를 통해 바로 파악이 가능합니다. 저 또한 시험을 보면서 이번 시험의 난도를 체감할 수 있었습니다. 그 난이도에 따라 스스로 말을 건네며 계속 집중하여 문제를 풀었습니다. 결론부터 말씀드리자면 문제의 난이도에 상관없이 마음을 다잡고 시험에 임해야 합니다.

시험이 쉬울 때

"쉬운 문제를 절대 틀려서는 안 된다"

먼저, 시험이 쉬울 때 우리가 가져야 하는 마음을 생각해 보겠습니다. 여러분들은 문제가 쉽게 나오기를 바라나요? 혹은 어렵게 나오기를 바라나요? 아마 공부 기간이 짧은 분들은 시험이 쉽게 나오길 바라실 것이고, 공부 기간이 길었던 분들은 시험이 어렵게 나오기를 바라는 것 같습니다.

각자의 자리에서 유리한 시험판을 기대하기 때문입니다. 각각의 생각은 어느 정도 맞을 수 있다고 생각합니다. 하지만, 짧게 공부하신 분들이나 길게 공부하신 분들 모두 문제가 쉽다고 느껴질 때에 방심하면 절대 안 됩니다. 문제가 쉬울 때에는 확실한 문제, 쉬운 문제를 틀려서는 안 된다는 마음으로 시험에 응해야 합니다.

시험이 어려울 때
"쉬운 문제를 절대 틀려서는 안 된다"

문제가 어려울 때도, 확실한 문제, 쉬운 문제를 틀려서는 안 됩니다. 문제가 어려울 때는 너무 당황할 필요가 없습니다. 왜냐하면 시험을 보는 모든 수험자들도 어렵기 때문입니다. 다만, 이때에도 쉬운 문제를 틀리지 않도록 방심하지 말아야 합니다. 시험이 어려울 때는 실수를 하지 않았는지, 맞아야 할 문제를 맞았는지에 따라 합격 불합격이 결정되기 때문입니다.

시험이 어려울수록 우리는 마음과 머리를 차갑게 만들어 평정심을 유지하며 문제를 풀어야 합니다. 예를 들어, 2019년도 지방직 시험이 특히 어려웠던 이유는 영어가 어렵게 출제되었기 때문이었습니다. 이런 경우에 영어 점수가 잘 나오지 않는 건 괜찮습니다. 하지만, 그 어려운 영어 문제를 풀기 위해 우리의 모든 에너지와 시간을 다 쏟아 다른 과목에 영향을 준다면 정말 최악의 상황이 될 수 있다고 생각합니다. 그렇기 때문에 어려운 과목을 대할 때, '다른 과목에 영향을 주면 안 된다'라는 생각으로 문제를 풀 필요가 있다고 생각합니다.

시험이 쉬울 때나, 시험이 어려울 때나 우리가 해야 하는 것은 틀리면 안 되는 문제는 꼭 맞혀야 하는 것입니다. "쉬운 문제를 절대 틀려서는 안 된다"라는 생각을 문제가 쉬울 때나 어려울 때 모두 가져야 합니다.

모두가 틀리는 문제를 틀리면 -5점이지만, 모두가 맞히는 문제를 틀리면 내가 틀린 점수 -5, 다른 사람이 맞은 점수 +5 이렇게 되어 결국 10점이나 차이가 나게 됩니다. 꼭 맞혀야 하는 문제, 즉, 난이도 하의 문제와 기출문제는 꼭 맞도록 해야 합니다. 몰라서 틀리는 문제에 대한 타격은 크지 않지만, 풀 수 있는 문제를 틀리는 경우는 정말 큰 타격입니다.

특별히 시험 문제가 쉽게 느껴질 때 긴장감을 놓지 말기 바랍니다. 제가 시험문제를 풀 때 문제가 쉽다는 것을 느끼자 그때부터 집중력이 흐트러져 문제가 잘 읽히지 않았습니다. 그 이후로 다시 집중하기까지 시간이 꽤 필요했습니다. 그러기에 시험이 끝나는 그 순간까지 긴장하며 시험을 봐야 합니다.

쉬운 문제로 인해 우리의 시험 준비의 전 기간이 무너져버리면 절대 안 됩니다.

절대 방심은 금물입니다. 꼭 명심하시길 바랍니다.

재시생의 3가지 득(得)과 독(毒)

공시생들은 크게 두 부류로 나눠집니다. 재시생과 초시생. 공무원 시험 경험이 있고 다시 시험을 보는 재시생과 공무원 시험을 경험하지 못한 공시생, 즉 초시생입니다.

재시생에 관한 저의 생각을 나눠 보려 합니다. 제가 재시를 하지 않아 무척 조심스럽지만, 공무원 시험공부에 대한 많은 분들의 고민과 개인적인 의견을 정리해보겠습니다. 이 내용은 재시생뿐만 아니라 초시생들에게도 도움이 되리라 생각됩니다. 재시생이 얻을 수 있는 3가지 득(得)과 3가지 독(毒)에 관한 이야기입니다.

재시생의 3가지 득

먼저 재시생들의 유리한 점을 말씀드리겠습니다. 여기서 재시생은 어느 정도 공무원 공부를 하신 분들을 지칭하는 표현입니다. 즉, 기본 개념을 정리하고 기본서를 여러 번 회독을 하신 분, 그리고 기출 공부도 반복하신 분들을 지칭합니다. 저는 단순히, 시험을 보신 분들이 재시생이라고 생각하지는 않습니다.

재시생의 첫 번째 득
각 과목에 관한 기본 이해

공부를 하신 분들은 아마 아시겠지만, 초반에 공부할 때 공무원 공부의 방대함과 공부를 해도 해도 머릿속에 들어오지 않은 막막함은 초시생들을 힘들게 합니다. 그러한 방대함과 막막함은 때론 허무함으로 하루를 마감하게 만듭니다. 모든 초시생들이 꼭 통과해야 하는 관문으로 초시생들을 너무 힘들게 합니다. 그리고 슬럼프의 원인이 되기도 합니다.

하지만 재시생은 이러한 과정을 통과한 분들입니다. 공부한 시간이 아깝지 않은 이유이기도 합니다. 재시생들은 이미 기본강의와 기출문제집을 통해서 각 과목에 대한 기본적인 이해가 어느 정도 되신 분들이라고 생각합니다. 그렇기 때문에 초시생들이 이 기본적인 이해를 하기 위해 힘든 시기를 보낼 때 재시생들은 가만히 있으면 안 됩니다. 가만히 있게 된다면, 결국 현재의 우위를 잃어버리게 되고 초시생들과 동등한 입장에서 공부를 하게 됩니다. 따라서 재시생들은 그 우위를 가져가기 위해 좀 더 디테일하고 깊은 내용 범위까지 기본 개념을 다시 정리할 필요가 있습니다. 물론, 중요한 개념을 탄탄하게 정리하는 것이 더 중요합니다.

재시생의 두 번째 득

문제를 보는 눈

기출 문제를 공부하면서 이 문제가 정말 중요한 문제인지, 그러니깐 다시 나올 문제인지, 다시 나오기 힘든 문제인지 파악하는 것은 중요합니다. 이런 문제를 보는 눈이 있다면 효율적으로 공부할 수 있습니다. 문제를 파악하는 눈썰미는 그저 생기는 것이 아닙니다. 개념 정리와 기출 회독을 제대로 했을 때 얻을 수 있다고 생각합니다.

재시생들에게는 이 문제를 보는 눈이 어느 정도 형성되어 있습니다. 그렇기 때문에 초시생들과는 전혀 다르게 밀도 있는 공부가 가능합니다. 제가 시험을 보는 순간에 가까워질수록 공부의 효율과 밀도가 높아진다고 말하였습니다. 그 이유가 바로 여기에 있습니다. 초시생들의 눈에는 보이지 않는 무언가가 재시생들은 볼 수 있기 때문입니다.

재시생의 세 번째 득

경험

이 부분은 앞에서 말씀드린 내용들이 포함되어 있습니다. 경험이야말로 재시생들이 가지고 있는 가장 큰 이점입니다. 초시생들은 공시 세계에 발을 붙이기 시작하면서 모든 것들이 처음이고 새로울 것입니다. 그렇기 때문에 헤매기도 하고 많은 시행착오를 겪기도 합니다. 물론, 저는 그런 것들을 최대한 막아드리기 위해 채널을 운영하고 있지만, 100마디 말보다 한 번 겪은 경험이 더욱더 큰 힘이 있을 겁니다.

지난 시험을 준비했던 시간을 다시 되돌아봐서 시행착오가 없도록 준비해야 합니다. 시행착오를 겪는다면 초시생과 다를 바가 없기 때문입니다. 초시생보다 더 나은 상황에서 준비할 수 있도록 이 부분은 꼭 기억하여 시행착오를 미리 막으시면 좋겠습니다.

재시생의 3가지 독

재시생이 초시생과 비교하여 분명 유리한 점이 있는 건 분명합니다. 하지만 그 유리한 점을 잘 이용하지 못한다면 초시생과 크게 다를 것이 없게 됩니다. 이와 함께 재시생이기 때문에 불리한 부분도 있습니다. 어떤 단점이 있는지 살펴보겠습니다.

재시생의 첫 번째 독
고정된 나쁜 습관

우리가 조심하고 스스로 관리해야 하는 영역이 크게 3가지라고 생각합니다. 하나는 공부법, 다른 하나는 멘탈관리, 그리고 마지막 하나가 생활습관입니다. 재시생의 불리한 점 중 가장 큰 부분은 잘못된 생활습관, 혹은 공부습관입니다.

저는 누누이 조심스럽게 말씀드렸지만 공무원 시험은 공부할 수 있는 기간과 시간을 확보하고 집중하여 공부한다면 누구나 합격할 수 있는 시험이라고 생각합니다. 어렵지 않은 시험이 공무원 시험이라고 생각합니다. 만약에 시험에서 떨어진 분들이 계신다면 그것은 그분의 능력 문제가 아닌, 공부를 하는 태도 때문이라고 생각합니다.

그렇기 때문에 재시생들은 꼭 자신의 삶을 돌아봐야 합니다. 그리고 나쁜 습관들을 찾아내서 고쳐야 합니다. 핸드폰을 보는 습관, 공부하다가 자주 돌아다니는 습관, 시간 계획대로 공부하지 않는 등 습관을 살펴볼 수 있습니다. 지난 시험에서 실패를 하신 분들은 꼭 자신의 삶을 반추하는 시간을 가져야 합니다.

재시생의 두 번째 독
불안감

재시생은 공시 생활의 익숙함으로 인해 매너리즘에 빠져서 안일함으로 공부를 할 수 있고 그와 함께 불안감 때문에 공부하기 어려울 때가 있습니다. 저는 다행히 재시를 하지 않았지만 재시를 충분히 할 수 있다고 가정하고 공부를 했었습니다. 재시를 한다고 상상만 해도 불안했었습니다. 초시에는 합격하지 못할 수도 있지만, 재시를 해서 불합격하면 그 부담이 더욱더 클 수 있기 때문입니다. 따라서 이 불안감은 재시생이 꼭 극복해야 하는 불리한 점이라고 생각합니다.

재시생의 세 번째 독

익숙함(매너리즘)

초시생들에게는 조급함이 있습니다. 아는 것이 없는 데 해야 하는 것은 많기 때문입니다. 하지만 재시생들은 이와 반대일 수 있습니다. 경험에서 비롯된 여유가 있습니다.

경험이라는 것은 우리에게 득이 될 수 있지만 잘못하면 독이 될 수 있습니다. '한번 해봤다'라는 경험 때문에 마음에 여유가 생긴다면 절대 안 됩니다. 이런 경험으로 인해 익숙해져 버린 삶을 사는 사람들은 공시생의 삶에 파묻혀 살게 됩니다. 쉽게 말해 매너리즘에 빠질 수 있다는 것입니다.

공무원 시험공부는 길게 하면 안 되는 공부입니다. 최대한 빨리 치고 빠져야 하는 시간이 공시생의 시간입니다. 초시생들은 이런 매너리즘에 빠질 시간도 없습니다. 앞에 놓인 공부가 너무 많기 때문입니다. 그래서 치열하게 공부할 수 있습니다. 하지만, 재시생은 여유가 생기면서 공부 경험은 득이 아니라 독으로 작용하게 됩니다.

저는 공시생이라는 신분이 취업 준비생들의 도피처가 돼서는 안된다고 생각합니다. 공시생은 취업 전쟁의 최전방에서 처절하게 싸우는 사람들임을 기억할 때 저는 분명 합격할 수 있다고 생각합니다.

한 번 고정된 습관은 쉽게 고치기 어렵습니다. 이런 습관은 공부하는 시간이 길어질수록 더 고착화될 수 있습니다. 그래서 공시생이 직업이 되는 일까지 일어날 수 있습니다.

재시생의 유리한 점과 불리한 점을 고려하여 새로운 시작이 잘 되었으면 좋겠습니다.

공부를 다시 시작하셔야 하는 분들에게

이번 글은 재시, 혹은 N시를 준비하시는 분들에게 도움이 될 것입니다. 과연 재시험을 준비하는 분들이 지금 해야 하는 것이 무엇인지 생각해 보겠습니다. 여러분들은 총 3종류의 시간을 보내셔야 합니다. 그 시간은 휴식의 시간, 분석의 시간, 성찰의 시간입니다.

휴식의 시간

일단 쉬셔야 합니다. 결과가 좋든 나쁘든 열심히 공부하신 분들에게 필요한 건 휴식입니다. 지금부터 1년을 쉼 없이 공부하는 건 불가능하고 그리고 효율적이지도 않습니다. 지금은 충분한 휴식을 취하면서 몸을 회복시켜야 합니다. 가능하면 건강검진도 받으시고 운동도 하시면서 최상의 몸 상태로 만들어야 합니다. 공부하면서 체력 부족을 느끼신 분들은 운동으로 체력을 기르실 필요가 있습니다.

분석의 시간

자신의 점수를 객관적으로 분석해야 합니다. 물론 나의 공부 기간에 따라 분석하는 방식과 방향은 조금씩 다르겠지만, 기본적으로 시험 문제를 보시고 틀린 문제들을 분석할 필요가 있습니다.

첫 번째 분석

약점 분석하기(영역별, 과목별, 단원별)

먼저는 큰 틀에서 내가 부족한 과목이 무엇인지, 언어 영역인지 암기 영역인지를 살펴봐야 합니다. 그리고 공부기간이 충분한 상태에서 언어 영역 점수가 좀 부족했다면 오히려 괜찮다고 생각합니다. 그만큼 언어 영역이 쉽지 않기 때문입니다. 하지만 만약 한국사나 행정학, 행정법처럼 암기 과목에서 점수가 나오지 않았다면 조금 아쉬울 수 있습니다. 왜냐하면 이런 과목들은 충분한 시간이 있다면 점수가 충분히 나올 수 있기 때문입니다. 특히 한국사 같은 경우에는 기본적으로 고득점을 확보해야 한다고 생각합니다.

그리고 각 과목별로 나의 약점을 다시 파악해야 합니다. 모의고사와 국가직, 지방직 시험을 볼 때 각 과목별로 어떤 점수를 받았는지 다시 확인할 필요가 있습니다. 단순히 각 과목별로 점수를 보는 것이 아니라 각각의 틀린 문제들이 어떤 단원에 속해있는지를 파악해야 합니다. 아마 그 단원은 개인적으로 공부하기 싫었던 단원일 확률이 높습니다. 그리고 재시 때는 그 단원을 중심적으로 해야 합니다.

두 번째 분석

합격수기 분석

저는 시험을 준비하면서 가장 먼저 합격수기를 읽어봤습니다. 시험을 마치고 채널을 운영하면서 합격수기를 다시 읽어봤습니다. 그런데 정말 놀라운 건 합격하신 분들이 공통적으로 말씀하시는 내용들이 있었습니다. 해당 내용이 제가 말씀드린 내용들과 일치했습니다.

합격자들이 알려주는 특별한 공부 방법이 아니라 그들이 말하는 공통의 방법을 찾을 필요가 있습니다. 그런데 이 과정이 매우 귀찮고 시간이 많이 듭니다. 이 시간을 효과적으로 줄일 수 있는 방법은 두 가지가 있습니다. 하나는 채널에 있는 영상들을 참고하는 것이고 그것보다 더 빠른 시간 안에 내용을 파악할 수 있는 방법은 이 책을 읽는 것입니다. 여러분들은 가장 빠른 길을 선택하셨습니다. 잘하신 겁니다.

성찰의 시간

마지막으로 자신의 수험생활을 돌아봐 생활패턴을 점검해야 합니다. 나의 생활은 얼마나 규칙적이었는지, 나는 불편하게 수험생활을 했는지 마냥 편하게만 했는지, 나는 순공 시간을 얼마나 확보하여 공부를 하였는지 성찰해봐야 합니다.

저는 단기왕 생활 7원칙을 세워놓고 그 원칙대로 수험생활을 보냈습니다. 적어도 이런 원칙을 세워서 내가 생활을 했는지 살펴봐야 합니다.

단기왕 생활 7원칙

1. 계획적인 삶(루틴이 있는 삶)을 살기
2. 시간을 기준으로 계획 세우기
3. 하기 싫은 것부터 하기
4. 강의시간에 최대한 집중하기
5. 잠은 충분히 자기
6. 공부를 제외한 다른 곳에 에너지 덜 쓰기
7. 다음 날 부담이 되는 음식은 자제하기

저는 적어도 하루에 10시간 이상을 계획한 대로 공부한다면 합격할 수 있는 시험이 공무원 시험이라고 생각합니다. 계획적인 공부가 되도록 생활 원칙을 잘 정하여 실행하기를 바랍니다.

다시 공부를 시작하기 위해서 여러분들이 해야 하는 건 3가지입니다.
휴식, 분석, 성찰.
이 3가지의 시간을 잘 보내 다시 달리게 되시길 바랍니다.

작년 책으로 공부해도 될까요?

공부를 시작하면서 가장 궁금한 부분 중 하나는 작년 책으로 공부를 해도 괜찮을까?인 것 같습니다. 왜냐하면, 문제집의 출판 시기와 비용 때문입니다. 공무원 시험 일정상 지방직 시험이 정리가 되고 개정판 문제집이 출간됩니다. 보통 기본서는 7월경에, 기출문제집은 9월경에 출판이 됩니다. 예를 들어 5~6월경에 공무원 시험을 준비한다면 아직 새로운 문제집이 출간되지 않은 시기입니다. 그리고 재시를 준비하시는 분들 역시 이런 고민을 하게 될 겁니다. 왜냐하면 문제집 구매 비용도 부담되는 부분이기 때문입니다. 그렇기 때문에 만약 제가 재시를 준비했다면 고민을 했었을 것 같습니다.

이번 챕터에서는 이 부분을 정리해 보겠습니다. 이 질문에 적용되는 문제집은 회독을 하는 문제집일 겁니다. 우리가 기본적으로 회독을 하는 문제집은 기본서 그리고 기출 문제집입니다. 즉, 기본서와 기출 문제집을 다시 새롭게 구매를 해야 하는지 그렇지 않아도 괜찮은지에 대한 생각을 나눠보겠습니다.

기본서

기본적으로 기본서는 강의를 들을 때 필요합니다. 그리고 정리된 기본 개념을 확인할 때 필요합니다. 그런데 우리가 시험을 보는 과목들은 그 강의 내용과 개념들이 그렇게 많이 바뀌지 않는 과목들입니다. 국어, 영어는 언어 과목이기 때문에 개념이 바뀌면 안 될 것이고 한국사도 역사 과목이기 때문에 역사가 바뀌면 안 될 겁니다. 다른 과목들도 마찬가지입니다.

수강하는 강의에 맞는 교재로 강의를 듣는다면 더 좋을 수 있겠지만, 이미 그 책으로 강의를 들으신 분들은 그 책으로 다른 강의를 듣는다고 해도 충분히 해당 내용을 이해할 수 있을 겁니다.

다만, 행정법이나 행정학과 같이 법령의 개정으로 인해 전체적으로 변화가 많은 경우에는 당연히 새로운 문제집을 구매하여 공부하는 것이 더 낫다고 생각합니다.

기출문제집

기출 문제집에 답을 체크하지 않아야 합니다. 해설 부분에만 필기 혹은 밑줄이 그어 있는 상황이라고 생각하고 말씀을 드리겠습니다.

이런 상황이라면 당연히 새로 구매할 필요는 없다고 생각합니다. 어차피 내용이 비슷하기 때문입니다. 다만, 최근 기출이 수록되어 있지 않아 따로 기출을 챙겨야 합니다. 각 학원에서 제공하는 문제를 구해 프린트를 하든지, 추록 문제집을 구매할 필요가 있습니다.

하지만, 기존의 것을 볼 때에 일어날 수 있는 한 가지 문제점만 말씀드리겠습니다. 기존에 있던 문제집으로 공부한다면, 익숙함에 눈이 가려져 내가 잘 모르는 것이 눈에 안 띌 수 있습니다. 이미 여러 번 봤던 것이고 그렇기 때문에 내가 마치 다 알고 있는 것처럼 느낄 수 있다는 점입니다. 이건 꼭 조심할 필요가 있습니다. 반대로 새 책으로 공부를 하게 된다면 작은 부분도 눈에 들어올 수 있다고 생각합니다.

문제집을 구매하는 것에는 돈을 아끼지 말라는 말씀을 드리고 싶습니다. 물론, 풀지도 못할 문제집을 구매하는 건 최악입니다. 하지만 이 문제집이 나에게 도움이 될 거라는 판단이 선다면 정신 건강을 위해서라도 구매하는 것이 좋다고 생각합니다. 계속 구매할까 말까 들락날락하면서 공부하는 것이 더 도움이 안 될 수 있습니다.

여러분들에게 마음이 편한 쪽으로 선택하라고 말씀드리고 싶습니다. 새로운 문제집을 구매해서 공부하는 것이 새로운 마음을 갖게 해줍니다. 그런 마음가짐으로 공부를 더 잘할 수 있다면 구매하는것이 더 좋을 수 있습니다. 개인적인 의견으로, 이번에 처음 공시를 준비하시는 분들은 시험 보는 연도를 대비하는 새로운 문제집을 구매하는 것을, 이미 1년 이상 공부하신 분들은 상황에 맞게 문제집을 보는 것을 추천합니다.

저에게 공무원 시험을 준비하면서 가장 즐거웠던 시간은 문제집을 쇼핑하는 시간이었습니다. 새로운 문제집을 주문하고 택배로 받아 개봉하는 순간이 행복했고 그 시간을 통해 다시 공부할 힘을 얻었습니다.

여러분도 지혜로운 문제집 쇼핑을 하게 되시면 좋겠습니다.

단기왕의 문제집 선택 방법

저는 힘들고 지친 수험 기간 동안 가장 기쁜 순간이 있었습니다. 그 순간은 문제집을 구매해서 택배로 받아서 뜯어보는 시간이었습니다. 새로운 문제집을 주문하고 기다리는 과정은 설레는 시간이었습니다. 하지만 문제집을 살 돈이 넉넉하지 않았기에 긴 고민을 하고 문제집을 주문했었습니다.

저는 짧은 공부기간에 비해 많은 문제집을 풀었습니다. 사실 공부를 할 때는 잘 몰랐는데 시험이 끝나고 문제집을 정리하면서 지금까지 구매한 문제집이 어마어마하게 많다는 것을 알게 되었습니다. 저는 모의고사 문제집도 엄청 많이 풀었습니다.

제가 풀었던 문제집에 관한 영상에 '이걸 어떻게 그 짧은 시간에 다 풀었느냐'라는 댓글이 많았습니다. 어떤 분들은 믿지 않으시기도 했습니다. 어쨌든 저는 그 많은 문제집들을 고민 끝에 선택했고 거의 모든 문제집을 다 공부했었습니다.

그러면 제가 문제집을 선택할 때 고려한 3가지를 말씀드리겠습니다.

첫째, 내가 문제집을 사려고 하는 이유

목적에 맞는 공부를 하자.

가장 중요하게 고려한 것은 문제집을 구매하는 이유와 목적입니다. 문제집 선택의 주도권은 나에게 있어야지 다른 사람들이 풀기 때문에 따라 풀어서는 안됩니다. 다른 사람이 사는 문제집으로 구매하게 되면 끝까지 문제집을 풀지 못할 수도 있습니다. 왜냐하면 나에게 필요한 문제집이 아닐 수 있기 때문입니다. 우리는 필요 없는 시간을 허비할 만큼 시간이 넉넉하지 않습니다.

각 문제집마다 추구하는 목적이 있을 거라고 생각합니다. 영어 문제집일 경우에는 영어 문법 포인트를 정리한 문제집이 있을 수가 있겠고 문법 문제를 푸는 연습을 하는 문제집이 있을 수도 있습니다.

좀 더 디테일하게 말씀드리면 기출 문제 위주로 구성되어 있는 문제풀이용 문제집, 기출 변형 문제들로 구성되어 있는 문제풀이용 문제집이 있을 수 있습니다. 그리고 문제의 난이도도 다 다를 겁니다. 그 안에서 내가 지금 필요한 난이도가 있을 겁니다. 이런 다양한 내용들을 전부 고려하면서 문제집의 집필 목적을 살펴볼 필요가 있습니다.

문제집을 주문하기 전에 스스로에게 물어보시길 바랍니다.

내가 왜 이 문제집을 사려고 하는지에 대해 답할 수 있어야 한다는 것입니다.

둘째, 최소 3번 이상 회독할 수 있는지

한 번 푸는 걸로는 부족하다.

공무원 공부를 하면서 느꼈었던 점은 공부한 내용들이 이상하게 한 번에 눈에 들어오지 않는다는 점이었습니다. 2~3번 봐야 눈에 익혀지게 되고 그 이상 회독을 해야 내 것이 되는 것을 느꼈습니다. 따라서 문제집을 구매할 때에도 내가 이 문제집을 최소 3회독 이상은 할 수 있을지에 관한 판단에 설 때 구매를 해야 한다고 생각합니다. 특별히 시험 날에 가까이 갈수록 자꾸 다양한 문제집을 구매하고 싶은 마음이 생기는 데 그때 지금 제가 드리는 말씀을 꼭 기억하시기 바랍니다. 저는 제가 구매한 모든 문제집을 다 풀었고 모두 3회독 이상은 했습니다.

셋째, 많은 사람들이 추천하고 푸는 문제집

안정적으로 준비하자.

많은 사람들이 보고 있는 교재는 검증된 교재이기 때문에 구매에 실패할 가능성이 낮습니다. 물론, 그런 교재들만 따라가는 건 좋지 않은 판단이 되고 그렇게 되면 다 풀지도 못하는 상황에 처할 수 있습니다. 그럼에도 불구하고 많은 사람들의 입에 오르내리는 문제집을 선택하는 것은 수험생활의 안정감을 줄 수 있습니다. 저는 수험 기간 동안에 심리적 안정감을 유지하는 것을 중요하게 여겼습니다. 그래서 가장 많은 분들이 수강하는 학원에 수강하였고, 비쌈에도 불구하고 가장 많은 사람들이 듣는 강의와 교재를 선택하였습니다.

어쩌면 제가 문제집을 선택을 할 때 고려한 첫 번째와 세 번째가 서로 충돌이 있다고 생각할 수 있으실 것 같습니다. 문제집을 선택할 때 다른 사람들이 산다고 따라 사지 말라고 하더니 이번에는 다른 사람들이 사는 문제집을 사라니? 앞뒤가 맞지 않는다고 생각하실 수 있겠지만 선후가 다릅니다. 자신 스스로 판단하지 않고 따라 사는 것을 조심하라고 말씀드린 것입니다. 내가 필요로 하는 것이 많은 사람들에게 인정받고 있는 문제집인지를 확인하지 말라는 말씀은 아니었기 때문입니다. 먼저 내가 필요한 문제집을 찾고, 그리고 그것이 괜찮은 문제집인지를 검증하고 확인하는 과정은 꼭 필요합니다.

저는 이런 기준으로 문제집을 선택했습니다. 어쩌면 특별하지 않는 내용이었을 수도 있겠지만 교재를 사는 데에 도움이 되었으면 좋겠습니다.

Q&A

Q&A

Q. 혹시 기본강의(올인원) 스킵하고 바로 기출 분석~회독으로 넘어가는 것은 어떻게 생각하시나요?

A. 상황을 잘 모르겠지만 제 생각에는 기본 개념 정리의 시간이 필요할 것 같습니다. 공무원 시험이 어떤 시험인지를 아는 시간이 필요하기 때문입니다. 각 과목에 대한 이해가 어느 정도 있으시다면 핵심강의나 요약강의 같은 압축강의라도 듣고 기출로 넘어가는 걸 추천해 드립니다.

Q. 기출강의는 다 들으셨나요?

A. 모두 다 듣지는 않고 선별(영어 단어·어휘, 사회·경제) 해서 들었습니다. 기출강의도 기본강의 못지않게 양이 많아 다 듣게 되면 많은 시간이 걸립니다.

Q. 기본 강의 다 듣고 기출 넘어가면서 기본서나 요약집도 같이 회독하셨나요?

A. 네, 맞습니다. 기출로 넘어가면서 요약집을 함께 회독했습니다. 단권화 작업은 이미 요약집이 잘되어 있어서 약간의 메모 정도 말고는 하지 않고 요약집 중심으로 회독하려고 했습니다.

Q. 첫 한 달 만에 기본강의 후루룩 듣고 바로 기출 풀이가 되나요? 그리고 기출 강의는 들으셨는지 궁금합니다.

A. 당연히 풀이가 안 되었습니다. 기출도 몇 번 반복해야 눈에 들어옵니다. 기출 강의는 사회 경제파트와 영어 어휘 부분만 들었습니다. 물론 이해가 잘 안되는 부분을 들었습니다.

Q. 1월에 하루에 강의는 몇 과목, 몇 개 들으셨나요?

A. 1월 한 달간은 목표가 기본강의를 다 듣기였습니다. 그래서 하루 종일 강의를 들었는데 공통과목은 모두, 선택과목은 격일로 들었습니다.

Q. 기본 강의 듣고, 당일 복습은 어떻게 하셨나요?

A. 복습은 제대로 하지 못하고 간단히 중요 개념만 다시 확인하는 정도였습니다. 1회독 때 복습에 너무 많은 힘을 쓸 필요는 없다고 생각합니다.

Q. 한 과목을 인강으로 1회독하고, 바로 기출로 넘어가셨나요? 만약, 바로 넘어갔다면 다음 과목인 기본강의와 병행하시면서 기출을 푸셨는지 아니면 오로지 한 과목의 기출을 모두 푼 다음에 다음 과목(인강)으로 넘어가셨는지 궁금합니다.

A. 과목마다 달랐습니다. 국어는 강의 1회독 후 문법 규범 부분을 빠르게 한 번 더 듣고 들어갔고 한국사와 사회는 바로 들어갔습니다. 그리고 행정학은 a, b급 강의는 기출과 함께 다시 들었습니다(행정학은 기출 강의 듣지 않았습니다). 기출 공부는 전 과목 동시에 진행했습니다.

Q. 제가 인터넷 강의 들을 때 2시간 인터넷 강의를 들으면 거의 3시간이 걸릴 정도로 너무 빠짐없이 다 챙기려고 해서 시간이 너무 오래 걸려요. 인터넷 강의를 들을 때 빨리빨리 들을 수 있는 팁이 있으신가요?

A. 특별한 방법은 없습니다. 다만 저는 선생님들께서 수업과 관련되지 않는 좋은 말씀들을 해주실 때는 스킵을 하였습니다. 그리고 일시정지는 거의 하지 않고 들었던 것 같습니다. 중요하지만 이해가 되지 않는 부분은 다시 들었습니다. 처음 개념 정리 강의 때는 너무 많은 것을 가지고 가기보다 중요한 부분부터 정리하시는 게 좋다고 생각합니다.

Q. 책+문제집을 엄청나게 사용하셨던데 그 모든 것을 다 끝까지 푸신 건가요? 혹시 회독도 다 하신 건지요? 아니면 회독은 요약서와 기출만 하신 건지요?

A. 저도 저렇게 많은 문제집을 풀었는지 몰랐습니다. 제게 주어진 시간 동안 최선을 다해 공부했고 그 시간 동안 많이 풀게 되었습니다. 모든 문제집을 여러 번 회독하지는 않았습니다. 하지만 틀린 문제는 2~3번 정도 다시 보긴 했습니다.

Q. 공무원 공부를 12월초에 시작했다고 하셨는데, 정말 공부 방법이나 공무원 시험을 위해 준비해야 할 사항, 공무원 시험 정보 등 모든 걸 그때부터 시작하신 건가요? 조금의 사전지식도 없이? 제가 지금 그런 상황에서 시작했더니 공부 방법, 시험 준비 등에서 시행착오를 좀 많이 겪고 있어요. 그런 것 없이 처음부터 계획 딱 세우시고 그대로 잘 밀고 나가셨는지요?

A. 네, 저는 정말 공무원 시험에 관한 사전지식이 전혀 없었습니다. 주변에 공무원인 가족과 친지와 지인 모두 없었습니다. 그래서 강의에서 선생님들의 말씀을 믿고 공부할 수밖에 없었고 오히려 사람들의 말에 휘둘리지 않고 공부할 수 있었습니다. 공부계획을 세우고 그 계획을 믿고 공부했습니다. 의심할 시간도 없었고 의심할 이유도 없었습니다.

Q. 기본서 인강 듣기와 기출 풀이 속도가 너무 느린 편인데요. 현재 기본서 1회독 인강 3시간 들으면 그래도 복습을 1시간 정도 하고 있고, 기본서가 끝난 과목은 기출을 푸는데 모든 선지를 하나하나 보고, 모르는 개념 기본서 찾고 있습니다. 이렇게 훑는 게 맞는 방법인지요? 하루에 20~30문제 푸는 것밖에 속도가 안 나서요.

A. 강의 3시간 복습 1시간은 아주 이상적인 스케줄인 것 같습니다. 하지만 그렇게 이상적인 방법으로 공부하기에는 저 같은 경우에는 시간이 많이 부족했습니다. 그래서 저는 복습 시간을 많이 갖지 못했습니다(복습을 하지 말라는 의미가 아닙니다). 일단 최대한 진도에 방해를 주지 않는 범위 안에서 복습을 했습니다. 기출 공부하는 방법도 이상적인 방법입니다. 하지만 그렇게 하기에는 역시 시간이 많이 소요되기 때문에 해설을 꼼꼼히 봤습니다. 그리고 이해가 되지 않을 때에 기

본서를 봤습니다. 저도 기본 강의와 기출 회독이 많이 느린 편이었습니다. 기출 회독할 때에는 조금 늦더라도 꼼꼼히 보자는 마음으로 공부했습니다.

Q. 기출의 경우 저는 답이 좀 외워지던데, 답이 외워져도 계속 해당 해설과 기본서 개념을 보면서 그냥 푸는 건가요?

A. 기출은 답을 맞히는 시간이 아니라 문제를 분석하는 시간으로 보냈습니다. 따라서 답이 외워져도 상관이 없었습니다. 어차피 내가 해야 하는 것은 보기 분석을 하고 문제에 익숙해지는 것이기 때문이었습니다.

Q. 한국사 강의 1회독 후 계속해서 강의를 반복해 들었나요? 아님 책으로 혼자 공부하나요? 한국사 강의를 두 번째 듣는데 진전이 많이 없는 것 같아요. 기출도 병행해야 하는지 궁금합니다.

A. 한국사의 경우에는 강의 1회독 후 기출로 들어가긴 했지만 기출과 함께 압축강의를 다시 들었습니다. 기출과 압축강의를 들으며 회독을 했고 저도 처음에는 진전이 없었지만 계속 반복하니 점차 눈에 들어오기 시작했습니다. 반복밖에 방법이 없는 것 같습니다.

Q. 혹시 한국사 1회독 인강 들으실 때 복습 완벽히 하시고 진도 나가셨나요?

A. 아닙니다. 복습을 완벽하게 하고 가기에는 너무 오랜 시간이 걸려서 그렇지 못했습니다. 다만 한 번씩 다시 읽어보기는 했지만 막 암기하면서 넘어가지는 않았습니다.

Q. 운동은 전혀 안 하셨는지요?

A. 운동은 전혀 하지 못했습니다.

Q. 중간중간에. 낮잠도 자셨나요?

A. 너무 피곤하면 엎드려서 15분 정도 자기도 했습니다.

Q. 시험 보실 때 행정학이랑 사회 푸는데 각 몇 분 정도 걸리셨나요?

A. 행정학은 10분이 안 걸린 것 같고 사회는 17분 정도 걸렸는데 한두 문제 정도는 시간이 없어서 제대로 못 풀었습니다.

Q. 연도별 기출은 몇 개년 정도 풀었나요?

A. 저는 6개년 기출 문제집을 풀었습니다.

Q. 단원별 기출문제집을 먼저 봐야 할까요? 아니면 6개년(연도별) 기출문제집을 먼저 봐야 할까요?

A. 단원별 기출 문제집을 먼저 보시는 걸 추천해 드립니다.

Q. 기출문제를 처음 푸실 때 맞는 게 별로 없어서 힘들었다 하셨는데 답지 안 보고 일단 먼저 풀어보셨던 걸까요? 잘 모르겠으면 기본서 봐가면서 푸셨던 걸까요? 이론 강의 보고 나서 문제 풀어보려 하니 기본서에서 찾지 않는 이상 개념이 잘 적용이 안되네요. 해설을 꼼꼼히 보려니 너무 오래 걸리고요. 기출도 1회독 할 때가 제일 오래 걸리는 게 맞을까요?

A. 답을 안 보고 풀었다가 많이 틀렸었습니다. 한국사 같은 경우에는 첫 기출 회독할 때 문제를 보고 보기를 보고 바로 답을 보고 해설을 보면서 회독했습니다. 저 같은 경우에 한국사 기출 공부의 경우 첫 회독할 때에 시간이 많이 걸렸지만 해설을 자세히 보면 기출 회독과 기본서 회독의 효과를 누릴 수 있었습니다. 당연히 첫 회독은 시간이 가장 오래 걸립니다. 너무 염려 마세요.

Q. 내년 지방직 목표로 9월부터 공부하고 있습니다. 지금 전 과목 1회독이 끝난 상태고 11월 한 달 동안 빠르게 기본서 회독한 다음 기출 들어갈 생각이었습니다. 혼자 하다 보니 시간도 오래 걸리고 기출도 빨리 봐야 할 것 같아서 마음이 조급해집니다. 지금 바로 기출로 들어가는 게 좋을까요? 바로 기출을 보려니 너무 안 풀리던데 처음 기출 푸실 때 혹시 어떻게 푸셨나요?

A. 개념이 조금이라도 정리가 되어 있으면 기출로 들어가는 것을 추천해 드립니다. 기출 문제를 보면서도 개념 정리가 될 수 있습니다. 우리가 결국 해야 하는 것은 문제를 푸는 것이기 때문입니다.

Q. 저도 문법이 너무 취약하여 현재 문법을 집중적으로 공부중인데 혹시 기본서 공부하실 때 한 선생님 강의만 들으셨나요? 저는 현재 여러 권의 문법책을 보고 있는데 문법 교재만 너무 많이 보고 있는 것 같아서요. 이론서는 딱 하나를 정해서 보는 게 나을까요?

A. 저는 기본서 문법은 한 교재에서만 봤습니다. 제 생각에는 다양한 문법책을 보는 것보다 하나의 문법책을 여러 번 회독하는 게 좋지 않을까 싶습니다.

Q. 혹시 시험 전까지 기출은 총 몇 회독 정도 하셨는지 여쭤봐도 될까요?

A. 과목마다 다른데 4~5회독 정도 한 것 같습니다. 시간이 많지 않아서 많이 하지 못했습니다.

Q. 시험 직전 마무리할 때는 기출과 요약노트만 계속 돌리신 거지요?

A. 맞습니다. 기출과 요약서를 계속 회독했고 모의고사 문제로 실전감각을 유지하려고 노력했습니다.

Q. 제가 영어 공부하다가 지금 뭔가 잘못됐다는 생각이 한참 들어서 그런데 수능 영단어는 몇 월까지 외우셨나요? 그리고 수능 영단어 어느 정도 외웠다 싶을 때 그만 외우고 기출 어휘만 외우셨나요?

A. 저는 4월까지 외웠던 것 같습니다. 딱히, 어느 정도의 기준은 없었습니다. 완벽해서 그만 외운 것이 아니라 기출어휘에 집중할 시간이 되었다고 판단해서 그만 외웠었습니다.

Q. 국어는 인강 듣고 문법규범을 빠르게 다시 들으셨다고 했는데 올인원 강의를 다시 2회독 하셨다는 말이죠? 올인원으로 강의 수강 중이고 문법이 이해가 잘 안되는데 이후에 어찌해야 될지 모르겠습니다.

A. 네, 맞습니다. 저도 기출로 들어가는 시점에서 문법규범이 이해가 잘 안돼서 올인원 강의 중 문법·규범 파트만 다시 듣고 기출로 들어갔습니다. 기출강의를 듣지 않으실 계획이면 이해되지 않는 부분이라도 다시 듣는 게 어떨까 싶습니다.

Q. 기출 선지에 옳은 답과 옳지 않은 답이 있잖아요. 이 경우 옳지 않은 선지의 내용은 암기하지 말고 버리고 옳은 것만 내가 알고 있는지 모르는지 표시해두고 회독하는 게 맞는 건가요?

A. 저 같은 경우에는 옳은 선지는 당연히 기억했고 틀린 선지도 왜 틀렸는지도 확인했었습니다. 보통 해설에 옳게 고쳐서 나와 있었는데 그 부분까지 기억하면 더 좋을 것 같습니다.

Q. 혹시 기본강의 들을 때 기본서에 있는 문제들은 기본강의 들으시고 기출문제집 풀기 전에 풀었을까요?

A. 저는 풀지는 않았습니다. 하지만 해당 부분 강의를 듣고 풀어보는 것도 나쁘지는 않을 것 같습니다. 저는 시간이 부족해서 문제까지는 풀지 못했습니다.

Q. 국어, 영어, 한국사 기출 문제집을 몇 번씩 회독하시고 다른 책 or 모의고사로 넘어가셨는지 궁금합니다. 저는 기본서랑 기출문제집만 무한회독 하려고 하는데 이 영상(단기왕 공무원 단기합격 길라잡이)을 보니까 모의고사나 요약집 그 외에도 풀어봐야 하나 고민이 됩니다.

A. 저는 기출문제집은 끝까지 계속 회독했었습니다. 제가 어느 정도 회독하고 모의고사로 넘어간 건 아니었고 시기를 정해서 모의고사로 넘어갔습니다. 저는 시험 보기 한 달 전부터 모의고사를 풀었습니다. 기본적으로 기본서와 기출문제집 회독이면 충분히 준비는 된다고 생각합니다. 그리고 부족한 부분을 특별히 보완하는 방향으로 공부를 하면 좋을 것 같습니다.

Q. 고전문학 작품 강의는 듣지 않으셨는지요?

A. 고전문학은 기본서에 있는 내용 정도 강의로 들었습니다. 그리고 모의고사 때 만나는 작품들을 해설을 참고하여 봤었습니다.

Q. 국어문법 질문이 있습니다. 기출을 한 바퀴 돌리고 나서 다시 또 풀려하면 기억이 너무 안 납니다. 이럴 경우 또 강의를 듣고 문제풀이를 하고 이런 식으로 병행해야 하나요? 아니면 그냥 기억 안 나도 꾸역꾸역 계속 답지 보고하면서 넘어가야 할까요? 다들 기본서 회독과 기출 회독

을 병행한다는데 이렇게 진도를 같이 한다는 것일까요?

A. 강의를 다시 들으시면 시간이 너무 오래 걸리실 수 있으십니다. 저 같은 경우에는 꾸역꾸역 기출문제를 보고 또 봤습니다. 때로는 지문을 통째로 외우기도 했습니다. 규범과 문법부분은 반복되는 경우가 많기 때문입니다. 기본서와 기출회독은 저도 동시에 했지만 꼭 진도를 맞춰서 하지는 않았었습니다.

Q. 영어문법도 나중에 몰아서 암기하셨나요?

A. 영어 문법은 이해 위주로 기본강의를 들으면서 공부하다가 문법 개념이 이해되고 문제풀이를 할 때쯤에는 중요한 문법 포인트를 암기했습니다.

Q. 저도 영어에서 어휘 - 문법 - 독해 셋 다 문제이고, 뭐하나 특출나게 잘하는 게 없는데 영어만 60점을 목표로 한다면 위에 세 가지 중에 우선순위를 어떻게 잡아야 올해 시험에 60점을 얻을 수 있을까요?

A. 제가 영어 전문가가 아니라 정확히 말씀드리기는 어렵지만 경험상 말씀드리면 영어 60점을 맞기 위해서는 어휘 문법 독해가 전체적으로 작동하도록 공부를 하는 것이 좋습니다. 문법이 기반이 되어야 독해도 가능하기 때문에 문법을 아예 공부하지 않는 것도 쉽지 않은 문제입니다. 문법을 포기하면 80점에서 시작해야 하고 어휘와 독해에서 각각 2문제씩만 틀려도 바로 60점이 나오기 때문입니다. 물론 최악의 상황이지만 전체적으로 공부를 하셔서 쉬운 문제 위주로 맞히게 되면 60점은 충분히 넘을 수 있지 않을까 싶습니다!!

Q. 저는 영어가 약한데 독해 공부할 때 독해 지문에 있는 단어들을 전부 외우셨는지요?

A. 저는 독해 공부할 때는 정말 중요한 단어를 제외하고는 단어를 최대한 따로 외우지 않았습니다. 단어 암기는 단어집으로만 하였습니다.

Q. 영어 하프를 어떻게 50분 만에 하셨는지 궁금합니다. 문제 풀고 답만 나와있는 걸 맞추신 건가요? 아니면 강의를 배속해서 엄청 빨리 들으신 건가요?

A. 하프는 보통 15분에서 20분 정도 문제를 풀고 30분 정도 해설을 보거나 강의를 듣거나 하는 식으로 했습니다.

공무원 시험은,

끝날 때까지 끝난 게 아닙니다.

잘하고 계시는 분들도 끝까지 방심하지 않고 겸손히 공부해야 합니다.

힘들게 하시는 분들도 끝까지 포기하지 않고 열심히 공부해야 합니다.

부디 이 치열한 경기에서 지지 마시고 승리하시길 바랍니다.

단기왕은 여러분들을 진심으로 응원합니다. 파이팅!

특별 부록

PART 01 단기왕 면접 이야기

단기왕 면접 이야기를 시작하면서

먼저 이 자료를 보게 되신 모든 분들, 진심으로 축하드립니다.
정말 어렵고 긴 시간을 견디고 얻으신 좋은 결과입니다.
부디, 면접도 잘 준비하셔서 유종의 미를 거두시기 바랍니다.

공무원 면접은 필기시험 준비와는 다르게 조금은 여유 있게 준비할 수 있습니다. 면접 준비를 하며 내가 살고 있는 나라와 지역에 대해 생각해 보고 자신의 삶을 돌아보며 숙고해 볼 수 있으시면 정말 좋겠습니다.

이 면접 준비의 기간은 아무런 생각 없이 공부만 해온 내가 이제는 공무원 시선으로 나의 주변을 보고 나의 삶을 보는 시간이 될 것입니다.

지금부터 제가 말씀드릴 내용은 공무원 면접의 전반적인 내용이자 제가 경험한 내용들입니다. 즉, 비전문가의 면접 경험에 관한 글입니다. 전문적인 내용은 공무원 면접 준비 시즌에 각 학원에서 준비되는 강의를 통해 얻으시고 공부하시면 됩니다.

저의 목표는 '우수'를 받는 것이라기보다 안전하게 '보통'을 받는 것이 목적이었습니다. 이렇게 말씀드리는 건, 저의 이야기가 면접에서 역전을 노리는 분들보다는 안전하게 공시생활을 잘 마무리하기 원하시는 분들에게 도움이 될 수 있기 때문입니다.

하지만, 먼저 준비한 사람의 이야기는 분명 여러모로 도움이 될 것입니다. 이 자료와 함께 여러분들의 성실하고 끈기 있는 준비로 비로소 공무원 시험에 최종 합격하여 대한민국의 공무원으로 살아가시길 바랍니다. 여러분을 끝까지 응원합니다.

본 내용은 지방직 면접을 준비한 경험을 토대로 정리한 내용이기 때문에 구체적인 내용들은 국가직 면접보다는 지방직 면접에 더 도움이 될 겁니다. 또한, 면접 전문가가 아니라 면접을 준비한 입장에서 정리한 내용이라는 점을 기억하시면서 읽어주시면 감사하겠습니다. 그렇지만 전체적인 내용들은 국가직 면접 준비에도 도움이 될 거라 생각됩니다.

특별 부록

면접 이야기

면접 준비는 언제부터?

보통 면접 준비는 필기합격 발표가 난 이후에 시작해도 충분합니다. 그렇게 필기합격 발표 직후부터 준비를 하게 되면 최소 한 달 정도의 준비기간이 주어집니다(면접 일정은 지자체별로 다르기 때문에 잘 확인해야 합니다). '면접 준비는 2주면 된다.', '1주면 된다.'라고 말하는 많은 말들이 있지만, 필기시험처럼 하루 종일 공부하는 것이 아니기 때문에 쉬면서 여유롭게 준비하면 좋습니다. 저 같은 경우에도 한 달 전부터 준비하기 시작했던 것 같습니다.

면접 강의는 필요한가?

만약 이번 면접이 처음이 아니라면 경험을 바탕으로 혼자 준비해도 충분하지만, 면접 준비가 처음이신 분들은 아무래도 전문가의 도움을 받으면 좋다고 생각합니다. 특별히 면접 때의 스피치나 자세와 관련한 내용도 중요하지만 그것보다 먼저 공무원 면접시험의 전문가의 도움을 받는 것이 좋다고 생각합니다. 시즌이 되면 각 공무원 학원에서 면접 강의를 어렵지 않게 들을 수 있습니다. 본격적인 강의를 시작하기 전에 오픈 특강으로 공무원 면접에 관한 간단한 안내를 해주기 때문에 나에게 맞는 강의를 찾아들으면 됩니다.

물론, '면접 강의를 돈을 지불하고 들을 필요가 있는가?'라는 이야기들도 오고 갈 수 있습니다. 저는 이 부분은 개인의 판단에 따라 어떤 선택을 하든 괜찮다고 생각합니다. 오픈 특강만 듣고 면접을 준비하실 수 있는 분들은 굳이 면접 강의를 들을 필요는 없다고 생각합니다. 그리고 면접 강의를 들어야 할 것 같다면 들으면 됩니다. 당연한 말을 하느냐 하시겠지만 그 시즌이 되면 어떤 분위기인지 알 수 있습니다.

저는 '열심히 공부해서 면접까지 왔는데, 최대한 안전하게 준비하는 것이 좋겠다.'라는 마음이 있어서 최대한 안전하게 준비하는 방향으로 면접 강의도 수강했습니다. 혼자 공무원 시험을 준비했기 때문에 면접에 대해 물어볼 사람이 없었고 심리적인 안정감을 위해 강의를 들었습니다. 그리고 후회하지 않았습니다. 면접 강의는 지역별로 진행됩니다. 면접 강의는 듣지 않더라도 면접 강의 교재는 구매하는 것을 추천드립니다.

면접 스터디는 필요한가?

면접 준비를 위해 스터디를 해야 하느냐 말아야 하느냐 많은 이야기들이 있을 겁니다. 제가 준비했던 때도 그랬습니다. 다음의 이유로 스터디를 추천하고 싶습니다. 이 외의 이유가 아니고서는 특별히 스터디를 할 필요는 없다고 생각합니다. 하지만 이 두 가지 이유 때문이라도 스터디가 필요할 수 있습니다.

첫째, 시정과 관련한 자료를 모으고 정리할 때 스터디가 필요합니다.

보통 스터디는 4~5명 정도로 구성되어 진행이 됩니다. 한 사람보다는 여러 사람이 정보를 모으기가 용이합니다. 우리가 준비해야 하는 면접의 내용은 크게 시정과 관련한 내용과 인적성(개인)과 관련한 내용으로 나눌 수 있습니다. 인적성에 관한 내용은 자신이 혼자 준비해야 하지만 시정에 관한 내용은 모두 정리하기 어렵습니다. 너무 양이 방대하기 때문입니다. 하지만 스터디를 한다면, 그 많은 내용을 나눠서 정리할 수 있습니다. 시정에 관한 내용을 준비할 때 스터디는 유용합니다.

둘째, 말하기 연습과 관련하여 스터디가 필요합니다.

우리는 필기시험을 준비하기 위해 오랜 시간을 혼자서 보냈습니다. 물론 필기시험을 공부할 때에도 스터디를 하신 분들이 계시겠지만 그때도 자신의 생각을 말하기보다 암기한 단어들이나 개념들을 말하고 적거나 개인적인 사담을 나누는 정도였을 겁니다. 하지만, 면접 때는 논리적이고 전문적인 내용들을, 때로는 깊은 개인적인 경험들을 나눠야 하기 때문에 좀 더 진지한 분위기에서 말하기 연습을 할 필요가 있습니다. 이런 연습을 하기 위해서 면접 스터디는 도움이 된다고 생각합니다.

이 두 가지 목적이 면접 스터디의 가장 큰 목적이라고 생각합니다. 이외에도 함께 공직 생활을 할 동기들과의 만남을 가질 수 있다는 점, 그리고 인간관계의 폭을 넓힐 수 있다는 점도 부차적인 결과가 될 수 있습니다. 이런 부차적인 이유가 앞의 중요한 두 가지 이유를 넘어서게 된다면 스터디를 하는 것이 면접 준비에 방해가 될 수 있습니다.

면접 스터디 구하기

스터디를 구할 수 있는 방법에는 몇 가지가 있습니다. 첫째로 면접 강의를 듣게 되면 그 강의를 듣는 분들 안에서 지역, 성별, 나이를 고려하여 스터디를 편성해 주십니다. 면접 강의를 진행하는 학원에서는 지역별로 오픈 단톡방을 만들어주십니다. 그곳에서는 각종 정보와 함께 학원에서 공식적으로 만들어주는 스터디 말고 개인적으로 스터디를 모집하고 진행할 수도 있습니다. 저는 스터디를 한 곳에서만 했는데 2~3곳에서 스터디를 하시는 분들도 계셨습니다. 그 다음으로, 스터디를 만들 수 있는 두 번째 방법은 공무원 시험 커뮤니티(공무원 카페 닥공사, 공드림, 9꿈사 등)에서 개인적으로 구하는 것입니다.

면접시험 세부 점수표

면접시험은 지자체마다 준비를 해야 하는 부분이 약간씩 다르기 때문에 제가 각 지자체의 특징을 말씀드리기가 어렵습니다. 각 지자체에서 상세하게 안내해 주는 내용을 잘 보셔야 합니다. ○○지자체는 5분 스피치라는 시간이 있고, △△지자체는 집단 토론을 하는 곳도 있습니다. 그러한 특징에 맞게 면접을 계획하여 준비할 필요가 있습니다. 이런 내용들은 앞에서 말씀드린 면접 강의 교재에 아주 자세하게 나와 있기 때문에 그 내용을 참고하시면 좋습니다. 공무원 면접시험에 대한 전반적이고 공통된 이야기를 정리했습니다.

1. 공무원 면접시험 평정요소*

평정요소	위원평정		
	상	중	하
가. 공무원으로서의 정신자세			
나. 전문지식과 그 응용능력			
다. 의사표현의 정확성과 논리성			
라. 예의, 품행 및 성실성			
마. 창의력, 의지력 및 발전가능성			
계			

* 공무원시험령 제5조 제3항 평정요소

2. 면접점수(우수, 보통, 미흡)**

- 우수:면접위원 과반수가 5개 평정항목 모두 '상'으로 평정한 경우입니다. 이 경우는 필기점수와 상관없이 합격입니다.
- 미흡:필기 성정과 상관없이 불합격되는 경우로, 두 가지 경우가 있습니다. 첫째, 면접위원 과반수가 5개 평정항목 중 2개 이상을 '하'로 평정했거나 둘째, 면접위원 과반수가 어느 하나의 어느 하나의 동일한 평정항목에 대하여 '하'로 평정한 경우입니다.
- 보통:'우수'와 '미흡'이 아니면 '보통'입니다.

3. 최종합격

1) "우수" 등급을 받은 응시자는 합격입니다. 다만 "우수" 등급을 받은 응시자의 수가 선발예정인원을 초과하는 경우에는 제2차 시험 성적이 높은 사람부터 차례로 선발예정인원에 달할 때까지 합격으로 합니다.
2) "보통" 등급을 받은 응시자는 제2차 시험 성적이 높은 사람부터 차례로 "우수" 등급을 받은 응시자 수를 포함하여 선발예정인원에 달할 때까지 합격으로 합니다.
3) "미흡" 등급을 받은 응시자는 불합격으로 합니다.

4. 면접배수

면접배수도 지자체마다 다릅니다. 보통은 1.2~1.3배수이고 1.1배수, 1.5배수인 경우도 있습니다. 보통 배수가 작을수록 필기시험 점수가 큰 영향을 끼친다고 생각할 수 있습니다. 반대로 배수가 크면 면접에 따라 합격할 수 있는 가능성을 열어 놓았다고 생각할 수 있다고 생각합니다.

** 공무원시험령 제25조(6급이하공개경쟁채용시험등의 합격 결정)

국가직의 경우에도 다릅니다. 배수는 필기합격자 발표 때 정확하게 할 수 있습니다.

면접준비의 큰 방향

면접을 준비한다는 것은 크게 두 가지로 생각해 볼 수 있습니다. 하나는 면접의 내용을 준비하는 것이고 다른 하나는 면접의 내용을 전달하는 것을 준비하는 것입니다. 전자는 콘텐츠가 될 것이고 후자는 그 콘텐츠를 전달하는 모습과 관련된 영역입니다.

면접의 내용 준비

1. 시정에 관한 내용

먼저 시정과 관련된 내용입니다. 저는 지방직을 준비했기 때문에 시정이 될 것이고 국가직은 국정과 관련한 내용을 준비하면 됩니다. 시정과 관련한 내용을 준비하는 가장 쉬운 방법은 각 지자체 홈페이지에서 내용을 찾아보는 것입니다. 요즘 지자체에서 하고 있는 중요한 일들을 홈페이지에서 쉽게 확인할 수 있습니다. 정책소개, 언론보도 페이지를 참고하시면 지자체에서 중요하게 강조하고 있는 현안들을 확인할 수 있습니다. 또한 뉴스 검색을 통해서 내용들을 찾을 수도 있습니다. 이때 뉴스 검색은 국내 포털 사이트보다는 구글링을 통해 검색하는 것이 좋습니다. 이런 내용의 범위가 아주 방대하기 때문에 혼자 감당하기에 어려울 수 있습니다. 그래서 스터디를 통해 부분별로 나눠서 조사하는 것이 효율적입니다.

특히, 시정과 관련한 부분은 매년 발표되는 '주요업무계획'을 참고하는 것이 좋습니다. 주요업무계획은 지자체가 한 해 동안 어떤 계획을 가지고 시를 운영할 것인지를 아주 명확하고 이해하기 쉽게 정리해 놓은 일년 계획서 같은 문서입니다. 이 문서는 공개되어 있기 때문에 누구나 다운로드해 볼 수 있습니다. 저는 이 문서부터 시정을 정리하고 공부하기 시작했습니다.

스터디를 할 때에도 이 '주요업무계획***'을 큰 틀로 조사할 내용들을 나누고 발제하는 식으로 스터디를 진행했었습니다.

2. 개인에 관한 내용

시정에 관한 내용보다 더 중요하다고 생각하는 것은 나 자신에 관한 내용이라고 생각합니다. 여기에 포함되는 내용에는 자기소개, 장점, 단점, 지원 동기(공무원, 지역, 직렬, 진로 변경) 그리고 앞으로 어디서 근무하고 싶은지에 관한 질문에 대한 답변을 준비해야 합니다. 이런 질문들은 정말 기본적이면서 동시에 이 사람이 어떤 사람인지를 알 수 있는 질문들이기도 합니다.

1) 자기소개

자기소개는 면접의 향방을 결정짓는 정말 중요한 내용입니다. 보통 간단한 인사를 나누고 자기소개를 요청합니다. 이 자기소개부터 본격적인 면접이 시작된다고 보면 됩니다. 자기소개를 할 때에 지금 내가 보고 있는 면접시험은 공무원 면접시험이라는 것을 기억해야 합니다. 즉, 면접위원으로 하여금 '바로 제가 공무원에 적격인 사람이다.'라는 것을 말하는

*** 각 도청과 시청의 홈페이지에서 어렵지 않게 찾을 수 있습니다.

시간이 자기소개 시간입니다. 면접위원이 기대하는 공직자로서의 모습이 무엇인지 먼저 생각하고 그 모습에 자신이 부합하는지 고민하면서 자기소개를 준비하는 것이 중요합니다.

내가 훌륭한 사람이라고 자랑을 하는 시간이 아니라, 내가 공무원이라는 직업에 왜 잘 맞는지를 설명하는 시간이 자기소개입니다. 그래서 지원 동기와 함께 가장 마지막까지 고민했던 부분이었습니다.

특별히 자기소개 시간은 앞으로의 면접 시간 동안 어떤 이야기를 나눌지에 관한 예고편과 같은 역할을 합니다. 앞에 앉아있는 면접위원은 여러분들의 자기소개를 중심으로 많은 질문을 하실 겁니다. 따라서 이 점을 잘 이용하면 면접을 나의 주도로 이끌어갈 수 있습니다.

따라서, 자기소개를 준비할 때에는 자기소개 안에 면접위원들이 물을 수 있는 여러 가지 미끼들을 포진시켜 그 미끼를 물게 함으로써 자기소개 내용에서 맴돌 수 있도록 하면 성공적인 면접이 될 수 있습니다. 즉, 각각의 미끼마다 답변을 미리 준비해 가면 그 미끼에 관한 이야기만 하다가 면접이 끝날 수 있게 됩니다. 그리고 그 이야기들은 내가 이미 준비했기 때문에 자신감 있고, 좋은 내용들로 채워나갈 수 있습니다.

이력서를 쓸 때나 자기소개서를 쓰는 시간은 모두 스스로 삶을 돌아보는 시간입니다. 이 시간을 통해 내가 공무원으로 정말 적합한 사람인지, 앞으로 어떠한 삶을 살면 좋을지에 대한 개인적인 결심과 계획의 시간을 갖는 것도 좋을 것 같습니다.

3. 면접 내용 외적인 준비(면접 태도, 목소리 등)

면접을 볼 때 중요한 건, 말의 내용도 중요하겠지만 면접자의 태도가 중요하다고 생각합니다. 앞에 앉아 계시는 면접 위원들은 자신과 함께 일할 사람을 뽑는 것입니다. 따라서 그들에게 좋은 모습을 보여야 합니다. 그러기 위해서는 시종일관 경청하는 모습과 겸손한 모습을 보이면서 동시에 자신의 생각을 자신 있게 전달하는 모습을 보일 필요가 있다고 생각합니다.

중요한 것 중에 하나는 그 시간을 편안하게 보내고 있다는 인상을 줄 필요가 있습니다. 이것은 상대방으로 하여금 안정적인 사람이라는 것을 알려주는 효과가 있습니다. 이를 위해서 최대한 평정심을 유지하며 가벼운 미소를 지으면서 면접에 응하는 모습을 보이는 것은 매우 중요합니다. 그리고 앞에 앉아계신 면접위원, 정확히 말하면 앞으로 함께 일하게 될 선배들의 마음을 편안하게 만들고 '저는 소통이 잘 되는 사람입니다'라는 표시를 계속 주는 것도 중요합니다.

그런 의미로 질문을 받을 때 잘 듣고 있다는 의미로 경청의 리액션을 하는 것도 매우 중요합니다. 눈을 보고, 고개를 끄덕거리면서 반응하는 것도 좋고 저 같은 경우에는 '네 그렇습니다.', '네 맞습니다'라는 말을 중간중간에 넣어가면서 이야기를 했습니다. 그리고 좋은 말씀을 해주실 때는 '알려주셔서 감사합니다.', '말씀해주셔서 감사합니다.'와 같은 표현을 하는 것도 좋다고 생각합니다.

면접 실전

면접을 보러 갔을 때를 생각해 보며 그때의 분위기를 말씀드려보겠습니다.

먼저, 최대한 늦지 않고 가는 것을 추천해 드립니다. 물론, 일부러 늦게 가는 분은 없겠지만 너무 시간에 맞춰서 가면 마음이 급해지고 긴장감이 더해지기 때문에 오래 기다리더라도 일찍 도착해서 기다리는 것이 낫다고 생각합니다. 도착해서 보면 아시겠지만 대부분 비슷한 사람들이 점점 모여듭니다. 복장도 짙은 네이비와 검정 색상이 많이 보였고 머리도 최대한 단정하게 하였습니다.

1. 복장&헤어스타일

비슷한 느낌의 사람들이 모여 있는 이유는 거의 모든 사람들의 옷차림이 검정 혹은 짙은 네이비 색상이었기 때문입니다. 머리도 모두 단정하게 정돈한 모습이었습니다. 복장과 헤어스타일에 관한 이야기는 공무원 카페와 커뮤니티에서 많이 언급되는 부분입니다. 가장 좋은 복장은 무난한 복장이고 헤어스타일에 큰 변화를 주기보다는 단정하고 편안한 것이 좋다고 생각합니다. 갑자기 큰 변화를 주게 되면 괜히 머리에 신경이 쓰게 되고 그렇게 되면 면접에 집중하기 어려울 수 있기 때문입니다.

그리고 지자체별로 복장을 정해주는 경우도 있기 때문에 면접에 관한 공지가 나오면 그 공지사항을 잘 읽어봐야 합니다.

2. 원고

원고는 볼 수 있는 마지막까지 봐야 한다고 생각합니다. 면접시험도 시험입니다. 필기시험을 보기 직전까지 정리한 내용을 보듯, 면접시험을 보기 직전까지 각자가 정리한 손때 묻은 원고를 끝까지 봐야 합니다. 저는 원고를 프린트도 했고 태블릿에 넣고 갔었습니다. 끝까지 모든 변수를 걱정하고 고민하며 마지막 순간까지 원고를 숙지하기 위해 노력했습니다. 그리고 첫 번째 면접자가 입장하기 전까지 그 원고를 보면서 숙지하였습니다.

나의 개인적인 부분에 관한 내용은 명확하게 기억이 날 수 있지만 시정과 정책에 관한 내용은 순간 헷갈릴 수 있습니다. 구체적인 사업명과 때로는 수치와 통계를 말해야 할 수 있기 때문에 마지막 순간까지 방심해서는 안 됩니다.

이러한 이유로 면접장에서 숙지할 원고는 챙겨가는 것이 좋다고 생각합니다.

3. 면접장 분위기

면접장에 가까워질수록 나와 같은 처지에 놓인 사람들을 만납니다. 비슷한 옷을 입고 당당하면서도 긴장감 있는 걸음걸이로 모두 면접장소로 모이고 있었습니다. 면접장의 전체적인 분위기는 생각보다 정신이 없었습니다. 하지만 대기하는 그 순간은 함께 큰 전쟁을 치르고 승리한 전우들처럼 동질감을 느끼며 면접을 기다리는 느낌이었습니다. 큰 공간에서 파티션을 치고 여러 조가 동시에 면접을 진행하기 때문에 조용한 가운데서 면접을 진행할 수 없었습니다. 물론, 이건 내가 지원한 지자체의 규모에 따라 다를 수 있지만, 면접은 생각보다 정신이 없고 소란스럽습니다. 따라서 더욱 집중해야 합니다.

4. 마스크

코로나19의 시대에 살고 있는 우리는 마스크와도 함께 살고 있습니다. 그리고 이 마스크는 대화를 할 때 방해가 됩니다. 서로의 소리를 잘 들리지 않게 합니다. 필기시험 때는 숨 쉬는 것을 방해했다면 면접 때는 소리를 듣는 것을 방해하고 소리를 내는 것을 방해합니다. 따라서, 평소보다 더욱더 크고 또박또박 말해야 하고 더욱 집중해서 면접위원의 말에 귀 기울여야 합니다.

저 같은 경우에는 3명의 면접 위원이 각각 자신의 질문을 할 때에 그들에게 좀 더 가까이 다가가(의자를 당겨서) 그 말을 듣고 질문에 응답하였습니다.

5. 면접 분위기

저는 좋은 면접 위원들을 만났습니다. 그냥 좋은 인상들을 가지고 계셨고 친절하게 면접을 진행해 주셨습니다. 그래서 편하게 면접에 임할 수 있었습니다. 대부분 그런 분위기에서 면접을 보는 것 같습니다. 하루에 특정조가 면접자들을 어렵게 했지만 대부분은 그렇지 않았습니다. 참고로 저는 가장 마지막 순서였습니다.

단기왕이 경험한 공무원 시험 면접

개인적으로 제가 경험한 공무원 면접은 떨어뜨리기 위한 시험이 아니라 합격시키기 위한 시험이었습니다. 더 쉽게 말하자면, 이 사람을 합격시켜도 괜찮을지, 공무원으로서 역할을 잘 감당할 수 있는 사람인지를 확인하는 시간 같았습니다. 그렇기 때문에 특별한 경우가 아니면 '보통'을 받게 되고 결국, 필기 점수에 의해 합격과 불합격이 정해졌습니다. 그렇기 때문에 면접 배수와 함께 나의 성적 배수도 매우 중요합니다. 사실, 가장 중요하다고 생각할 수 있습니다. 합격 예측 서비스에 나의 점수를 넣었을 때 나의 위치에 따라 면접 전략이 달라질 수 있어야 한다고 생각합니다. 점수가 좋다면, 보통을 위한 면접 준비를, 점수가 1배수가 밖이라면 우수를 받기 위해 노력해야 할 것입니다.

공무원 면접의 4가지 특징

1. 지역마다 특징들이 다르다.

공무원 면접은 지방직의 경우에 큰 틀은 비슷하겠지만 지역마다 약간씩의 특징들을 가지고 있습니다. 그렇기 때문에 면접강의를 진행할 때에도 지역마다 따로 진행이 됩니다. 예를 들어 ○○시 같은 경우에는 5분 스피치를 진행하고 △△시와 같은 경우에는 집단 토론을 진행합니다. 그리고 지자체마다 면접을 보는 인원도 다르고 시간도 다릅니다. 이런 내용들은 면접에 관한 공고가 이루어질 때 상세히 알려줍니다. 그때 잘 챙겨 봐야 합니다.

2. 필기시험 점수가 중요한 면접이다.

공무원 면접은 앞에서 말씀드린 것처럼 떨어뜨리기 위한 시험이 아닙니다. 더군다나 그 면접 배수가 1.1배수, 1.2배수 정도가 된다면 면접의 비중은 더 작다고 생각할 수 있습니다. 그렇기 때문에 정말 필기시험 점수가 절대적으로 중요합니다. 하지만, 이미 시험을 본 상태이기 때문에 이제는 면접에 집중하여 준비해야 합니다.

3. 면접위원이 누구인지를 알아야 한다.

면접위원은 보통 3명입니다. 중요한 사실은 그들은 면접 전문가가 아니라는 것입니다. 그들은 앞으로 함께 일할 공무원들이고 때로는 외부 심사위원으로 교수, 혹은 복지관 관장 등이 될 수 있습니다. 그들은 정해진 기준과 질문을 가지고 면접에 임합니다. 그렇기 때문에 면접위원에 따라 면접 분위기가 다를 수 있고 면접의 흐름이 다를 수 있습니다. 그리고 그 분위기는 전문적이지 않을 가능성이 큽니다. 시간에 따라 면접의 분위기도 달라질 수 있습니다. 이것은 면접을 준비하는 데 매우 중요한 부분입니다.

면접의 성패는 그들의 마음에 달려있습니다. 즉, 면접은 그들의 부하직원을 뽑는 것이라고 생각할 수 있습니다. 면접을 준비할 때, 나의 부하직원을 뽑는 자리라면 내가 어떤 답변을 들을 때 좋은 점수를 줄 수 있을지 생각하며 준비하는 것도 도움이 됩니다.

4. 면접도 시험이다. 그리고 기출이 중요하다.

면접도 시험이라는 것을 기억해야 합니다. 물론 객관식 시험이 아니라 주관식 시험이기 때문에 나의 답이 좋은 답인지는 내 앞에 앉아 계시는 면접위원들의 마음에 달려있긴 하지만 그래도 문제가 있고 답이 있는 시험입니다. 그렇기 때문에 필기 공부를 하듯이 기출 문제 위주로 공부할 필요가 있습니다. 물론, 그 시기에 중요하게 여기는 여러 시사 문제 역시 다뤄지기는 하지만 결국 면접에서도 자주 묻게 되는 질문들이 있습니다. 그 질문에 대한 답을 미리 생각해 보고 글로 써보고 말해보는 것이 중요합니다.

소소한 면접 팁들

1. 모르는 건 죄가 아니다.

같은 맥락으로 나의 부하 직원이 무언가를 잘 몰라 대답을 못하거나 일을 하지 못했을 때에 '죄송합니다'라는 말에 기분 나쁠 상사는 없을 겁니다. 오히려 질문하는 내용과 상관없는 답변을 할 때에 답답할 수 있고 이런 사람과 같이 일을 할 수 있을까?라고 생각할 수 있습니다.

따라서 면접자가 해야 하는 것은 먼저 면접위원이 질문하는 내용을 정확하게 파악하는 것입니다. 그 내용에 대해 잘 알면 다행이지만, 혹시 그 내용에 대해 잘 알지 못한다면 겸손한 마음으로 숙지하겠다는 표현을 하면 된다고 생각합니다. 면접 위원은 아마도 면접자의 질문에 대한 유창한 대답을 기대하기도 하겠지만 그와 함께 면접자의 태도도 중요하게 보고 있을 것입니다. 따라서 모르는 것을 질문한다고 하더라도 모르는 것을 인정하고 그 부분에 대해 더욱더 공부하겠다고 말하는 것도 좋은 답이라고 생각합니다.

2. 감사하다는 걸 싫어할 사람은 없다.

'감사하다'라는 표현은 어쩔 수 없이 사람의 마음을 부드럽게 만들 수 있다고 생각합니다. 그리고 그 부드러운 마음은 부드러운 면접 분위기로 연결될 수 있습니다. 내가 대답하지 못하여 내가 잘 모르는 것을 알려주실 때, 대답을 잘 하지 못한 것에 연연하여 정신없고 당황한 표정으로 있지 말고, 새로운 것을 배운다는 마음으로 면접관들의 말에 집중하고, 몰랐던 것을 알게 해주셔서 감사하다고 표한다면, 더 노력하겠다고 표현한다면, 적어도 대답하지 못한 것 때문에 분위기가 나빠지는 건 막을 수 있다고 생각합니다.

3. 질문에 집중해야 한다.

면접에서 가장 중요한 내용은 질문에 제대로 답하는 것입니다. 그리고 아마도 이것은 소통과 관련한 부분이 될 겁니다. 함께 일하고 싶은 사람은 말이 통하는 사람이라고 생각합니다. 말이 통한다는 것은 질문하고 답하는 상호작용이 잘 일어나는 것을 말합니다.

4. 두괄식으로 말하기

면접에서 나의 생각을 말할 때 두괄식으로 말하는 것은 여러모로 유익합니다. 듣는 사람이 말하는 사람의 주제를 정확히 파악할 수 있기 때문입니다. 반대로 말하는 사람도 주제를 먼저 말하면 그 주제에 초점을 맞춰서 말할 수 있기 때문에 중언부언하지 않고 말할 수 있습니다.

5. 면접을 임할 때 주의할 부분

1) 단답식 대답

면접에서 가장 좋은 상황은 자연스럽게 질문과 답변이 오고 가는 것입니다. 그 시간이 부드럽고 자연스러워 면접을 보는 시간이 매우 짧다고 느껴졌을 때 좋은 면접을 봤다고 생각할 수 있습니다. 그렇기 때문에 단답식 대답은 면접을 뚝뚝 끊기게 할 수 있습니다. 그리고 대답에 성의가 없게 느껴질 수 있습니다. 그렇기에 우리는 우리의 대답에 생각과 가치가 충분히 투영된 답변을 할 필요가 있습니다. 이러한 대답은 면접 위원이 면접자에게 관심을 갖게 하고 서로에게 의미있는 면접 시간을 보낼 수 있습니다.

단답형으로 대답을 할 때에 가장 좋지 않은 부분은 답변이 짧으면 그만큼 질문을 많이 받아야 할 수도 있다는 점입니다. 그러면 면접은 너무 힘들게 됩니다. 마음을 다한 답변으로 면접 시간을 채워야 합니다.

2) 암기하여 대답

단답식으로 대답하지 않기 위해 우리는 예상 질문을 생각하고 그에 따른 답변을 미리 적어 놓고 그것을 외워서 답변을 하기 마련입니다. 저 역시 그러한 방법으로 열심히 암기하였습니다. 하지만, 우리가 대답을 할 때에 암기한 것을 다다다다 말하면서 답해서는 안 될 것입니다. 물론 어느 정도 암기의 영역이 있겠지만 그 대본을 그대로 암기해야 하는 부담감으로 답하게 되면 자연스럽지 못한 대화가 될 것입니다. 따라서, 우리가 해야 하는 것은 열심히 대본을 외우되 전체적인 내용을 외우기보다는 중요한 단어 위주로 외워야 하고 무엇보다 머릿속에 있는 내용을 직접 말하는 연습을 해야 합니다.

3) 면접위원 발언 중간에 껴들기

설명이 필요 없을 겁니다. 사람이 무엇을 말하는 데 나의 말을 막고 자신의 이야기를 하는 것은 예의가 아닐 겁니다. 그리고 면접위원의 말이 길어진다면 그것은 면접을 보는 사람 입장에서는 좋은 것입니다. 선배 공직자의 훈화 말씀을 듣고 감사하다고 하면 그 면접은 끝나 버렸을 가능성이 높기 때문입니다. 물론 '보통'만 맞으면 되는 안전한 상황에서 말입니다.

4) 정부 기관과 공무원에 대한 비판적 언사

우리가 일할 곳은 정부 기관이고 면접 위원으로 앉아 있는 분들은 모두 그곳에서 일하고 계시는 분들입니다. 그런 분들 앞에서 정의감으로 정부를 비판하고 공무원의 나쁜 뉴스를 가져와 비판할 필요는 없습니다. 그 누구보다 정부 기관의 문제점과 공무원의 안 좋은 모습을 잘 알고 계시는 분들이 면접위원입니다.

물론, 현재 정책의 문제점에 대해 물을 수 있습니다. 그때 우리의 대답은 집요하게 문제점을 파고들기보다는 '이런 부분이 있지만 이런 부분을 보완한다면 더 좋은 모습으로 발전할 수 있다고 생각한다'는 식으로 지혜롭게 말할 필요가 있습니다.

단기왕 실제 면접 질문과 답변

제가 실제로 받은 질문들을 정리했습니다. 답변까지 정리를 하려고 했지만 저의 개인적인 이야기가 많이 포함되어 중요한 포인트와 분위기를 중점으로 정리하였습니다.

질문 1. 밥 먹었냐?

***포인트 - 가벼운 인사 같은 질문**

긴장을 풀고 면접에 임할 수 있는 질문으로 자연스럽게 면접으로 들어가면 되는 질문으로 느껴졌습니다.

질문 2. 면접은 처음이냐? 공기업이냐? 사기업이냐?

***포인트 - 개인적인 경험을 묻기 위한 질문**

이 질문 역시 어려운 질문이 아니라 경험에 의해 쉽게 답할 수 있는 질문이었습니다. 그리고 추가 질문이 없었기 때문에 쉽게 대답할 수 있었습니다. 경험에 대한 질문은 있는 그대로 솔직하게 대답하는 것이 중요합니다. 면접에서 거짓말을 하는 것은 절대 안 됩니다. 그 심리적인 부담감이 면접 전체에 영향을 끼칠 수가 있습니다.

질문 3. 자기소개(단골 질문)

***포인트 - 자기소개로 전체 면접을 주도해 갈 수 있도록 한다. 자기소개는 면접에서 가장 중요한 순간이다.**

앞에서 말씀드린 것처럼 자기소개는 면접의 틀을 잡는 가장 중요한 순간입니다. 그리고 보통 자기소개부터 본격적인 면접이 시작된다고 생각할 수 있습니다. 그렇기 때문에 자기소개는 정말 잘 준비해야 합니다.

한 가지 팁을 드리면 처음부터 자기소개를 정리하지 말고 면접 준비를 하는 내내 생각하고 마무리 단계에 정리를 하는 것이 바람직합니다.

질문 4-1. 부당지시나 불법지시를 받는다면(단골 질문)

***포인트 - 부당지시와 불법지시를 명확하게 구분하는가?**

공무원 면접의 단골 질문으로 두 가지의 개념을 정확하게 나누어 대답했습니다. 부당지시는 불법적인 내용이 아닌 부분이라는 것을 언급했고 불법지시를 받을 때는 그 지시에 응하지 않을 거라는 대답을 명확하게 했습니다.

질문 4-2. 부당지시나 불법지시를 해야 한다면?

***포인트 - 당연한 질문이어서 특별한 포인트를 발견하지 못했음.**

꼬리 질문으로 부당지시나 불법지시를 해야 하는 상황에 대해서 질문을 받았습니다. 지금 생각하면, 질문이 아마도 어쩔 수 없이 부당지시나, 불법지시를 해야 하는 상황이라면 어떻게 할 것인가?인 것 같은데 저는 그때 '부당지시나 불법지시를 해야 한다면 어떻게 하실 건가요?'라고 1차원적으로 이해를 해서 '이거 무슨 질문이 이렇지?'하며 이상하게 여기며 당연한 대답을 여러 가지 이유를 대며 당연히 하지 않을 거라는 대답을 했습니다(질문을 잘못하셨는지, 제가 이해를 잘못한 건지 여전히 모르겠습니다).

질문 5. 일반 행정으로 일하기 위한 준비?

***포인트 - 일반 행정 공무원으로 일하기 위한 전문성을 가졌는가?**

처음 이 질문을 받았을 때, 약간 당황을 했었습니다. 그 이유는 예상 문제에 없었기 때문입니다. 그리고 공무원으로 일하기 위해 준비하고 있는 것이 없었기 때문입니다. 하지만, 순간적으로 행정이라는 단어를 생각하니, '선택과목 중 행정학이 생각났고 후에 행정학이 공무원으로 일하는데 도움이 될 수 있겠다'라는 생각을 해서 행정학 공부를 열심히 했다는 식으로 대답했습니다. 그리고 면접을 준비하면서 내가 일하게 될 지자체와 지역에 대해서 많은 공부와 연구를 했다고 대답했습니다.

질문 6. 갈등해결 경험(단골 질문)

***포인트 - 면접 단골 질문, 조직 내에서 잘 융화될 수 있는가?**

이 질문도 면접에서 굉장히 많이 나오는 질문입니다. 당연히 준비된 대답을 했습니다. 저는 군 생활을 하면서 기본권 상담병의 역할을 담당했었는데 그 일을 하면서 해결한 갈등 사례로 대답했습니다.

질문 7. 선임한테 인정받을래, 후임한테 인정받을래

***포인트 - 대답하기 곤란한 압박 질문**

저를 가장 당황하게 했던 질문이었습니다. 처음에는 지극히 개인적인 생각으로 후임한테 인정받고 싶다고 말할 뻔했습니다. 그게 저의 진심이기도 했습니다. 그런데 순간, 앞에 앉아 계신 분들이 저의 선임이라는 것을 깨닫게 되었고 저는 다음과 같이 대답했습니다.

"선임한테 인정받게 되면 후임한테도 인정받을 수 있게 된다고 생각합니다."

질문 8. 공무원을 하려고 하는 이유(단골 질문)

***포인트 - 물어보는 것이 당연한 질문**

이 질문 역시, 단골 질문이고 당연히 받아야 하는 질문이고, 이미 잘 준비되어야 있어야 하는 질문입니다. 내가 공무원이 되고자 하는 이유가 있어야 그 마음이 면접을 통해 잘 전달될 수 있다고 생각합니다.
그렇기 때문에 면접을 준비하는 과정에서 이 질문에 대한 대답은 스스로가 꼭 할 수 있어야 합니다.

질문 9. 일하고 싶은 부서(단골 질문)

***포인트 - 앞으로 일하게 되는 지역과 그 지역의 행정기관에 대한 이해와 관심이 얼마나 있는지?**

이 질문 역시 단골 질문으로 이미 정리가 되어 있어야 하는 부분입니다. 일하고 싶은 부서는 해당 지자체 홈페이지에 들어가 구체적으로 기억해 두는 것이 좋습니다. 저 같은 경우에는 시청, 구청, 행정복지센터에서 제가 할 수 있는 부서 하나씩을 선택하여 그곳에서 일하고 싶은 이유를 정리하여 준비했습니다.

질문 10. OO시 잘되고 있는 정책, 부족한 정책(단골 질문)

***포인트 - 지역에 관한 관심도 표현, 부족한 정책은 부정적 표현보다는 보완하면 더 좋은 정책이 될 거라는 식으로 답변.**

이 부분도 당연히 준비가 되어 있었습니다. 각 지자체별로 매년 나오는 '주요업무계획'을 보고 지자체에서 중점적으로 진행하고 있는 내용들을 파악할 필요가 있습니다. 그리고 이와 함께 지자체 홈페이지와 언론보도를 통해 그 내용들을 파악할 수 있습니다.
여기서 유의해야 하는 점은 잘되고 있는 정책보다 부족한 정책에 대해서 말할 때라고 생각합니다. 저는 무조건적인 비판보다는 약간의 아쉬움과 함께 이를 보완하면 더 좋아질 수 있다는 의미로 대답했었습니다.

질문 11. 마지막으로 하고 싶은 말 (단골 질문)

***포인트 - 기본적으로 면접 분위기가 좋았다면 감사의 인사를 하는 것이 좋다. 면접을 안정적으로 마무리하는 시간.**

괜찮은 이야기가 있다면 면접을 잘 마무리할 수 있는 기회가 된다고 생각합니다. 저 같은 경우에는 처음부터 마지막으로 하고 싶은 말에 대한 답변으로 준비한 이야기가 있었기 때문에 그 질문을 기다렸고 저는 준비한 이야기를 했습니다(짧고 인상적인 이야기로).

그리고 마지막으로, '저의 이야기를 들어주셔서 감사합니다'라는 말로 저의 공무원의 모든 시험을 마무리했습니다.

총평

저는 위의 내용처럼 어렵지 않게 면접을 봤습니다. 어렵지 않은 면접이었던 이유는 거의 모든 질문이 단골 질문들이었기 때문입니다. 면접의 분위기는 마지막 조였음에도 불구하고 좋은 면접위원님들을 만나 아주 좋았습니다. 물론, 웃음이 끊이지 않는 분위기는 아니었지만 전체적으로 친절한 분위기였습니다.

하지만, 면접은 면접이기에 정신이 없었습니다. 면접에 걸린 총 시간은 18분에서 20분 정도였던 것 같습니다.

| 맺음말 |

두 책을 마무리하며

「방구석 단기왕 공부법」과 특별부록 「단기왕 면접 이야기」를 끝까지 읽어주셔서 감사드립니다. 저는 제가 말씀드릴 수 있는 공무원 시험에 관한 모든 것을 책에 녹였습니다. 단어 하나 하나, 문장 하나 하나에 마음을 담아 글을 써내려왔습니다. 이 모든 내용이 여러분들의 합격을 도울 수 있는 자양분이 되길 바랍니다.

이 책은 분명 여러분들의 빠른 합격을 도울 수 있는 책이라고 생각합니다. 하지만 가장 중요한 건 여러분들께서 하루하루를 의미 있는 시간들로 보내는 것입니다. 나의 정체성을 기억하고 열심히 공부하며 필요한 순간마다 이 책을 꺼내서 읽으신다면 분명 목표를 이루실 겁니다.

좋은 공무원이 꼭 되셔서 많은 사람들에게 도움이 되는 인생을 사시고 그로 인해 보람되고 행복한 인생을 사시길 바랍니다.

영상을 올릴 때마다 하는 인사말로 모든 책의 내용을 마무리하겠습니다.

"저의 이야기를 들어주셔서 정말 감사합니다.
지금까지 여러분들의 빠른 합격을 돕기 원하는 단기왕이었습니다.
감사합니다."

발행일 2022년 4월 30일

발행인 조순자

편저자 단기왕

편집·표지디자인 백진주

발행처 지식오름(인성재단)

정 가 16,000원 **ISBN** 979-11-91292-55-8